JN059609

日本考古学発祥の地 碑
（栃木県大田原市湯津上・笠石神社（国宝 那須国造碑）境内）
2021年3月28日建立

八十路の考古学

坂詰秀一

目　次

はしがき

I　考古学史を考える

コラム 1 (11)・2 (58)

II　雑誌、辞（事）典、地域史を編む

Ⅴ　学史展望

はしがき

　古稀（2006.1.26）を迎え、永年の教育任務（立正大学）から開放されたとき、予てから進めてきた2つの課題を総括したいと考えた。

　1は、釈迦の故郷の考古学的調査を含めた仏教考古学についての私見、2は、諸般の事情により不充分であった『太平洋戦争と考古学』（1997.4 吉川弘文館）の増補と私なりの日本考古学史執筆の願望、であった。1については『釈迦の故郷を掘る』（2015.5 北隆館）を纏めたものの、仏教考古学に関する私見の総括は果たすことが出来なかった。2については関係資料の収集と整理は進捗したが、なかなか全容の執筆に到らず、傘寿を迎えることになった。

　馬齢80の丙申（2016）の年、改めて恩義の諸先師と有縁教導の多くの人士を偲びながら『鳴謝の考古人生－立正　釈尊　佛教考古－』（2016.2）〔考古誘掖の諸師　立正大学解逅の諸師　親炙の考古の諸師　考古人生を顧みる　俊足門生の厚恩〕を編んで、来し道のりを回想した。

　それから光陰8年、米寿を迎えることになった。

　その途次、2019年3月27日に立正大学より「立正大学特別栄誉教授」の称号を贈られ、5月18日には日本考古学協会より表彰の上「名誉会員」の資格を授与された。ともに晴天霹靂、私にとって喫驚仰天の仕儀であった。しかし、按ずるに関係諸氏の愚生に対する同情厚誼の賜り物と恐懼して拝受させて頂いた。

　また、2019年11月24日には、日本考古学協会設立70周年記念「岩宿遺跡と日本の近代考古学」公開講座の一翼（「戦後の考古学研究の歩みと歴史学」）を担当する機会を得させて頂いた。

　尚、且つ、2021年3月28日に除幕された徳川光圀公「侍塚発掘330年記念」の「日本考古学発祥の地」（揮毫 水戸徳川家 第15代当主徳川斉正）碑の副碑撰文を仰せ付かる光栄に洛した。

傘寿から米寿にかけて、思いがけない恩沢に浴しつつ、考古学史・考古学界の動向と展望などに関する臆測を披瀝してきたが、それは2021年に刊行した『転換期の考古学』(雄山閣)『仏教の考古学』上・下(同)と共に"八十路"のささやかな私見であった。

　この度、古稀〜傘寿にかけての雑文を収録した『考古鶏肋抄』(2011.4)『考古渉猟抄』(2016.3)の続編として『八十路の考古学』を編んだ。米寿を迎えた感慨の冊子である。

　2024年3月

坂　詰　秀　一

I　考古学史を考える

（1）日本考古学の原点

　日本考古学の発祥は、1887（明治10）年にE・S・モースが実施した大森貝塚（東京・品川）の発掘に起点があるといわれ、大森駅（JR 京浜東北線）のプラットホームに「大森貝塚発掘100周年」を記念して1977（昭和52）年に石碑が立てられた。さらに発掘130年を記念して2007年に「日本考古学は品川から始まった－大森貝塚と東京の貝塚－」と銘打った特別展が品川区立品川歴史館で開催された。発掘報告『大森貝塚』（近藤義郎・佐原真訳、1983、岩波文庫）が巷間に流布していることもあり、大森貝塚こそ「日本考古学の発祥」地であると膾炙されている。

　大森貝塚の発掘をもって日本考古学の発祥とするのは、発掘の目的が示され、出土遺物の図版と解説が収められ、研究を付した報告書の刊行であり、先駆事例とされているからである。

　日本考古学の学史を播くと、大森貝塚の発掘に先んじて、下野湯津上の侍塚の発掘事例が紹介されている。元禄5（1692）年に徳川光圀（第2代水戸藩主）が、大金重貞（水戸藩武茂郷庄屋）の『那須記』に見える石碑（那須国造碑）の刻銘由来の探索より、臣・佐々宗淳に指示して大金の侍塚の発掘となったが、碑に見える国造の奥津城との推測は、上・下侍塚の発掘により得ることが出来なかった。その発掘に際し、発掘を担当した大金によって上・下侍塚の形状が略測して図化され、出土した遺物は光圀の命により絵師によって描かれた後、発掘場所に箱に収められ埋められた。それら一連の経緯（佐々→大金）は『湯津神村車塚御修理』（元禄5年2月）として記録され、いまに伝えられている。

　侍塚の発掘は、墳丘形状、発掘目的、発掘の経過、出土遺物の一括観察、図化、事後埋置、発掘後の墳丘整備などが記録されていることは驚嘆される。17世紀末における発掘の記録として希有のことであった。

　江戸時代における好古の人達によって描き観察され、いまに伝えられている記録は「山陵」「遺物」「碑」をはじめ多くの資・史料が知られている。清野謙

次は畢生の労著『日本考古学・人類学史』(1954〜55) において、E・S・モースの大森貝塚発掘の以降を新考古学、それ以前を旧考古学とし、旧考古学を揺籃期（安永寛政以前）形成期（同以後）爛熟期（文化文政以後）と３期に分け、局部的発達→形態整い研究目的明示→趣味的な段階を経ていると説いた。安永〜寛政期 (1722〜1800) 以前、元禄５ (1692) 年の侍塚発掘は揺籃期として位置付けられ、屹立している。

侍塚の発掘が大森貝塚の発掘 (1887) を遡ること185年以前のことであり、2022年には発掘330年目を迎えることになる。それはまさに日本考古学の原点として把握されるであろう。

17世紀末の侍塚発掘は、世界の考古学史を瞥見しても比肩すべき例を見出すことは出来ない。

オリンピック発祥の地がドイツの調査団によって発掘されたのは1875〜81年のことであった。　　　　　　　　　　　　（『考古学ジャーナル』758　2021.9)

（２）「日本考古学発祥の地」副碑の撰文

光圀公の侍塚発掘330年記念「日本考古学発祥の地」建碑にあたり「副碑」撰文の機会を頂き、恐縮かつ光栄至極に存じております。

光圀公と申せば『大日本史』（全402巻）の編纂、水戸学創始の濫觴として広く知られていますが、元禄５年（1692）の侍塚の発掘は、日本の考古学の歴史の劈頭を飾る事跡として光輝しています。

西洋流の考古学の特性は、遺跡発掘の目標・遺跡状況の事前把握・発掘の次第・出土品の観察と記録・発掘後の遺跡遺物の報告記録・遺跡の保存と保全、と言われ、現在の考古学的発掘の基となっています。

侍塚の発掘は、まさに、その逐条に合致し、発掘の記録（『那須記』『湯津神村車塚御修理』など、大金重晴蔵）、遺跡（古墳）の保存として伝えられていますが、日本の考古学の歴史上に希有の事例として知られてきました。

さらに喫驚すべきは、330年以前に光圀公の慧眼と公の意を体した儒臣佐々宗淳の差配と庄屋大金重貞の尽力、そして湯津上の人々によって、近代的な考古学の手法が試みられていたことです。『大日本史』の編纂を目的として水戸藩に史局が設置されたのは明暦３年（1657）でありますから、

湯津上の「国造碑」の重要性を看破し、それに纏わる事項の解明を意図されたのが侍塚の発掘でありました。西洋流の「日本考古学発祥の地」と言われています大森貝塚（東京・品川）がアメリカのＥ・Ｓモースによって発掘されたのは明治10年（1877）のことでありました。そして２年後に報告書（『Shell Mounds of Omori』）が刊行されました。

　侍塚の発掘は、大森貝塚の発掘を遡る185年も以前のことでありました。

　現在、世界で最も読まれている考古学の歴史の本には1820年のエジプトの発掘例が上限とされています（イギリス、Ｇ・ダニエル『150 YEARS of ARCHAEOLOGY』）。オリンピック発祥の地がドイツの考古学者によって発掘されたのは1875〜81年と言われていますから、侍塚発掘が、日本否世界における考古学の発掘史上に燦然として位置づけられると思います。

　光圀公による侍塚発掘330年記念にあたり、湯津上のこの地に「日本考古学発祥の地」の建碑がなされたことは誠に慶事であります。那須国古代ロマンプロジェクト実行委員会をはじめ、栃木県考古学会、大田原市なす風土記の丘湯津上資料館など、建碑に尽力された皆様に心から敬意を表させて頂きたいと思います。

　本日は誠におめでとうございました。そして歴史に残る除幕式に参加させて頂き有り難うご座居ました。厚く御礼を申し上げます。

　令和３年３月28日

　　　　　（主碑「日本考古学発祥の地」の副碑撰文の挨拶資料　2021.3.28）

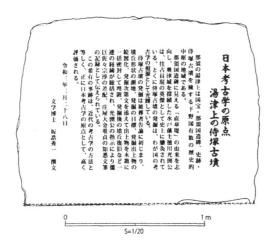

0　　　　　　　　　　　　1m
S=1/20

（３）戦後60年、考古学研究の歩み （年表）

1947	（昭和22）	登呂（静岡）→1950
1948	（昭和23）	日本考古学協会発足
1949	（昭和24）	岩宿（群馬）
1950	（昭和25）	文化財保護法制定
		夏島貝塚（神奈川）　平出（長野）→1953
1951	（昭和26）	吉胡（愛知）　大湯（秋田）　遠江国分寺（静岡）
1952	（昭和27）	難波京跡（大阪）→
1953	（昭和28）	土井ヶ浜（山口）→1957　月の輪古墳（岡山）
1954	（昭和29）	堀之内貝塚（千葉）　平城京跡（奈良）→
1955	（昭和30）	蜆塚貝塚（静岡）→　長岡京跡（京都）→
		イタスケ古墳保存運動
		『日本考古学講座』（7巻）→
1956	（昭和31）	飛鳥寺（奈良）　武蔵国分寺（東京）→
1957	（昭和32）	五領（埼玉）
1958	（昭和33）	『世界考古学大系』（16巻）→
1959	（昭和34）	夏島貝塚14Ｃ　9450±400BP
1960	（昭和35）	広畑貝塚（茨城）　荒海貝塚（千葉）
1961	（昭和36）	三殿台（神奈川）多賀城跡（宮城）→草戸千軒（広島）→周防国府跡（山口）→
		平城木簡
		小林行雄『古墳時代の研究』
1963	（昭和38）	加曽利貝塚（千葉）→　おつぼ山神護石（佐賀）
1964	（昭和39）	宇津木向原（東京）　桜ヶ丘（兵庫）銅鐸・銅戈
1965	（昭和40）	『日本の考古学』（7巻）→
1967	（昭和42）	藤原木簡（郡評論争）
1968	（昭和43）	文化庁発足
1969	（昭和44）	綾羅木（山口）
		平安博物館事件（10.25）
《1960～1970年代　経済成長に伴う大規模発掘》		
1971	（昭和46）	日考協『埋蔵文化財白書』
1972	（昭和47）	高松塚（奈良）
1973	（昭和48）	多賀城漆紙文書

1976	（昭和51）	三内丸山（青森）→	
1978	（昭和53）		稲荷山古墳（埼玉）－辛亥銘鉄剣
1979	（昭和54）	太安万侶墳墓（奈良）	
			山内清男『日本先史土器の縄紋』
1981	（昭和56）	垂柳（青森）	
			日考協『第２次埋蔵文化財白書』
1982	（昭和57）	山田寺跡（奈良）	
			日本文化財科学会発足
1983	（昭和58）		近藤義郎『前方後円墳の時代』
1984	（昭和59）	荒神谷（島根）銅鐸6、銅剣358、銅鉾16（→銅鐸6、銅鉾16）	
			齋藤　忠『日本考古学史辞典』
1985	（昭和60）		岩波講座『日本考古学』（9巻）→
1986	（昭和61）	吉野ヶ里（佐賀）→	
			江戸遺跡情報連絡会（→江戸遺跡研究会）発足
1993	（平成5）		斉藤　忠『日本考古学史年表』
1994	（平成6）	古代東海道（静岡）⇒古代東山道（東京・栃木）	
1996	（平成8）	加茂岩倉（島根）銅鐸39	
1996〜1997（平成8〜9）		日本考古学会創立100周年（『考古学雑誌』82-1〜4、83-1)	
1998	（平成10）	キトラ古墳（奈良）	
		日本考古学協会創立50周年『日本考古学の50年』（『日本考古学』6）『日本考古学を見直す』	
2000	（平成12）		旧石器発掘捏造問題（11.5)
2001	（平成13）		山本忠尚『和英対称日本考古学用語辞典』
2005	（平成17）		日考協『第３次埋蔵文化財白書』
2008	（平成20）		小林達雄『総覧　縄文土器』

「戦後60年、考古学研究の歩み」

（日本考古学協会創立60周年記念講演会「大学考古学と地域研究」

2008・10・12　明治大学リバティホール）

（４）戦後の考古学研究の歩みと歴史学

1　日本考古学協会発足の背景と周辺

　アジア・太平洋戦争（十五年戦争、1931〜1945）の終結は、日本の考古学にとって一世を風靡していた皇国史観の風潮より離れ、自由な研究を謳歌することが可能となった。それは戦前・戦中の「肇国の考古学」「植民地の考古学」そして「沈潜実証の考古学」からの決別であり、弾圧されていた「唯物史観の考古学」が市民権を得たことを意味し、歴史学としての考古学が広範に認識されたのである。

　弥生時代の営農集落の全容解明を目指し、多くの研究者を糾合して実施された登呂（静岡）の発掘は、新生日本考古学の出発点であった。登呂の発掘は日本考古学協会発足の切っ掛けとなり「登呂遺跡調査特別委員会」の事業として進展し、浩瀚な２冊の『登呂』（1949・1954）として報告された。

　登呂の調査によって誘発され1948年４月に発足した日本考古学協会は、以降、日本考古学の中心的組織として機能し、多くの共同研究の成果を総括して発展した。発足当初の会員は81名（会友５名）であり、11名の委員によって構成された。委員の顔触れは「植民地の考古学」「肇国の考古学」の人達が中心であったが、それは当時における日本考古学界の宿命であり、戦後世代の研究者が活躍するまでその体制は長く続いた。その頃、『日本考古学辞典』（1962・12、四六倍判　本文581）は、3,600項目、協会員全員236名、ほか６名の執筆者によって刊行された。すべての協会員が執筆と言う委員会の方針であった。日本考古学協会は「日本における考古学者を鳩合し、研究者及び関係学会の相互の連絡を密接にして、これによって考古学の進歩をはかる」ことを「第一の目的として」結成され、『日本考古学年報』（1948年度１）の編集刊行は、以降、日本考古学の趨勢の記録として膾炙されていった。

　他方、1946年７月に日本考古学研究所（千葉・市川）が「日本石器時代の縄文式文化の研究所」として設立され『日本考古学』を刊行した。戦前からの日本考古学会、日本人類学会、そして新体制として発足した東京考古学会は『考古学集刊』を創刊、機関誌の発行と研究例会の開催を恒常化する努力を重ねていった。また、若い研究者の息吹となった東京学生考古学会、学生考古学研

究会（京都）の発足は、日本の考古学界にとって新風を吹き込んだ。また、戦前・戦中に大陸を舞台としていた東亜考古学会は、調査対象を「わが国偏僻の地で外来文化接触濃厚の個所」に転じて1947年に活動を再開したことが注目される。

2　戦後、日本考古学の20年

　1947〜50年の登呂発掘に続き各地で活発な発掘調査が開始された。注目の主要調査を任意に抽出すると次の通りとなる。瓜郷（愛知、1947〜52）平出（長野、1947〜50）、安国寺（大分、1950〜52）など弥生〜古墳時代の集落、縄文時代以前の石器文化の存在を確認した岩宿（群馬、1949）、縄文時代早期の編年研究に成果を挙げた夏島貝塚（神奈川、1950）、縄文時代の環状列石の大湯（秋田、1951）、「景初三年」銘鏡が検出された和泉黄金塚古墳（大阪、1950）、多数の三角縁神獣鏡を出土した椿井大塚山古墳（京都、1953）、北九州で確認された支石墓として葉山尻（佐賀、1951）初の国分寺跡発掘の遠江国分寺（静岡、1951）弥生時代集団墓の土井ヶ浜（山口、1953）の発掘着手、市民参加の発掘調査としても注目された月の輪古墳（岡山、1953）、細石器発掘の矢出川（長野、1953）、古代の土器製塩の存在を実証した喜兵衛島（香川、1954）、縄文時代前期の集落を全掘した南堀（神奈川、1955）、弥生時代の高地性集落の紫雲出（香川、1955）、縄文時代の早期撚糸文土器以前の土器が発掘された小瀬ヶ沢（新潟、1956）、飛鳥諸京跡の発掘究明の先駆—飛鳥京（奈良、1956）、弥生時代の方形周溝墓の存在が確認された宇津木向原（東京、1964）経塚発掘の先駆—朝熊山（三重、1962）のほか、更埴埋没条里（長野、1961）中世の草戸千軒（広島、1961）、縄文時代中〜後期の加曽利貝塚（千葉、1962）中世朝倉氏の一乗谷（福井、1967）などの発掘も着手された。
　平城宮跡から木簡の大量出土（1961）に続き、藤原宮跡「評」木簡出土（1973）、そして埼玉稲荷山古墳出土の鉄剣に115文字の銘文の確認（1978）など、「出土文字」についての新たな所見は歴史学界の注目を集めるようになっていった。考古学にとって紀年木簡の出土は伴出土器の年代確定に基準をあたえることになり、古代土器の編年的研究が諸宮跡出土資料によって進展していった。同時に記銘木簡の検出により出土遺跡の機能と名称が明らかになり、京・宮の研究上に画期的な史料となった。

　出土文字の検出は、古代史研究にとって「文献史料」を補完援用する「考古資料」の出現となったのである。木簡の出土は、従来とかく等閑視されてきた墨書土器についても古代史の研究にとって注目されることになった。

　1978年に木簡学会が発足し、あくる年に『木簡研究』が創刊された。「創刊の辞」を書いた岸俊男会長は「文献史料の上で限界にきていた日本の古代史研究を蘇えらせ、未来に向かって無限の可能性を示すに至ったことは、木簡出現の意義として特筆にされねばならない」と感慨を吐露した。平城宮跡から木簡の第1号が確認されたのは1961年1月、紀年銘木簡（平城木簡20「天平宝字6年」）も検出された。

　そして多賀城跡から漆紙文書が出土し1978年6月に公表された。それは「宝亀十一年」暦の残片ほかであった。多賀城跡出土の漆紙文書の情報は各地の発掘現場に届いた。漆紙文書の確認と解読に尽力した平川南は「全国各地で黙々と古代史解明に励む考古学・古代史関係者に明るい希望を与えるものであると自負する」と述べた。

　木簡と漆紙文書の出土は、とかくなおざりにされてきた墨・刻土器と共に「出土文字」として古代史研究にとって不可欠となった。

　1968年には文化庁が発足した。この年、太宰府（福岡、1968）の発掘開始、1976年には楯築の墳丘墓（岡山）調査と続く。他方、特定研究「自然科学の手法による遺跡・古文化財等の研究」が3ヶ年計画ではじまり、日本文化財科学会の設立（1982）となって日本の考古学の発展に一時期を画することになった。

　なお、2009年に日本考古学協会は一般社団法人となり、2018年には設立70周年を迎えた。その間、創立50年に「日本考古学の50年」（『日本考古学』6、1998）『日本考古学を見直す』（2000、学生社）、70年には「日本考古学と日本考古学協会1998〜2018」（『日本考古学』47、2018）『日本考古学・最前線』（2018雄山閣）を編み、節目ごとに日本の考古学の因って来た研究と課題を総括してきたが、それと共に『日本考古学年報』『日本考古学』を紐解くことにより、戦後の日本考古学の展開を知ることができる。

3　考古学研究と歴史学

　1946年、杉原荘介『原史学序論』（第2版）が出版された。「考古学的方法による歴史学確立への試論」の副題を掲げ、「原史学の方法（型式論、形態論、様相論）」を主題とした本書は、「古文書学を基礎とした本来の歴史学を本史学・・・考古学を基礎としたものを原史学」と提唱した。それに対し考古学の「目的が歴史法則とその現象を解明することにある」とする評者により「原史学の粋を設定」し「本史学と対置」する方法は「考古学の発達を歪める」と評されたが、後に（第5版、1966）「本書の題名と解し」て欲しいと述べられている。この杉原提言は、考古学を遺物学と断じる角田文衞の見解（『古代学序説』1954）と対置するとき考古学の方法論として魅力的であり、濱田耕作『通論考古學』（1922）と共に耽続された。

　戦後の日本考古学の成果を総括した『日本考古学講座』（7巻、1955〜56）は、考古学者（後藤守一）と歴史学者（石母田正）との共同編集であった。歴史時代6（古代）・7（中世・近世）の2巻は、考古学のほか文献史学・民俗学・農業史・地理学の専門家が執筆し、6では考古は20名中で10名、7では考古6名に対して他分野の執筆13名であり、「考古学講座」と銘打ちながら考古学以外の執筆者による講座であった。その要因は「歴史時代」の遺跡発掘の事例が僅少であったことによる。戦前・戦中における「歴史時代」遺跡の発掘は、若干の古代寺院跡を例外とし、多くは不時発見の資料による研究が支配的であった。

　1960年以降、遺跡－埋蔵文化財が開発などに起因して破壊される事態に対応した国の方針、いわゆる「64体制」は「次善の策」（事前協議・発掘経費原因者負担）であり、多くの批判を受け乍ら現在に至っているが、緊急（事前）発掘の結果は各地で膨大な資料が蓄積されていくことになり、研究者の姿勢も変容していった。

　「歴史時代」資料の検出も同様であった。愛知県西南麓の平安時代窯跡の対応発掘を契機として「発掘面積の拡大」は各地域に及んでいった。古代都宮跡、寺院跡、城柵跡、地方官衙跡に対する調査は、継続発掘が実施され、計画的調査となり、古代集落・生産・交通に関する遺跡などの発掘も各地で盛んになっていった。

　その成果の一端は1965〜67年に刊行された『日本の考古学』（7巻）に見ることが出来る。Ⅵ・歴史時代（上）の生産、Ⅶ・同（下）の都城・地方官衙・城塞・寺院の各項の記述に反映されている。

　その後、古代官道・駅館跡の発掘が各地で実施され、荘園関係遺跡の発掘も試みられ、ついで、中世居館の全国的調査の実施、不時発見資料を主とする中・近世埋蔵銭貨の調査研究、近世都市遺跡の発掘と近世城郭の築造に伴う多角的調査、近・現代資料の考古学的方法による調査など、それぞれ歴史学の一翼をになって進展していった。

　後藤守一の『日本歴史考古学』（1937）から80年、『日本考古学講座』（1956）から50年、『日本の考古学』（1967）から40年の歳月を経て、考古学2名・歴史学（2名）の編集により「学問的方法を異にする歴史学・考古学等の協業にもとづく「学」であり、けっして考古学の一分野でもなく、また歴史学に考古学が従属するというものでもない」とする『歴史考古学大辞典』（四六倍判1347頁3、200項目）が編まれた。「7世紀以降から現代までを対象範囲」とした辞典は、時代区分上「文字の時代」と理解され、7世紀以降の日本歴史を考古学・歴史学の枠を超えた「歴史考古学」として構成されている。かって、江戸遺跡研究会によって『図説江戸考古学研究事典』（2001）が、古代交通研究会によって『日本古代道路事典』（2004）が編まれたが、それは近世考古学、古代道路研究の総括を研究の出発点の確認を意図したものであった。同じく櫻木晋一『貨幣考古学の世界』（2016）も出土渡来銭の現状を総括したものであり、近年の調査研究を主としている。

　考古学は、時間と空間に限定されることなく「物質的資料」によってヒトの過去を明らかにする歴史の学であり「文字資料」による文献史学と共に「歴史学」を構成していることを改めて感じるのである。

参考文献

近藤義郎「戦後日本考古学の反省と課題」（『日本考古学の諸問題』考古学研究会十
　　　　周年記念論文集　1964.6）
石川日出志「日本考古学界の組織化と共同研究」（公開シンポジウム「戦後日本考古
　　　　学と杉原荘介」2017.11.11　於　明治大学）

石川日出志「日本考古学協会の創設と初期の活動」（一般社団法人・日本考古学協会
　　　　第84回総会『研究発表要旨』2018.5）

「岩宿遺跡」と日本の近代考古学（日本考古学協会設立70周年記念、岩宿大学公開
　　　　講座　2019.11.24　笠懸公民館）

コラム1

周年記念の講演

　学会の周年記念講演を担当させて頂く光栄に浴したことがある。

1．日本考古学会創立100周年記念特別講演会「日本考古学の今日と未来」
　　歴史時代「歴史考古学の進展」（1996.11.30　於　東京都美術館講堂）

2．日本考古学協会設立60周年記念講演会「大学考古学と地域研究－縄文研究の
　　最前線－」基調講演「戦後60年、考古学研究の歩み」（2008.10.12　於　明治大
　　学リバティホール）

3．武蔵野文化協会創立100周年記念講演会「武蔵野の考古学100年」（2016.7.18
　　於　府中市大國魂神社参集殿）

4．岩宿遺跡発掘・日本考古学協会設立70周年記念「日本の近代考古学研究と
　　岩宿遺跡」－「戦後の考古学研究の歩みと歴史学」（2019.11.24　岩宿博物館・
　　笠懸公民館交流ホール）

　ほかに、政治経済史学会創立50周年記念講演「武蔵野地域の考古学」
（2013.10.19　町田市市民ホール）

　1は、斉藤　忠・芹沢長介・江坂輝彌・金関　恕・大塚初重各先生の末尾講
演、2は、報告として阿部芳郎・高橋龍三郎・島田和高諸先生に私が加わり黒
沢　浩先生の司会で座談会が開かれた。3は、樋渡達也先生の「武蔵野会(武
蔵野文化協会)の百年」の前座講演。4には、小菅将夫・矢島國雄先生の講演も
あった。

　1、日本考古学会、2・4、日本考古学協会の周年記念に参加させて頂いた
ことは、考古学を学んでいる者として光栄至極であった。3の武蔵野文化協
会は、鳥居龍蔵先生創設の武蔵野会(1918.7.7発足)の後身で地域学会の先駆であ
り、その展開を紹介した。

（5）斎藤　忠と日本考古学史

　健康・健脳・健脚を身上に「たゆみなく学びの道にいそしまむ　おのが命のあらん限りは」（和田英松）を座右の銘として、80余年を考古学の研究に挺身した斎藤　忠（1908〜2013）は、日本の考古学に多くの恩沢を遺して104歳11ヶ月の生涯を燃焼した。

　東京帝國大學の國史學科で黒板勝美の薫陶を受け、京都帝國大學の濱田耕作の指導のもとに考古学を学んだ後、「朝鮮古蹟研究會〜朝鮮総督府博物館」を経て、文部省史蹟調査嘱託となり、次いで文部技官として史跡調査及び埋蔵文化財の調査に従事した。文化財保護委員会（保存部記念物課）在任中には、遺跡の所謂国営発掘を主宰し、文化財調査官として史跡の指定に尽力した。

　文化財保護法に基づく発掘は、吉胡貝塚（愛知）にはじまり、大湯環状列石（秋田）、無量光院跡（岩手）、志登支石墓（福岡）、平城宮跡（奈良）、四天王寺（大阪）、成川（鹿児島）秋田城跡（秋田）、石城山神籠石（山口）が対象であった。

　その間、登呂遺跡（静岡）の調査、東海道新幹線路線工事に伴う埋蔵文化財の調査指導、岩木山麓古代遺跡（青森）、男体山頂遺跡（栃木）、周防国衙跡（山口）、更埴市条里遺構（長野）大谷口城跡（千葉）、下野国分尼寺跡（栃木）などの発掘調査を顧問・団長として指導にあたった。

　他方、日本考古学協会の設立に関与し、発足の後は委員として運営の一翼を担った。また、東京大学より文学博士（主論文「新羅文化の考古学的研究」副論文「日本装飾古墳の考察」）を授与された。

　文化財調査官を経て、東京大学教授に就任、その退官後、大正大学教授として文学部長などを歴任した。また、文化財保護審議会専門委員・宮内庁陵墓管理委員・（財）静岡県埋蔵文化財調査研究所長などを務め、下野国府跡・薬師寺跡（栃木）、信濃国分寺跡（長野）、稲荷山古墳（埼玉）、高松塚古墳（奈良）、大北横穴群（静岡）ほかの調査顧問・団長・委員として尽力した。

　大正大学と北朝鮮考古学研究所の霊通寺跡（北朝鮮・開城）共同発掘の実現を主導すると共に世界各地の遺跡を視察した。

　斎藤　忠の考古学研究は多岐にわたっている。その要諦は「斎藤忠著作選集」6巻（1997〜'98）続2巻（2007・08）「日本考古学研究」1〜3

(1988・'90) に見ることが出来る。

　総じて、（1）東アジアの文化と葬墓制、（2）装飾古墳を中心とした日本の古墳、（3）仏教関係遺跡の踏査研究、（4）古典の考古学的考察、（5）日本考古学史の体系的研究に大別されるであろう。

　（1）については『東アジア葬・墓制の研究』(1987)、（2）については『日本古墳の研究』(1961)『日本装飾古墳の研究』(1973)、（3）については『石窟寺院の研究』(1999)『仏塔の研究』(2002) など浩瀚な代表的著作として膾炙され、（4）については『古典と考古学』(1988) に総集されている。（5）の日本考古学史については『日本考古学史』(1974) をはじめ多くの著作を遺した。

　1941年に「日本考古学の基礎的仕事の問題」(『歴史地理』78-4) を説いて以来、レファレンスブックの必要性を喚起し、自らその仕事を率先実践した。それは、1.文献目録の作成、2.遺跡地名目録及び遺物出土目録の作成、3.遺跡遺物の集成整理であり、『日本古墳文化資料綜覧』1・2・3 (1952〜'56) はその創始であった。

　学史の史資料の探索、学史上の人物の探求、学史をめぐっての論究、学史研究の敷衍と展開、学史体系化の確立は、日本の考古学界を裨益してきた。

　史資料の探索は『日本考古学史資料集成』(1979)『日本考古学文献総覧』(1997) 人物の探求は『考古学史の人びと』(1985)『古代遺跡の考古学者』(2000)『郷土の好古家と考古学者たち』2冊 (2000)、学史の論究は『日本考古学史の展開』(1990) 研究成果の敷衍は『日本の発掘』(1963)『日本考古学百年』(2001)、体系化は『日本考古学史』(前出) などに見ることが出来る。

　『日本考古学史』は、考古学前史、江戸時代 (前期・中期・末期)、明治時代 (初期・中期・末期)、大正時代、昭和前期、現代の考古学と逐年的に展望しているが、なかでも明治時代については3分の1の紙幅を充て委曲が尽くされている。

　学史の構成にあたり、自ら博捜した史資料 (『日本考古学史資料集成』前出) と共に、『復刻日本考古学文献集成』(10冊1979〜83) を編んで解説し、また『日本考古学選集』(25巻、1971〜'86) の編集に従事した。江戸時代に視点をおいた『木内石亭』(1962) の事跡、地誌に散見している古代遺跡の記録を整理し (『日本古代遺跡の研究』文献編、上下1971・'76)、さらに人物探求のために書簡など

を収集した（『史学考古学の先覚－書簡から見た－』1998）。

　これらの史資料の探求を基底に『日本考古学史辞典』(1984)『日本考古学用語辞典』(1992)『日本考古学人物事典』(2006)『日本考古学史年表』(1993) を執筆した。すべて個人の執筆であり、用語辞典の場合はその後も弛むことなく改訂新版 (2004) となり、また『日本考古学小辞典』(2003) となった。年表についても、10年の後に増補した軽装版 (2001) を作成した。

　日本の考古学関係の辞(事)典類の項目執筆は、日本考古学協会編『日本考古学辞典』(1962) 執筆者230名はともかく、水野清一・小林行雄編『図解考古学辞典』(1951) は15名、大塚初重・戸沢充則編『最新日本考古学用語辞典』(1946) は執筆16名、執筆協力27名、田中琢・佐原真編集代表『日本考古学事典』(2002) は78名であった。斎藤の学史辞典は2,925項目（文献932、人物283、用語525、発掘発見史706、研究史68、機関施設249、学会131、その他31)、用語辞典は4,495項目，人物事典は690名を収めている。記載紙幅の多寡はあれ，個人による考古学辞典の執筆は類を見ない労作である。

　斎藤の学史研究は、中谷治宇二郎（『日本先史学序史』1935)、清野謙次（『日本考古学・人類学史』1954-55) の先行労作を咀嚼すると共に史資料を増補し、小林行雄（『考古学史・日本』『世界考古学大系』16、1962) の学史観と類同変容の視点に立脚した独自の体系を目指したものであったが、他方、近藤義郎（『戦後日本考古学への反省と課題』『日本考古学の諸問題』1964) などの視角とは相容れることがなかったのである。

　以上のごとく、日本考古学史の体系を目指した研究は、その基礎となった関係史資料の収集公開によって光輝していると言えよう。

　期頤を迎えて退休の後も、収集史資料を手元に『考古学とともに七十五年《斎藤忠自伝》』(2002) の続稿を目標に「あすいかに ならむとはしりず けふの日の けふするわざに わが命あり」（津田左右吉）を書斎に掲げて日課を過ごしていたのである。

（日本考古学協会公開講演「第38回総会研究発表要旨」 於 大正大学講堂　2017.5.27)

（6）閑却の「日本考古学史」のこと

　長らく『朝日新聞』の記者として読書・歴史・考古学を担当し、『朝日

ジャーナル』の編集長を勤めた玉利勲（1924～2006）は、装飾古墳と日本考古学史について独自の視点から意欲的な著書を執筆した。『装飾古墳』（平凡社カラー新書）、『装飾古墳紀行』（新潮選書）は、装飾古墳行脚の記録としても注目されている。また、日本の考古学の発達史を綴った3部作『発掘への執念』（新潮社、－改題して『日本の歴史を掘る』朝日文庫－）と『墓盗人と贋作づくり』（平凡社選書）、そして『考古学事件』（朝日新聞社サービス）は、斎藤忠『日本考古学史』ともども、日本考古学の発達史を展望した著作として知られている。

　『日本の歴史を掘る』が多くの読者を得たのと対照的に『考古学事件』はどこか閑却されている感がある。

　『日本の歴史を掘る』の元本『発掘への執念』は、「大森貝塚から高松塚まで」の副題が付けられ内容が明示されている。1983年に刊行されたこの元本は、1989年に「朝日文庫」に『日本の歴史を掘る』と改題して収められた。元本の出版後、新しい研究の方向、新発見の遺跡・遺物を加えて修訂が加えられ、文庫版に引き継がれた。文庫版には、田中琢が「解説・玉利さんが考古学史を書いた」を寄せている。そこには、学史に登場する人物に対する暖かくも厳しい視点が説かれているとし、考古学プロパーの研究者による学史とは一味違った著作となっていることが指摘されている。

　『墓盗人と贋作づくり』は、「日本考古学外史」の副題がつけられ、日本考古学の「裏通りでの出来事」について淡々と記述されている。

　この2冊は、日本考古学史の著作として刮目すべき仕事である、と考えているが、学界ではさして注目されていないのは残念である。著者には、弥生町貝塚の発見と弥生式土器の命名のことなどをめぐって、一度だけ取材の機会を得たが、以降、何回か書簡の往復があった程度であった。その真摯で丁重なお人柄は、いまに彷彿として思い出す。ともに『読売新聞』に「書評」を書いたが（正史・1988.11.14、外史・1992.5.18）、あまり反響はなかった。

　「外史」の2冊目は、著者の急逝によって未完成となったが、夫人によって完成済みの原稿が3回忌に際して『考古学事件』として出版された。この書は、販売される機会がなかったためか、考古学の研究者に行渡らなかったようである。「英国領事館員による幕末のアイヌ墓盗掘事件」「軍用飛行場が消した古墳群」より構成されている第2弾は、まさに「事件」を追究したものであった。

　「考古学ジャーナリスト」と自称した著者の想いは、日本考古学の正・外史

３冊に収められている。学史の研究にとって珠玉の連作である。

（『日本考古学史研究』5　2017.5）

（7）　明治時代の考古学を思う

　明治維新150年をめぐって各方面から明治時代に関心が向けられている。先頃、「明治時代を理解する総合辞典」と銘打った『明治時代史辞典』（4巻、2012〜13）が刊行され、考古学の項目も取りあげられた。明治時代の考古学については、斎藤忠『日本考古学史』(1970)『日本考古学史辞典』(1985) などにより、かなり明らかにされてきたが、検討すべき余地は少なくない。

　「日本考古学選集」25巻 (1971〜86) の編集に参画したとき、もっとも苦労したのは人選であった。斎藤の『日本考古学史』に収められた「明治時代（初期・前期・中期・末期）、大正時代、昭和前期」の研究者を候補として、甲論乙駁の会議が重ねられたが、結局23名を選出した。次に論議されたのは割り当て巻数についてであった。全25巻を如何に割り振るかをめぐって検討された結果、2巻1名が5、1巻1名が13、1巻2名が1、3巻1名が1、と定められた。なかでも1巻2名（沼田頼輔・関保之助）と1巻3名（大野延太郎・八木奘三郎・和田千吉）をめぐって意見の交換がなされたが、原案通りでと決定し漸く編集が着手された。1名2巻が坪井正五郎・鳥居龍蔵・高橋健自・濱田耕作・後藤守一の5名、1名1巻は三宅米吉・喜田貞吉・中山平次郎・柴田常恵・長谷部言人・清野謙次・藤田亮策・甲野勇・山内清男・酒詰仲男・森本六爾・中谷治宇二郎・内藤政恒の13名となり、25巻に23名が収められたのである。

　この編集に参画して明治時代の研究者をどのように評価し、学史上に位置づけるか、私なりに大きな課題となり、その後も明治時代の考古学に関心を持つようになっていった。

　明治時代の考古学史については、斎藤の著作が知られているが、寺田和夫の『日本の人類学』(1975) は、日本考古学史を考えるうえで看過することは出来ない1冊である。明治時代の考古学は、1884年に創立された人類学会（と東京帝国大学の人類学）を中心として発達し、また、1895年設立の考古学会（と東京帝室博物館）に関係する研究者の活躍については、それぞれの機関誌などに触れながら当時の学界の情勢について淡々と記述されている。

　明治時代の人類学・考古学を牽引してきた坪井正五郎（1863〜1913）の客死により１時期が画されたが、その時代に日本で、その後、台湾・朝鮮半島・[満洲]に渡って考古学的調査を実施したのは八木奘三郎（静山・冬嶺、1866〜1943）であった。なかでも八木の書いた『日本考古學』（1898・90）は、日本で最初の考古学概説として好評を博し、その後も訂正・増補されて洛陽の紙価を高め、明治考古学の研究を反映した著作であった。

　坪井と共に明治時代の人類学・考古学の立役者であった鳥居龍蔵（1870〜1953）については『鳥居龍蔵全集』（12巻、1975〜77）が編まれ、その全業績が統括され膾炙されている。しかし、八木については『考古便覧』（1902、増補版『考古精説』1910）『学生案内考古の栞』（1904）『考古学研究法』（共・1907）『普通人類学』（1905）のほか『満洲旧蹟志』（上・下、1924・26）『満洲考古学』（1928、増補版1944）などが見られるものの、先駆的な論文については「日本考古学選集」４（1976）に主なものが収録されているに過ぎない。八木は、坪井の「不興を蒙った」ときもあったが、常に「景慕」していたという。その生涯については清野謙次が「先進考古学者としての八木奘三郎」（増補『満洲考古学』1944）と題し、晩年に不遇をかこった鎮魂の一文を書いている。坪井の見解を主題にして解説した『普通人類學』（前出）は、坪井を尊敬していた一面を示している。後年、八木は、座談会「日本人類学界創期の回想」（『ドルメン』４−９・10、５−１、1938.9）に出席して当時を回想しながら「元来人類学と云ふものは寄合ひ世帯と云ふやうなもので、各方面の人が入って居るから、素人にもよく分るやうに書いて貰はないと困る」と『人類學雑誌』の編集について意見を述べ、往時を懐しんでいる。1935年、八木は「明治考古學史」（『ドメイン』４−６）を書いた。明治時代の考古学は、１は博物館派、２は大学派の「２大源流」のほか集古会派＝元禄好古派の存在を指摘し、自身は「人類學から考古學に転向した」と述懐した。

　八木については『明治時代史辞典』（前出）の「考古学」「考古学会」「考古学研究会」項で触れたが、碩学の坪井と鳥居に比して紹介されることは稀である。しかし、日本をはじめ東アジアの考古学史の上で果した功績は決して少なくない。明治時代の日本考古学を考えるとき八木奘三郎について改めて思いを馳せている近頃である。

（『日本考古学史研究』６　2018.5）

（8）　『國史大辭典』（初版）と考古学

　大学生の頃、東洋史の有髙巌先生から漢文演習の予習には『康煕字典』か諸
橋轍次の『大漢和辞典』、いずれかの字典を使用すること、日本史の伊木壽一
先生の古文書学演習に際しては『國史大辭典』を参看して臨むこと、が必須の
心構えであった。東洋史の字典はとにかく、日本史の辞典は古めかしく、西洋
史の史料講読で頼りにしていた平凡社の『世界歴史事典』と対照的だった。歴
史を学び始めた頃、レファレンスとして字典と辞典と事典の類は、年表・地図
と共に常に参照することが必要であったことを思い出す。それらの字典（諸橋
縮刷本13巻・大修館書店）事典（25巻・平凡社）を師の教えに従って所有する
ことを心掛けたが『國史大辭典』の入手にはかなり手古摺った挙句、偶然、廉
価で初版を購入したことが思い出される。

　『國史大辭典』は、日本最初の本格的な日本歴史の辞典で、本文編１冊・付
録編１冊の２巻本として1908(明治41)年に吉川弘文館から発行され、その後、
大増訂本（本文編・付録編）６巻本が1925(大正14)年に、同縮刷普及版・５巻
本が1928(昭和３)年に発行された。その間、1913(大正２)年に初版の増訂版
（１巻本）が発行されて「國史」を学ぶ者にとっての座右の必携辞典とされてお
り、初版（２巻本）の入手以来、各版を博捜して所蔵することが出来た。それ
は明治・大正時代の本格的歴史辞典として孤高の存在であり、考古学辞典が編
まれなかった時代に、関係項目が一体どの程度、収録されているのか、私なり
に関心があったからでもあった。

　初版が発行された頃の『中等教科日本史』（1896－明治29）、『内國史綱』
（1899－明治32）、『修正小学日本國史補習』（同）、『女学校用皇國小史』（1905
－明治38）などには「太古の遺物」として土器・石器・骨器、「陵墓」として
前方後円墳・円墳、「古代食器類」として土器、さらに、「古墳平面図・石棺」
「埴輪・刀・釼・鏡・馬具・装飾具（勾玉・管玉・切子玉・臼玉・耳環ほか）」
などが挿図として収録されていた。考古學會の『考古』（1900・明治33）『考古
界』（1901－明治34）〜1910－明治43）には多くの遺跡・遺物の報告が掲載さ
れていたし、『東京人類學雜誌』も同然の頃のことである。

　『國史大辭典』は、萩野由之の監修、八代國治・早川純三郎・井野邊茂雄の
編纂で、本文編はＢ５判2380頁、補遺４頁、付録編（挿絵及年表）47図、年表

第1図 國史大辭典
初版1908（明治41）年

第2図 國史大辭典
初版1908（明治41）年 中扉

第3図 増訂 國史大辭典
1913（大正2）年

第4図 大増訂 國史大辭典
1925（大正14）年

第5図 大増訂 國史大辭典
1925（大正14）年 中扉

第6図 縮刷普及版 國史大辭典
1928（昭和3）年

220頁であるが、考古関係は「貝塚（介墟）」のほか「板碑」「陵」「城」などが
見られるに過ぎない。ただ「城」項は平面図が入り、寺社の項目と共に参考に
なる解説である。編纂助言者中に高橋健自の名があるが、考古学の項目は淋
しい。しかし、大増訂本の本文編は入田整三・谷川磐雄ほかが協力者として名
を連ね、項目が増加する。「板碑」「貝塚」は勿論、「鏡」「鐘」「神籠石」「瓦」
「經塚（經筒）」「棺」「穴居」「古墳」「石人（石馬）」「石器時代住居」「竪穴」
「城塞（チャシ）」「朝鮮鐘」「銅釼」「銅鏃」「銅鐸」「埴輪」「弥生式土器」「横
穴」ほか「大山陵（大山陵（大仙陵））」及び仏具金工品の類も収録された。付
録編には「銅鉾・銅釼」「銅鐸及文様」「埴輪」の図が加えられた。

　この増訂本の考古学関係項目は、その後、1933（昭和8）年に発行された
堀田璋左右編『國史新辭典』（本文2272頁、補遺27頁、雄山閣）に収録される
ことがなかった。なお、皇紀2600年記念『國史辭典』（全8巻・4巻で中断、
1940〜43、冨山房）には、項目執筆者として有光教一・石田茂作・大場磐雄・
駒井和愛・後藤守一・斎藤忠・藤田亮策・宮坂光次・川勝政太郎ほかが参画し
たが、未完（4巻「シ」項迄）に終った。既刊収録項目が本格的な記述であっ
ただけに残念であった。

　アジア・太平洋戦争の終結後、考古学を標榜して発行されたのが酒詰仲男・
篠遠喜彦・平井尚志編の『考古學辭典』（1951(昭和26）年、改造社）である。
以降、日本の考古学辞（事）典の発行が相次ぐようになる。

　明治時代の日本史教科書には、考古学関係の遺跡と遺物が紹介されていた
が、『國史大辭典』の「貝塚（介墟）」には「石器時代の人類が食料に供した
る貝族を捨棄したる遺跡」と、遺物として「色料朱、ベニガラ、石器石鏃、
石斧、石棒類、土器碗、鍋、鉢、瓶、紡錘形珠、土版、人形など」の存在を記
し「先史時代の人類、即ち吾人大和民族より以前に此國土に住したるものの
遺跡」と説明されていた。貝塚の発掘は「明治11年…帝國大學教授米國人エド
ワアド・エス・モールス氏武蔵國荏原郡大森村の貝塚」と記し、挿図（1頁）
に土器（漏斗形・急須形・高坏形・壺形・香爐形・皿形と徳利形）、石器（石
皿・独鈷石・打製石斧・石棒・環石・石剣・石槌・磨製石斧・石匙・石鎗・石
包丁・錘石・石鏃・冠石・石錐）土偶（人形と動物）の図が収録されている。

　大正時代には「大増訂本」発行され、考古学の項目も増加するが、とくに、
「大山陵（大仙陵）」項目が追加され、伝仁徳天皇陵と説明されていることが注

目される。伝仁徳陵は、大正時代の『國史大辭典』に「大山陵」として登場していたのである。

　このように垣間見てくると、明治〜大正時代の考古学が、日本史の分野でどのように扱われてきたか、その一斑を窺うことが出来る。

　以前、日本の歴史地図は高橋健自の立案によって着手され、吉田東伍（歴史地理学）により方向付けが果たされたことを明らかにしたが（『考古鶏肋抄』2011）、歴史辞典にあっては協力者として考古学的知見を提供するに止まっていた。

　辞典を持たない考古学、と揶揄されてきたが、遺跡・遺物の個別的調査と研究は、相応の発達を遂げてきた。その底流には日本の政治と社会の体制が反映していたが、あわせて科学として考古学の方法論が未成熟であったと称されてきた。日本の考古学の歴史を考える上に学史研究の必要性を強く感じる所以である。

（『日本考古学史研究』8　2020.5）

（9）忘却の或る考古学研究者

　濱田耕作に師事し、鳥居龍蔵に魅せられ、山内清男・酒詰仲男・森本六爾・和島誠一・杉原荘介と親交を重ねながら、赤松啓介（栗山一夫）などと深交し、『日本古代社会史』(1933)『東洋古代社会史』(1934) を佐久達雄名義で執筆した黒田善治 (1907〜1997) を知る考古学の研究者は、現在ほとほと見当たらない。

　斯く申す私も50年以前から知己であった黒田のペンネームが佐久であることを迂闊にも気付かずに過ぎてきた。黒田からはじめての書簡（1966.1.6付）が届いて以来、久しく書簡の往復と電話での話し合いがあり、黒田所蔵資料の一部を立正大学考古学研究室に寄贈して頂く仲となっていた。しかし、何故か拝眉の機会はなかった。

　黒田と私が知己となった契機は、埼玉県の東金子窯跡群中の新久・八坂前瓦窯の生産瓦の年代を、武蔵国分僧寺の再建塔に供給されたもので『続日本後紀』(承和12年・845) の記録と対応して平安時代と判断していたが、黒田は鎌倉時代（源頼朝の武蔵国分寺修理命令による）と考えられると主張されてきた。その

当否はともかく、最初の書簡中に「終戦直後の人類学教室で山内清男氏の所で一度おめにかかったことがあります（青山和夫）」「和島君の住所、研究所‥教えて下さい」との記述があり、「坂詰は酒詰との勘違い」と返信したことを思い出している。ただ「青山和夫」は気になっていた。その後『考古解析』（１）〜（６）（1979.3〜1984.3）を送って頂き、改めて濱田との関係、多くの考古学の研究者と交流のあった御仁であることを知った。

　近頃、鳥居が創立した武蔵野会（現・武蔵野文化協会）が発足百周年を迎えた機会に記念事業として『武蔵野事典』（2019刊行）を編むことになり、「人物編」が収録されることになった。そこで『武蔵野』に多くの論文を寄せ、月例会に参加していた人物の一人として「黒田善治（善次）」を選んだ。しかし、資料がなく書けない人、に分類された。そこで考古学分野などを担当の高麗正氏に依頼したが、判らないとの返事であったため、私の知る黒田についての資料を渡し、調査して執筆をと要請した。かくして「黒田善治」項が高麗氏によって執筆されたことは幸いであった。その間、私が考え及ばなかった黒田像が浮上し、私なりに往時の黒田との関係に思いを馳せながら資料集めに着手し、その結果、黒田が類い稀れな人物であることを改めて認識するにいたったのである。

　黒田は、さきに挙げた２単著のほか、『武蔵野』『歴史科學』『唯物論研究』に論文を発表していた。1930年代の前半である。『武蔵野』は黒田であったが、２単著ほかは佐久達雄であった。黒田のペンネームは、考古学・古代研究は佐久、万葉研究は根津君夫・根津哲史であったが、他方、青山和夫・服部智治・林秀夫・川内・K・No.4と表記されていたことが判った。

　『日本古代社会史』（Ｂ６、165頁、白揚社）は、東亜の舊石器時代から説き

起し、日本人の人種構成、日本石器時代の発展と続き、以降、神話伝説に触れ、文献資料を加味して 7 世紀にいたる古代社会を論じている。「古代社會研究は、すでに唯物史観の適用の時代をすぎ、歴史科學における唯物辨證法の時代に移っている」と主張していた。『東洋古代社会史』（B 6、137頁、白揚社）は、主として「アジア的生産様式」の問題をめぐっての所感を披瀝している。一方、「日本に於ける家族の発展過程－日本石器時代年代の研究－」（『歴史科學』7、1933.9）、「古代研究の方法論」（『唯物論研究』15、1934.1）ほかを公けにしたこともあり、1934年に治安維持法違反で検挙され、あくる年、懲役 2 年・執行猶予 4 年の判決、転向代償で出獄した。そして1937年 2 月に大陸に密航する。西川治郎の家で赤松啓介（栗山一夫）と共に別離の宴がもたれ、脱出に成功して重慶に赴き滞在することになった。その地で青山和夫と変名して重慶政府蒋介石と接触し、反日運動の一翼を荷うようになっていく。東京爆撃に際して投下された「桐一葉」ビラは、米軍のアツカー（ライシャワーか）の英文を日本文に添削する役割りを果たしたようである。1946年 3 月に帰国。まさに、波瀾万丈に富む生涯であったことを知り、転た感慨に浸った。

　そこで改めて『考古解析』（B 5、16頁平均）に眼を通した。以前、さして注意することもなく読み飛ばしてきたが、黒田の生涯を知るに及んで、戦後の黒田の心境を垣間見ることが出来るようになった。記述されている幾つかの事柄を原文のまま紹介しておきたい。

　（1）「森本が関西から東京にでてきた時それなりのことを察した武蔵野会のメンバーはあたたかく受け入れた。またここでは私が全国に先がけて彌生聚落を扱い全局面から彌生をみる新方法をとっていたのも彼には大きなシゲキになったようだ」「私がドイツ考古学年報を見せると彼はすぐ日本年報をつくり、君の論文も集録したと売りつけられた。彼の最高の業績はイミテイション論文である。」（『考古解析』（2）1979.5）

　（2）「遠くに白い建物がみえると梅原末治は突然道のまん中でほえだした。「お前のような中学 2 年生を原田淑人と同じ都ホテルに泊まらせるなんて浜田さんはどうかしている。オレの方がホテルで一日中うのうのうしたいんだ。市内を案内しろといいつかったが、あれが都ホテルだから一人でいってくれ」「古代社会史（注『日本古代社会史』）を旧知の柳田国男、郭沫若、浜田耕作に直接送ったところ、柳田からは絶交状が、郭はつかった原本をそっくり渡してくれ

と要求してきた。浜田さんだけが監獄になるかも知れない私の目に入るような
かたちで「文句なく最優秀だが赤いのが残念だ。これで君は考古学と決別しよ
うようだが、君の提起した諸問題は自分が必ずあとを引きうける」と伝えてき
た」（『考古解析』（4）1979.12）。以上『考古解析』から抽出した。以外にも多く
の"裏話"が記述されているし、博識多才で英・独・露語と漢籍に通じていた
黒田は、古代史を自在に説く論文を書いた。

　他方、奥村・青山和夫の『謀略熟練工』（B 6、299頁、1957.4.10、妙義出版株式
会社）には、黒田の1935年から1945年にわたる「30代の生活全部を反戦政略に
投げこんだ思い出と体験」が書かれている。この分野では物議をかもした注目
の書であった。

　黒田については迂闊にも山内・和島に聞く機会を失してしまったのが残念で
ならない。赤松（栗山）との交友についても仔細を知らない。

　今後とも1930年代に考古の世界に跳梁跋扈していた一研究者を日本考古学史
の一齣としてスポットを当て、近い将来に私なりの黒田善治像を書きたいと
思っている。

（『日本考古学史研究』7　2020.5）

(10)　「関東学生考古学会」のこと

　1945年8月、アジア・太平洋戦争の終結により、日本の考古学は新たな方向
で展開していった。1947〜50年に実施された登呂遺跡（静岡）の発掘は、登呂
遺跡調査会〜同特別委員会により、「東京大学、國學院大学、明治大学、早稲
田大学、慶應大学、文部省、国立博物館等の考古学者が合同して組織され、建
築学、民族学、地理学、動植物学、古代史、農政史学の専門学者を加えた共同
研究」^{（註1）}であった。

　登呂遺跡の発掘が契機となって1948年に「日本の考古学専門の学者の団体」
として日本考古学協会が組織された。他方、同年には、東京に東京学生考古学
会（委員長・小出義治）、大阪に学生考古学研究会（代表者・森浩一）が誕生
した。とくに東京学生考古学会は考古学講座を主催し、1947年に樋口清之（欧
州旧石器時代、11月29日）、小林知生（東南アジアの古代文化、12月6日）、江
上波夫（北方アジヤの古代文化、12月6日）、48年に藤田亮策（間島省小営子

の遺跡について、1月24日)、斎藤忠（朝鮮の古代文化、2月7日）、直良信夫（東亜の旧石器、2月14日）、関野克（古代建築について、6月12日）、今和次郎（日本の民家に就て、6月19日）、石田茂作（寺院址研究の基本的智識について、7月3日）、神尾明正（先史地理学、10月2日）、多田文男（関東の低地遺跡について、10月22日）、安藤更正（鴟尾について、11月27日）による11回の講座を開催した。

　一方、大阪の学生考古学研究会は古代学研究会となり『古代学研究』を発行し、大学生を主体とする活発な活動が展開していった。東京の考古学講座は登呂遺跡の発掘に参加した学生が主となって開催されたが、以降は、東京の各大学を主体とする考古学の学会が、1949年以降に復活し、又、新発足する一方、國學院大・明治大（東京考古学会）・早稲田大学などによる研究会は、日本考古学協会・日本考古学会・日本人類学会・原始文化研究会などの全国規模の研究会とともに若い研究者の渇をいやしていった。

　1955年に東京では、第1回の関東学生考古学親善野球大会が4大学（明治・早稲田・日本・國學院）によって11月27日に開催された。4大学の野球大会（於明治大和泉グランド）に際して、後藤守一（明治大教授）は開会にあたり始球式を行い挨拶した。優勝は國學院大であった。この親善野球大会は「全関東学生考古学ゼミナール」の発足となり、あくる56年12月2日には4大学に加えて慶應大・立正大が参加し6大学によって第2回（於國學院久我山グランド）が開催された。

　後藤は、56年に優勝坏、57年に準優勝坏を寄付し、56年以降、閉会式でそれぞれ授与され、後に2つの坏にはリボンに大学名が墨書されるようになった。第2回の優勝は慶應大、準優勝は明治大であった。

　57年の6大学による考古学の集いは、親善野球大会のほか、青年考古学協議会東京支部と合同して「関東大学考古学卒業論文発表会」を開催した。6大学に加えて東京大と東京教育大が加わり8大学による第1回の発表会が1月20日に立教大学において開催された。ついで6月28日には、8大学により第3回の親善野球大会が開催（於明治大和泉グランド）された。優勝は國學院大、準優勝は日本大であった。この年「全関東学生考古学ゼミナール」は、「関東学生考古学会」と改称された。

　58年5月、第2回「卒業論文発表会」が明治大で開催され[註2]、夏には第4回の

親善野球大会が８大学の参加により明大和泉グランドで行われ、明治大が優勝、立正大が準優勝した。

　４大学よって開催された親善野球大会は、６大学の参加となり、さらに８大学となって４回、８大学による卒業論文発表会は３回実施されたのである。

　卒論発表会を共同で開催した青年考古学協議会東京支部は、58年４月以降、所謂事前発掘調査の走りとなる名神高速道路の建設など大規模な埋蔵文化財の発掘対応に追われ、同協議会の主たる命題の１つとして活動していくようになった。青年考古学協議会の東京支部の委員は、東京の諸大学に関係していたこともあり、卒論発表会、親善野球大会の開催に意を注ぐことに支障をきたすようになり中断の憂き目に直面することになった。

　他方、従前の関東学生考古学会は「野球大会のみを行ったにすぎず無活動の状態」と捉え「単なる親睦会にならず、考古学に於ける問題の研究、又、発表会をもち講演会、フィールド・ワーク、野球と多種多彩な活動がスケジュールに組まれ」た「新たに強力な会を組織」し「さらに、会誌発行」を掲げた「充実した会」として新発足の「関東学生考古学会」が誕生し、59年６月22日に６大学（國學院・東京教育・日本・明治・立正・早稲田）によって第５回の野球大会が明大和泉校舎グランドで開催され、東京教育大が優勝、日本大が準優勝を果たした。

　そして７月15日付で『関東学生考古学会連絡紙』１が発行された。「関東学生考古学会について」巻頭言で「日本に於ける、多くの大学が入会」することを期待したが、その後の展開は寡聞にして知ることを得ない。

　蓋し、その頃「日米安保条約改定阻止国民会議の結成」（59．３．28）「安保改定阻止第８次統一行動デモ－国会構内突入」（11.27）‥「安保改定反対デモ」（60．１～６）「安保改定阻止第２次実力行使—580万人参加、国会突入」（6.15）「新安保条約自然成立（6.19）、岸内閣総辞職（7.15)」と激動が続き、安保改定反対デモが連日国会を取り巻き、諸大学の学生も多く加わった。デモ参加の「立正大学考古学研究会」の旗が押収されたのもこの頃であった。新発足の「関東学生考古学会」に参画した諸大学の学生も、かかる渦中に巻き込まれていった。

　なお、後藤守一寄付の「関東大学考古学野球大会優勝杯」の１つ「準優勝杯」が立正大学考古学研究室に保管されている。この「準優勝杯」は第４回に立正大学に授与されたも

のであるが、添付のリボン４枚のなか「第１回立正大学」は誤り、準優勝杯は「第２回明治大」、「第３回日本大」そして「第４回立正大」であり、残る１枚は白であった筈であるが、後日、誰かが書いたものであろう。この立正大保管の「準優勝杯」は、「第５回日本大」に渡るべきものであったし、「優勝杯」は、「第１回國學院大」「第２回慶應大」「第３回國學院大」「第４回明治大」に続いて「第５回東京教育大」に渡されるものであった。「優勝杯」は明治大→東京教育大、「準優勝杯」は立正大→日本大の筈であったが、何故かそれぞれ渡されることがなかった。

　1959年に新発足した「関東学生考古学会」は、従前の「関東８大学考古学ゼミナールの改正」として出発を謳ったが、その「ゼミナール」はすでに、57年に「関東学生考古学会」と改称されていた。そこに従前の会と新発足の会には情報の断絶があった[註3]。

　1947〜48年に登呂遺跡の発掘に参加した東京の諸大学の学生は、考古学勉強の熱意を「考古学講座」の開催として実現したが一過性に終わった。その後、55年に４大学で考古学を学んでいた学生が中核となって「親善野球大会」を開催し、次年度には２大学が参加して６大学となり、さらに57年には２大学が加わり８大学による大会となった。この大会に参加した卒業生の肝煎り（青年考古学協議会東京支部委員）により、57年に「関東大学考古学卒業論文発表会」を共催するようになった。この頃、東京で考古学を学んでいた学生は「野球大会」と「卒論発表会」を年中行事のごとく捉えて参加していたのである。

　当時、立正大学に在学していた私は、「野球大会」に３回（56・57・58年）参加し、58年の「卒論発表会」で発表した。

　「野球大会」は、学部学生のほか、研究生や若手教員も参加し、さらに卒業生も参入して賑賑しい１日であったし、「卒論発表会」には、各大学の教員をはじめ卒業生も顔を見せるのが恒例であった。

　1950年代の後半、東京の大学で考古学を学んでいた者にとって「関東学生考古学会」の存在と活動は、それぞれの記憶のなかに沈潜している。日本考古学史の一側面として記録しておくこともあながち従事ではないであろう。

註

（１）藤田亮策「考古学一般　戦後の日本における考古学」（『日本考古学年報』１　〜昭和23年度、1946）

（２）田村晃一『長楽未央の記』（2000）第１部私年譜、1957年11月の項に「この頃、関東学生考古学ゼミナールとか青年考古学協議会などがつぎつぎとでき、卒論発表会連絡紙発行、野球大会などを行い、関東の学生たちの懇親を深めていたが、やがてそれも時流に没してしまった。しかしこの時に知合ったたくさんの人々とは今でも付き合いがある。第２回卒論発表会のとき、立て板に水という調子で、堂々と発表した学部学生の坂詰秀一氏の雄姿は今でも記憶に残っている」と。当日、「縄文文化に於ける葬制の諸問題」について上気して報告した汗顔の至りを思い出す。田村とは、その後、58年以降の青年考古学協議会の委員会でご一緒し、62年７〜８月の秋田城跡の国営発掘では共に汗を流した。この頃のことについては『ミクロリス』（明大考古学研究部）『若木考古』（國大考古学会）などに伝えられている。

（３）新発足の「関東学生考古学会」が、親善の野球大会を開催することを伝聞した折、かつて４回の親善野球大会と３回の卒論発表会があった、と関係者に話し、同時に「準優勝杯」が立正大に保管されていると伝えたことがある。その後、『関東学生考古学会連絡紙』№１（1959.7.15）が届いた。Ｂ５判６頁のタイプ印刷の『連絡紙』は新発足「関東学生考古学会」の資料として参考になるであろう。

（『日本考古学史研究』10　2022.5）

(11) 日本考古学における学際研究の回顧

　ただいまご紹介いただきました坂詰でございます。今日はどのようなお話をしたらよいのかいろいろ考えまして、年表を作りました。この年表をもとにお話したいと思います。

　私が担当させていただきますのは、「考古学100年　日本考古学の学際研究」というテーマのなかの１つになります。

　最近の日本の考古学は、国際化が進んでおりまして、先般「世界考古学会義」（WAC）第８回京都大会が開催されております（2016年）。同時に、学際研究が考古学の世界でも注目され、多くの分野の方々との議論が盛んになっているといえると思います。また、課題としては、埋蔵文化財に対する新しい対応をどうしたらいいか、いわゆる行政の対応の問題があります。さらに、考古

学の後継者の育成問題があります。若い考古学の研究者がだんだん少なくなり、年長者はますます増えています。若い方が研究を進めていける環境づくりが大切になってくると思います。

　日本考古学は1977（明治10）年、モースの大森貝塚の発掘により、西欧流の発展の道が開かれ、本年で140年がたとうとしています。100年前の1916（大正5）年、雄山閣が創業した年になりますが、この年は、京都帝国大学に考古学の講座ができました。私は、周年行事に縁がありました。日本考古学会が100年を迎えましたときには日本考古学100年記念の講演会があり、そのとき歴史時代の考古学の100年について話しました。

　それから2008（平成20）年に明治大学において開催されました日本考古学協会の設立60周年記念「大学考古学と地域研究」では、「戦後60年、考古学研究のあゆみ」と題して、日本の戦後の考古学史を概観したことがございます。また、鳥居龍蔵先生が設立されました武蔵野会（現・武蔵野文化協会）が2016年に100年目を迎えまして、「武蔵野の考古学100年」の展望について講演しました。このような周年行事に伴う講演は非常に難しいものでして、過去の歴史にはいろいろな立場や状況があり、その動きのなかで話しますが、終わってからいつもこういうふうに言えばよかったな、こういう点に触れればよかったなと反省します。

　私は雄山閣とはご縁がございまして、『季刊考古学』などいろいろとお手伝いさせていただきました。現在は中断しておりますが、雄山閣考古学賞がありました。その委員会にも協力させていただきました。そういうご縁がありまして、今回お話させていただくことになりました。日本で初めての「考古学講座」を出版したのは雄山閣です。発足の当初は「国史講習会」の名で出版しておりました。本日の100周年記念講演は、いろいろな意味で感慨深く感じております。

　私が本日お話させていただくのは、「日本考古学における学際研究の回顧－縄文文化研究と関連諸科学との対応－」という題です。これは難しいテーマです。1つは学際研究というのは自然科学

図1　考古学講座第1號

的なことを含みます。もう１つは、縄文文化の研究がどのように進展をしてき
たかということをテーマにしております。私はかつて縄文文化の研究を少し勉
強しましたが、今から半世紀くらい前のことです。学生時代に少し勉強させて
いただいた程度です。ですから、学際研究と縄文研究について、何をお話した
らよいかと悩みましたが、これまで周年行事で担当したときと同じように年表
をつくろうと思いました。その年表のなかで学際研究と縄文研究の歩みについ
て説明していったらどうだろうかと思いました。そこで、このシンポジウムの
打ち合わせのなかで、今日ご参加されます先生方のご意見を伺いながら、また
年表にまとめる注意点などもご指導いただきながら、細かいところは雄山閣編
集部にまとめていただいて、どうにか年表ができあがりました（文末表１）。
したがって、この年表は私個人だけでなく、先生方のご協力をいただいてでき
たものであります。

　本日のシンポジウムは４人の先生方に参加していただいており、第２部のタ
イトルは「学際研究の最前線」です。現在の学際研究の現状をおしみなくみな
さんにご紹介いただくことになっております。私の話はその先生方のご発表の
前座ということで、年表のなかにもそれぞれの先生が担当されております研究
に関連する文献を取り入れながら、構成していることをお断り申し上げており
ます。

　以下便宜的に第Ⅰ期〜第Ⅵ期にわけて、年表にそって説明し、最後に各期に
ついてまとめてみたいと思います。

１　第Ⅰ期（1910〜1920年代）

　さて、さっそく年表をご覧いただきたいと思います。まず、いちばん最初に
京都帝国大学の考古学講座設立について記載されております。今から100年前
のことです。ご存知のとおり、京都帝国大学に考古学講座を設立したのは濱田
耕作先生です。３ヵ年のヨーロッパ留学から帰国され、日本で初めての考古学
講座の担当者となりました。濱田先生は、科学的な考古学の研究を日本に定
着させるために様々に尽力されました。そのなかの１つが考古学の方法論の確
立だったと思います。その内容は、京都帝国大学の『史林』に連載されました
「考古学の栞」をもとにして、『通論考古学』として出版されました。この『通

論考古学』は、現在でも多くの方に読まれております。私はこの『通論考古学』は日本考古学の古典であろうと考えております。以前、『読売新聞』に各分野の古典について紹介する「古典礼賛」の欄があり、考古学も何か１つ選べということで『通論考古学』を選びました[1]。当時京都帝国大学は濱田先生を中心にして考古学の研究が進められていました。

　そのころ、どういう研究が行なわれていたかというと、松本彦七郎先生の研究があります（表１文献番号１、以下〔１〕）。今日これから山田康弘先生に縄文時代の埋葬墓制について、新しい視点からお話いただくわけですが、100年前にすでに縄文時代の埋葬について研究がはじまっております。また長谷部言人先生が「石器時代の蹲葬に就いて」〔２〕で縄文時代の葬法について、さらに小金井良精先生が、これは講演録ということですが、「日本石器時代の埋葬状態」〔５〕で、貝塚発掘の縄文時代の人骨を人類学の研究資料にする研究を行なっております。そのような研究とあわせまして注目したいのは、〔８〕です。山内清男先生が「石器時代にも稲あり」という論文をお書きになられました。日本の原始農耕の研究において、大きな議論のきっかけとなった論文です。この論文は、その後弥生時代の研究を進められました森本六爾先生に大いに刺戟を与え、たくさんの論文につながっていきました。ところが、この論文は山内先生が書いたものではないのです。これは長谷部言人先生が書いたもの

図２　山内清男（長谷部言人執筆）「石器時代にも稲あり」（『人類学雑誌』40-5）〔８〕

図３　山内の元稿「石器時代土器底面における稲籾の圧痕」（未発表草稿）

だということです。しばらくの間はわからなかったのですが、その後、山内先生が実はこの論文は自分の書いたものではない、長谷部先生が書いたんだということで、本来の題名は「石器時代土器底面における稲籾の圧痕」であったとのことです。これは、山内先生の『先史考古学論文集』４冊（1967.8）に「未発表草稿」と関連するコメントが書かれております。山内先生はご自分の論文に自分でコメントをつけるのが大好きなんですね。いろいろと学界の裏話なども書いておられます。『日本原人の研究』〔7〕は人骨や人類学の研究がだいぶん含まれていますが、地理学も注目されます。例えば1926年の「地形と貝塚分布より見たる関東低地の旧海岸線」〔9〕は地理学の論文です。貝塚の分布状態から海岸線を類推するという研究です。この研究は戦後、江坂輝弥先生が引き継いで、新しい先史地理学の論文を発表されます。その最初の論文です[2]。

　大正時代の後半に、そのような動きがあり、日本初の「考古学講座」が雄山閣から刊行されはじめました。この「考古学講座」は、東京帝室博物館（現在、東京国立博物館）の高橋健自先生が顧問となって立ち上げたということです[3]。したがって、旧帝室博物館関係の先生方が多く執筆されておられます。現在日本で多くの「考古学講座」が刊行されておりますが、その草分け的存在といえます。

　また、その年に東亜考古学会の発足とあります。これは、日本の考古学が朝鮮半島、中国大陸へと研究・調査の触手を伸ばしていった、その中心的な役割を果たした学会です。その後、1931年には朝鮮古蹟研究会が発足しており、朝鮮半島における遺跡の調査を進めました。この２つの学会が中心となり、戦前の旧植民地における調査が行なわれました。

　昭和に入りますと、すでに設立されておりました大山史前学研究所が大山柏先生を中心にいろいろな研究を展開していきます。とくに業績の１つとして知られている『神奈川縣下新磯村字勝坂遺物包含地調査報告』〔11〕のなかには、縄文農耕論のはじまりとなるような見解が収められています。縄文時代の原始農耕問題がここからはじまるという内容です。

　また、縄文時代の石器について、1894（明治27）年に神田孝平が『日本太古石器考』を英文で刊行して、そのなかで触れています。このように縄文時代の石器は、明治時代の古くから用途をめぐってかなり論議されていることがわかります。そのあと、〔12〕をご覧いただきますと、長谷部先生が『先史学研

究』という論文集を出版されております。これは、「先史学」を標榜いたしました、長谷部先生を中心とする東京帝国大学人類学教室の研究の視点を明快に示しているといえるでしょう。この『先史学研究』は大きな本でしてＡ５判で700頁近い本です。その序文で「先史学は自然・人類の自然及び文化史である。その目的とするところは、物象の遺存によって史前・人類における各種集団・身性・環境・物質並びに精神文化などを明らかにするのが先史学」だと明確に述べています。そういう観点にのっとって、長谷部先生はその後、人骨の研究と同時に、先史学的な研究を盛んに行ないました。動物の遺存体の研究、貝類の研究、あるいは糞石の分析などの研究も写真入りで紹介しており、新しい視点を多く盛り込んだ論文集です。

　そのような研究が清野謙次先生、小金井良精先生も含め、昭和のはじめごろに進んでまいります。そのころ、山内清男先生も新たな研究を行なうようになります。その研究は、1929年に大山先生の史前学研究所が創刊した『史前学雑誌』に掲載された論文「関東北に於ける繊維土器」〔14〕に示されています。『史前学雑誌』が大きな役割を果たしたことがよくわかります。

2　第Ⅱ期（1930～1940年代）

　1932年に『ドルメン』が創刊されました。この雑誌は考古学だけでなく、人類学、民族学、民俗学の研究者から、肩のこらない情報誌として評判を呼びました。私もこの『ドルメン』にはいろいろとお世話になりました。若い頃からこの雑誌で学んだ記憶があります。

　その同じ年に、喜田貞吉先生と杉山壽榮男先生が『日本石器時代植物性遺物圖録』〔16〕という大きな本を刊行されました。大きくて見るのが大変なのですが、青森県の是川遺跡の資料を中心に集成されました。ただこの本は年表に書いてありますように、図版だけで別冊の解説編は出ませんでした。したがって、この別冊についてはどういう内容か、この図録を見るかぎりではわかりませんが、添付されました資料を見ますといろいろな研究が用意されていたようです。これは喜田先生がみずから発行されまして、書店から発売されたのですが、当時は別冊の解説編と一緒に発売することになっていたようです。しかし、とうとう出ませんでした。したがいまして『日本石器時代植物性遺物圖

録』は戦後になり、私の学生時代には、神田の露店に安く大量に出ておりまして自由に手に入りました。なぜ安く出回ったかというと解説がついていなかったからなのでしょうね。しかし、日本の石器時代の植物性遺体を扱った研究ということで、重要な資料を掲載した価値のある本だと思います。

　同じ年に大山先生が『史前学講義要録』〔17〕を作成し、これをもとに研究を進められました。大山先生は、先史学とはいわず史前学といいます。何が違うか。学生時代に山内先生に伺ったことがあります。「先生.史前学と先史学はどう違うんですか」と尋ねましたら.「先史と史前の違いだ」と言われてよくわかりませんでした。そうおっしゃって、解説いただけませんでした。

　その後、1944年大山柏先生は『基礎史前学』〔37〕を刊行されて、総合的な研究を展開しようという動きがみられます。その研究の一端がすでに1933年の「東京湾に注ぐ主要渓谷の貝塚における縄紋式石器時代の編年学的研究豫報（第一編）」〔18〕として発表されており、貝塚の分布と海退・海進の相関についての先駆的研究が行なわれています。この年、弥生式の研究をしておられた、森本六爾先生の研究が「日本原始農業」〔19〕に結実します。この本にさきほど触れました山内先生の名前で発表された「石器時代にも稲あり」〔8〕の図を転載しています。ただ転載するだけでなく、図版解説を藤森栄一先生が要約して書いています。このように弥生時代の考古学の研究もこの時代から進められてきています。

　このころ、山内先生が原始文化研究会を発足され、縄文時代にどのような生業があるのか、という問題について論じられ、また、一方で大山先生の「史前生業研究序説」〔20〕や森本先生の「農業起源と農業社会」〔21〕などが発表されました。その翌年1935年には甲野勇先生が「関東地方に於ける縄文式石器時代の変遷」〔22〕という、関東地方の縄文土器の変遷について有名な論文が発表され、編年研究につきましてはこの後、阿部芳郎先生からお話があると思いますが、同じ年に八幡一郎先生が「日本石器時代文化」〔24〕で全国的な立場から縄文土器の変遷を論じました。同時に甲野先生は、さきほども触れました雑誌『ドルメン』に長文の論文「植物製遺物を出す遺跡」〔23〕を発表され、縄文時代の植物性遺体についてどういう研究がなされていたのかということがわかります。

　次の年には、有名な喜田先生と山内先生の「ミネルヴァ論争」が雑誌『ミネ

ルヴァ』誌上で繰り広げられます。石器時代の終末をめぐって論議され、いわゆる常識考古学と科学的考古学の対立ということで考古学に関心のある方ならどなたでもご存知の論争です。そのなかで翌年に山内先生はみずから『先史考古学』を創刊され、その創刊号に「縄紋土器型式の細別と大別」〔25〕を発表されました。これがのちの考古学に大きな影響を与えた論文です。1930年代中頃に、すでにこのような縄文土器の編年体系の研究が進んでいたことがわかります。

　その後、1938年に東京帝国大学に考古学講座が設立されます。京都帝国大学に比べるとずいぶん遅いですね。考古学は学問としてあまり認められてなかったといわれることがありますが、このとき発足した東京帝国大学の講座を見ますと、考古学と神道学と国体学という３つの講座が開設されました。これにより考古学がけっして虐げられた学問ではなくて、神道学、国体学とともに脚光を浴びていたということだと思います。翌年には東京帝国大学に人類学科が設置されます。

　このころ、1938年に雄山閣から「人類学・先史学講座」が刊行されています。これは1938年から1940年にかけて19巻発行されまして、当時の先史考古学、つまり考古学的な内容と、人類学とがいっしょになってまとめられています。この講座は今でも参考になるところが多い講座で、大きく３つに分かれ、第１部　人類学、第２部　日本人及び近接諸民族の人類学、第３部　日本及び隣接地域の先史学という内容で、当時の研究の最先端を知ることができます。

　東京帝国大学に人類学科が設立された年、山内先生が『日本遠古之文化』[28] を刊行されています。これは雑誌『ドルメン』に掲載されたものです。

　1941年に東京考古学会、考古学研究会、中部考古学会の３つの学会が合体して、日本古代文化学会が発足します。この年に森本先生の論文集『日本農耕文化の起源』〔29〕が発行されました。同じ年の〔31〕を見てください。雑誌『民族文化』18号に白崎高保先生が重要な論文

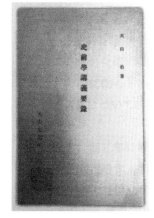

図4　大山　柏
『史前学講義要録』〔17〕

を書いています。この論文はあまり知られていないのですが.縄文土器の製作問題について論じたものです。『民族文化』16号に酒詰仲男先生が「縄紋式土器製作に関する対話」〔30〕という論文を書いており、自然科学者と考古学者が対話形式をもっているものです。それを受けまして白崎先生が18号に「縄紋式土器の製作材量」をお書きになったのです。白崎先生はみなさんよくご存知の稲荷台式土器を設定し、その遺跡の調査に参画してレポートを書きました。先生は後年、東京工業大学の化学の教授になります。若い時分から考古学に関心をもたれていましたが、縄文土器の材料について、本格的に考察された初めての論文です。

　また、同じ年に考古学会が日本考古学会、東京人類学会は日本人類学会と改称しております。それぞれ日本を頭に付しました。

　それから終戦直前の1943年、杉原荘介先生が『原史学序論』〔34〕を刊行され、考古学の方法論を具体的に展開されました。また国策による民族研究所が設立されたのもこの年です。その次に國學院大學の樋口清之先生の『日本古代産業史〔35〕を挙げました。この本は、考古学の世界ではあまり注目されていないのですが、非常に注目される本で、「日本経済史選書」の1冊として刊行されました。奈良朝以前の日本産業について、考古学、文献史学、関連する古代地理学、土俗学などを含めたものです。内容をみますと、採集業、農業、製造業の3つの観点から日本の古代産業の実態についてまとめてあります。1943年ですから、非常に悪い紙を使用し製本もぼろぼろになってしまっておりますが、Ｂ６判で440頁とかなり分厚い本です。この段階で樋口先生は、日本石器時代の製塩業のあり方について触れております。それは海浜域における集落、山間域における集落の相関関係を念頭におきまして、塩の製造があったということを示唆する内容です。

　戦前、最後の文献として挙げているのが、さきほどお話した大山先生の『基礎史前学』〔37〕です。『史前学講義要録』をもとにまとめられました。これは、その後の縄文研究で

図5　樋口清之
『日本古代産業史』〔35〕

はないがしろにされるのですが、重要な内容をもっていると思っております。この本のなかで大山先生は幅広い観点からお書きになっておられます。とくに「史前学とは主として史前当時における事物等の資料に基づき、史前文化を研究する科学である」と規定いたしまして、文化を考えるためには、食糧残滓の研究や花粉分析を行なわなければならない。また燐の分析、油脂分析も重要であり、あるいは糞石の研究は食料を考えるにあたって欠くことのできない研究である、ということを指摘しておられます。あわせて、ご自分で計画いたしました泥炭性湿地遺跡の調査や海産物の調査等の成果をふまえて議論を展開されております。

　このなかで先生が強調されているのは、考古学とは、いろいろな分野の研究を総合してなされるものであり、例えば、形質人類学、自然人類学、動物学、植物学、自然地理学、史学、民族学、民俗学、神話学、宗教学、地理学、文化地理学、芸術学、あるいは社会学、水産学、農学、畜産学、化学、医学などを視野に入れて研究していかなければ、本当の意味で史前文化を考えることはできないということです。このように非常に幅広い研究を進められた先生です。日本の考古学を代表するような内容をもつ本ではないかと思うのですが、大山先生はその後の考古学全体のなかではあまり評価されておりません。例えば、『日本考古学選集』23巻が編集されたとき、私もお手伝いいたしましたので、ぜひ大山柏集を入れたいと提案したのですが、最後まで了解を得られませんでした。Ｓ先生が最後まで反対されまして、ついに収録できませんでした。

　さて、戦後になりますと、清野謙次先生の「日本石器時代人骨の埋葬状態」〔39〕がありますが、これはすでに大正時代に長谷部先生あるいは小金井先生が発表された論文と同じように、収集（出土）人骨の研究をもとに埋葬状態をまとめたものです。これは『日本民族生成論』に掲載されましたが、のちに先生の代表著作である『古代人骨の研究に基づく日本人種論』に収録されて、多くの研究者に影響を与えました。

　戦後は多くの研究が出てまいりますので、逐一挙げるときりがないのですが、渡辺直経先生が「遺物包含地における燐の分布」〔43〕を『人類学雑誌』に発表されたのはこの時代です。年表にいくつか挙げておりますが、当時の『人類学雑誌』はまさに先史学的な内容でした。貝塚の貝層のなかにどういう細菌が含まれているかという論文〔47〕を小片保先生が書かれておりますし、

あるいは渡辺先生が自然科学的な立場から遺跡において骨格が保存されるにはどのような状況がありうるのかを論じられております〔48〕。

3　第Ⅲ期（1950〜1960年代前半）

　このころ、とくに注目されるのが藤森栄一先生の「日本原始陸耕の諸問題」〔49〕です。これは、縄文時代の農耕問題に大きな役割を果たした論文として有名です。また、1952年に三田史学会が刊行した『加茂遺跡』〔51〕を挙げておきます。加茂遺跡は縄文時代の低湿地遺跡で丸木舟の出土で有名な遺跡ですが、その調査で初めて花粉分析が行なわれました。戦後早い時期に花粉分析が行なわれていたことが知られます。

　その後、『古文化財之科学』『私たちの考古学』（→『考古学研究』）『石器時代』などの雑誌が創刊されました。そして、縄文時代の埋葬についても、これまで人類学の方が骨を取り上げて資料としていたのですが、考古学の鎌木義昌先生により、穴を掘って、その「壙」のなかに人骨が埋葬されている状況を雑誌『石器時代』に発表されました〔53〕。そのころ、岡本勇先生が「埋葬」〔54〕を『日本考古学講座』3にお書きになりまして、縄文時代の埋葬の背景について論議されるようになりました。このような研究はその後、林謙作先生や春成秀爾先生に引き継がれまして進展していくのですが、これについてはのちほど山田康弘先生から詳細な最新研究の動向をお話いただけると思います。

　次に申し上げておく必要がありますのは、1957年に酒詰仲男先生が『考古学雑誌』に発表されました有名な「日本原始農業試論」〔56〕です。現在でも縄文時代にクリ栽培があったかどうかを議論される場合には必ず引き合いに出される論文です。この論文について今思い出されますのは、最初にこの内容が日本考古学協会で発表されたときのことです。

　この発表に先立ちまして、1956年4月に酒詰先生はご自分が関わっていた『貝塚』51号に、「先史農耕」というエッセイを書きました。これが縄文時代におけるクリ栽培の可能性について触れた最初のものですが、その同じ年の11月に日本考古学協会が同志社大学で開催され、そこで初めて学会発表をされました。そのとき私は、たまたまその会場におりましたが、この発表を聴きに行ったわけではないのです。そのとき私が師事しておりました石田茂作先生が武蔵

の国分寺跡の発掘報告をされるということでそれを聴きに来ていたのです。日本考古学協会の特別の部会発表が設けられておりまして、３つの部門による研究発表が行なわれました。１つ目は当時盛んでありました無土器文化の研究についての芹沢長介先生を中心とするグループの発表、２つ目が酒詰先生を中心とする縄文時代の農耕存否論についての発表、３つ目が東亜における初期鉄器時代の問題についての岡崎敬先生ほかの発表でした。その部会で酒詰先生の「日本原始農業試論」が発表され、あわせてこの部会でもう１つ発表があり、慶應義塾大学の清水潤三先生が「米を出土した縄文時代の一遺跡」を発表しました。栃木県槻沢（つきのきざわ）遺跡から出土しました米についての発表でした。

　酒詰先生は、縄文時代の遺跡から出土するクリのなかで、中型、小型のものは採集したものだが、大型のものは栽培したものであると発表しました。ところが今でも覚えておりますのは、この発表に対しまして、当時の参加者の誰も何も言わないのですね。それで司会者が「何かご意見があったら言ってください」と言ったところ、会場から「ただいまの発表益なし！」と声が上がったのですね。「益なし」とは学会とは恐ろしいところだなと思いました。いきなりそういう発言があってそのまま終わってしまったのです。私はそういうものなのかな、と思っておりましたところ、酒詰先生はその内容を「日本原始農業試論」として発表されました。この論文が出る前に、日本考古学協会の酒詰発表についてどういう意見が出ていたかといいますと、加藤晋平先生はクリ栽培

図６　酒詰仲男の日本考古学協会での発表要旨

の積極的証左はない、「いずれにしても論拠薄弱、今後の確実な資料の発見を期待」と、極めて明快に否定されているのですね[4]。このような考え方は、その後坪井清足先生が『岩波日本歴史』に執筆されました有名な「縄文文化論」〔62〕も同じ内容でして、この加藤先生の評価が縄文農耕問題に対する当時の学界の評価であったと思います。

　その後、酒詰先生は1959年に『日本貝塚地名表』〔57〕、1961年に『日本縄文石器時代食料総説』〔59〕をまとめられました。また同年に「古代日本における《定住》をめぐる諸問題」〔60〕を『古代学』に発表されました。これは、クリ栽培を述べたあとに、縄文社会は定住社会だという、考古学の材料から定住の問題を論じたものです。古代日本の定住問題を提起されたということで重要な論文ではないかと思います。そして翌年1962年の坪井先生「縄文文化論」では、さきほど述べましたように、まだ時期尚早で資料がないと支持されませんでした。

　このころ渋沢敬三氏が中心となって結成されました八学会連合（のちに九学会連合が）、共同課題をもって地域研究を行なっていた時代です。九学会連合にはどんな学会が参加していたのかと言いますと、言語学会、人類学会、考古学会、民族学会、民俗学会、社会学会、地理学会、宗教学会、心理学会です。九学会では総合研究がなされておりました。今でいう学際研究が盛んに行なわれていた時期といっていいと思います。

　このときに注意する必要があるのは、原始農業論が取り上げられていたなかで同時に大きな問題となっていた製塩について、近藤義郎先生が「縄文時代における土器製塩の研究」〔63〕を発表されました。このレポートは大変重要ですが、これも日本考古学協会で発表されました。近藤先生が発表されたのが1961年4月31日に開催されました第27回総会です。なぜこの学会の発表が注目されるかと申しますと、さきほどの〔63〕の論文より前に発表されているのです。この発表は「土器製塩の上限について」というタイトルでしたが、それは茨城県広畑貝塚の資料に拠って立論されました。このとき直前に吉田格先生が広畑貝塚の発掘調査の報告を行ない人骨の出土を中心とする報告をされました。その直後に近藤先生の発表があったのです。近藤先生は、吉田先生が報告された広畑貝塚から出土している安行式（あんぎょう）土器のなかでも粗製土器といわれている土器は、製塩土器であると発表されたのです。これは、近藤先生が長らく瀬

戸内地方で進められてきました製塩土器の研究をさらに関東地方にも展開し
ようということで東日本に目をつけておられたのです。そのとき今でも覚えて
いるのですが、1959年の秋に先生が私の研究室に来られまして、「このような
土器は関東にあるか」と尋ねられました。私は「このような土器は安行式の土
器が出てくるところならどこにでもありますよ」という話をした記憶がありま
す。その翌年近藤先生は広畑貝塚を発掘されて、この発表になったのです。こ
のとき、吉田先生は近藤先生の発表が終わるとすぐに手を挙げまして、「それ
は製塩土器ではない、安行の粗製土器だ。土器を知らない人がそんなことを言
うんだ」などとやりとりがありましたが、近藤先生は「見解の相違!」と言っ
て、その後の質問を受けないで帰ってしまったのです。めったに怒らない吉田
先生が、テーブルをたたいて怒っていたのを記憶しています。そのとき私は吉
田先生のそばにいまして、私も関東にその土器はいっぱいありますよと、近藤
先生に知らせた一人でしたので、「いやしまった」と思いました。ただ、この
ときはまだ〔63〕の論文は出ておりませんでした。その論文には私の名前が協
力者として記載されておりましたから、このときにすでに出ていたらえらいこ
とになっていたなと思います。

　吉田先生といえば大変温厚な先生なのですが、みなさんよくご承知の大賀ハ
スについてのエピソードがあります。千葉県検見川の遺跡で出土した縄文時代
のものといわれるハスが発芽したということで、現在いろいろな場所に移植さ

図7　酒詰仲男
『日本貝塚地名表』〔57〕

図8　酒詰仲男
『日本縄文石器時代食料総説』〔59〕

れています。発掘を担当された吉田先生はあの発芽ハスは不忍池のハスで、発掘で見つかったハスではないという論文を書いておられます[5]。この論文はほとんど知られていませんので、今でも大賀ハスといっていますが、違うんですね。発掘担当の吉田先生がおっしゃられたので間違いないと思います。これは大賀一郎先生や共同発掘者の甲野勇先生が亡くなられてから発表されています。土器製塩については申し上げましたようなやりとりがありました。

図9　近藤義郎
「縄文時代における土器製塩の研究」〔63〕

　その後、1965年には林謙作先生が「縄文期の葬制」〔66〕などを発表されております。これはのちほど山田康弘先生が触れられると思います。

　また、同じ年には「縄文時代の農耕問題をめぐって」〔68〕の座談会なども行なわれまして、このように日本の考古学界では生産に関する問題が次から次へと注目され続けたことがわかります。これらの総括が藤森栄一先生が編集された『井戸尻』〔69〕などでまとめられます。縄文中期農耕論が日本考古学のなかで中心的なテーマとなっていきます。それでこのころ発表されましたのが、有名な中尾佐助先生による、照葉樹林文化論です〔71.72〕。これにつきましては考古学の側からなかなか対応できなかったのですが、江坂輝弥先生が『日本文化の起源』〔76〕を出版され、サブタイトルに「縄文時代に農耕は発生した」と付けられました。「こんな題名をつけていいんですか」と私が申しましたら、先生は「いやいいんだ、内容にふさわしいんだ」とおっしゃったのを記憶しています（2刷（1974.4）のサブタイトルは「農耕はいつ発生したか」に変更）。内容的には農耕といっても、やはり縄文中期の植物栽培問題を石器研究などから類推したものです。

4　第Ⅳ期（1960年代後半〜1970年代）

　1968年に『考古学と自然科学』が発行されました。1976年から1978年にかけて文部省の科学研究費による特定研究が始まります。その特定研究のテーマは、「自然科学の手法による遺跡・古文化財等の研究」でした。これは考古学自らというよりも自然科学分野の研究者主導によるものです。したがって、内容は大きく分けて、年代測定に関する研究、環境と生活の復元に関する研究、古文化財の材質・利用と産地に関する研究、遺跡・遺物の調査法に関する研究、保存科学の研究、この5本が目玉になりまして研究が行なわれました。この特定研究において、考古学と自然科学の距離が狭まり、これを契機に考古学と自然科学の境界領域の研究が盛んに行なわれるようになりました。

5　Ⅴ期（1980〜1990年代）

　1982年に雄山閣から『季刊考古学』が創刊されました。当時の学界の状況をふまえて、「考古学と周辺科学」という連載を始めております。15回まで連載して、後が続かなかったのですが、〔113〕のところでご覧ください。

　そのほか、1980年代にはいろいろな学問体系から○○考古学があらわれてきまして、この頃の特徴といえます。たとえば1982年『天文考古学入門』〔114〕などもおもしろいと思いますが、昨今最もみなさんの関心が高いのは、地震考古学でしょうか。1988年に寒川旭先生が『地震考古学』を出版されています〔127〕。1977年に中国で『地震与地震考古学』という本が出ています。私も当時その本を読みまして、中国でも地震への関心が高いのかと思っておりましたところ、10年後に寒川先生が「地震考古学の提唱」を発表されまして、いよいよ日本でも地震考古学の研究がされるようになったのかと感じた記憶がございます。

　このようななか、1998年に加藤晋平・藤本強両先生企画編集で、「考古学と自然科学」シリーズが刊行されました。これが、考古学のほうから自然科学との対応関係について、本格的に働きかけた初めてのシリーズではないかと思います。環境考古学、植生史に関する考古学、あるいは動物に関する考古学などいろいろな分野の考古学研究が生まれてまいりました。そのようないろいろな

分野の考古学を逐一触れることはできませんでしたが、今日年表でお示ししながらふりかえってきた100年につきまして、私なりにまとめてみたいと思います。

6　縄文文化論をめぐる学際研究の萌芽・発展・定着の階梯

　まず、第Ⅰ期（1910〜1920年代）として、「考古学方法論の確立と自然科学分野の活動」と位置付けたいと思います。この時期は、考古学の方法論が確立していく時期ですが、いっぽう、自然科学分野からの研究も活発化してきます。

　それを受けまして、第Ⅱ期（1930〜1940年代）には、考古学が主体的に個別的に研究を実践し、同時に自然科学分野に対する認識も深まってきた時期と考え、「考古学の主体性と実践的研究の展開－自然科学分野に対する認識－」と付けました。

　第Ⅲ期（1950〜1960年代前半）は「発掘資料の総括化と共同調査・研究の実施－関連分野との「提携－」とし、従来の発掘資料を総括して研究しようという動きがみられる一方、共同研究・調査が関連分野との相関関係において展開された時期と捉えてみました。

　第Ⅳ期（1960後半〜1970年代）は「自然科学分野の能動と考古学の対応－学際研究の提起と受動化の動き－」と設定しました。この段階は、自然科学分野が積極的に考古学に働きかけをしまして、特定研究をはじめとして、学際研究を本格化させる契機をもたらしました。

　そして、第Ⅴ期（1980〜1990年代）に、第Ⅳ期までの自然科学分野の研究者の意向や従来の考古学の研究成果を受けまして、今度は考古学の立場から能動的に研究テーマを設定し本格的に展開していく動きがみられると同時に、個別研究も逐一展開した時期として、「考古学分野の能動的視点の設定と個別研究の深化」と位置付けます。

　第Ⅵ期（2000年代〜）になりますと、そのような学史的背景をふまえまして、考古学の研究が個別的に深まりをもつと同時に、それらを裏づけとした学際研究が展開していくので「考古学的研究の進展と学際的研究成果の受容－学際研究の進展と研究視角の展開－」と捉えました。この第Ⅵ期（2000年代〜）

の研究は、これから発表されます最先端の研究について個別に発表されますので、私の発表では割愛させていただきます。

　縄文文化の研究は、人類学の研究と不可分の関係にあり、生態学的視点も重要です。この考古学、人類学、あるいは植物学、動物学などと合わせて総合的に研究するという視点は、学史のなかで、先史学あるいは史前学と称されている分野に重なります。

　私は学生の頃、山内清男先生の研究室に伺ったときに、「貝塚の発掘で炭化材などが出ましたので」と資料を持参しましたら、先生は「ちょっと待て、すぐ下に行く」とおっしゃられ、理学部の研究棟の下の階に行きまして、植物学の亘野俊次先生に見てもらいましたら、「これは種ですので、前川文夫先生だ」というように、山内先生が連れて歩いてくださったのです。そこでいろいろな先生にお話を伺うことができました。1950〜60年代のころ、山内先生の研究室に伺うとこのような幅広い分野の先生方とのつながりを頂きました。そういうなかで人類学の渡辺直経先生とも知り合いまして、先生が熱残留磁気の測定を行なうというので、私の大学の調査にもいらっしゃいました。サンプルをとるお手伝いをいたしました。真夏だったのですが、ソフト帽をかぶってネクタイをしてゲートルを巻いて現場にあらわれました。私はびっくりしまして日傘でもささなければと思いました。そのような紳士の渡辺先生とお近づきになったわけですが、その後大変な酒豪とわかり、またびっくりしました(笑)。その後、東京大学理学部の研究紀要に熱残留磁気についての英文の論文を書かれた際に抜き刷りをいただきましたが、わざわざサインをしてくださいました。いろいろと親しく教えていただきました。

　また、山内先生は長谷部言人先生の論文集『先史学研究』をたくさん研究室に積んでありまして、どうしてこんなにたくさん積んであるのかなと思って伺いましたら、「古本屋でみるたびに、わが師の本は買うもんだ」と言われました（笑）。そのときに覚えておりますのは、『先史考古学』という雑誌が私の大学の図書館にもなくてなかなか手に入らず読めなかったのですが、あるとき先生が「きみの大学にこんな雑誌はないだろう、仏教系の大学にこんな本はあるはずがない」とおっしゃり、「そのとおりです」とお返事したら、表紙がない製本するまえのものを先生が探し出しまして、3冊分をホッチキスでガシャン

と綴じて、「これを君にやるから、縄文土器はこれで勉強せい」と頂いたことを記憶しております。山内先生はおっかない先生でして、「おまえは帝室博物館に出入りしているのか」と聞かれましたところ、「いろいろ事情がありまして」と申しましたら、「帝室博物館はわしはきらいだ」とおっしゃって（笑）、それをきっかけに私も出入りしにくくなってしまいました。そういう先生でしたが、先史時代の研究ではいろいろとお世話になりました。

　このように個人的に思いいれもあり、学史をふりかえってみても、東京大学の人類学教室を中心として幅広い研究が展開できる場所であったのではないかと思います。当時はほかの大学の学生も喜んで受け入れてくださり、人類学教室の図書室も自由に使っていいとおっしゃって、私は、東大人類学教室の図書室で卒業論文の資料を一生懸命探した覚えがあります。昔のことを思い出してみるにつけても、学史の研究というのは文献にあらわれているものと同時に耳で聴いたことを参考にすることも重要ではないかなと思います。

　学史研究は難しいテーマですが、今回とくに学際研究について考古学の学史をふりかえりながら、考古学が隣接分野とどういう連携をもって研究してきたのか、改めて考えてみることも重要ではないかと思いますし、そのような学史的な裏づけをもとに、今後、縄文文化の研究も大きく展開できるのではないかと考えています。

　これから、4人の先生方により、最先端の縄文研究の内容が発表されることを楽しみにしたいと思います。思い出を辿りながらの拙い話でしたがこれで失礼いたします。ご静聴ありがとうございました。

註

1）坂詰秀一『先学に学ぶ日本考古学』2008
2）江坂輝弥『縄文土器文化研究序説』1982
3）長坂金雄『雄山閣とともに』1970、『雄山閣八十年』1997
4）加藤晋平「1956年度の日本考古学界（Ⅰ）縄文文化」（『貝塚』61、1957）
5）吉田　格「古代ハスの疑問」（『武蔵野文化協会考古学部会ニュース』5、1975）

表1　日本考古学における学際研究の回顧年表

元号	年	文献番号	項　目〔社会の動向〕
大正	1916		**京都帝国大学に考古学講座、設立。**　　　　　　　　　　〔雄山閣創業〕
	1918	1	松本彦七郎、「宮戸島里浜介塚人骨の埋葬状態」（豫報）（『現代科学』7-2）で、縄文時代人骨の埋葬状態を発表。
	1919		**史蹟名勝天然紀念物保存法、公布。**
	1920	2	長谷部言人、「石器時代の蹲葬に就いて」（『人類学雑誌』35-1→『先史学研究』所収）で、縄文時代の葬法について発表。 〔南洋諸島委任統治はじまる〕
	1921	3	大山柏、「土器形態の基礎的研究」（『人類学雑誌』36-8〜12→1923『土器製作基礎的研究』明治聖徳記念学会）で、土器の製作についての実験の必要性を提示。
	1922	4	濱田耕作、『通論考古学』を出版し、考古学の方法論を説く。
	1923	5	小金井良精、「日本石器時代の埋葬状態」（『人類学雑誌』38-1→『人類学研究』所収）で、縄文時代の埋葬について総括的に論述する。 〔関東大震災、「対支文化事業調査会」（官制）発足〕
	1924	6	直良信夫「目黒の上高地に於ける先史時代遺跡遺物及文化の科学的研究」上・下（『社会史研究』16-102）
		7	清野謙次『日本原人の研究』
	1925	8	山内清男「石器時代にも稲あり」（『人類学雑誌』40-5）
昭和	1926		**大山史前学研究所、設立。**
		9	東木龍七「地形と貝塚分布より見たる関東低地の旧海岸線」（『地理学評論』2-7・8）
		10	小金井良精「日本石器時代の埋葬状態」「日本石器時代の赤き人骨に就て」「日本石器時代人の歯牙を変形する風習に就て」ほか（『人類学研究』）
			東亜考古学会、発足。
			『考古学講座』（26巻、雄山閣）の配本はじまる。1928年に34巻本となる。（わが国で最初の考古学講座）
	1927		**『考古学研究』創刊。**　　　　　　　　　　　　　　〔山東出兵（〜1928）〕
		11	大山史前学研究所より史前研究会会報1として『神奈川縣下新磯村字勝坂遺物包含地調査報告』刊行。縄文時代の農耕存否論の先駆けとなる。

I期（1910〜1920年代）

元号	年	文献番号	項 目 〔社会の動向〕
昭和		12	長谷部言人「石器時代の蹲葬に就いて」「蹲葬の起源に就いて」「石器時代の死産児甕葬」「石器時代人の抜歯に就いて」「石器時代遺跡に於ける糞石」「日本石器時代土偶の所謂遮光器に就いて」ほか（『先史学研究』）
	1928		『日本原始工藝』創刊。　　　　　　　　　　〔済南事件、張作霖爆死事件〕
		13	清野謙次『日本石器時代人研究』
	1929		『史前学雑誌』創刊。
		14	山内清野「関東北に於ける繊維土器」（『史前学雑誌』1-2）〈追加第1・2・3〉
		15	中谷治宇二郎『日本石器時代提要』
	1930		『考古学』創刊。
	1931		朝鮮古蹟研究会、発足。　　　　　　　　　　　　　〔満洲事変勃発〕
	1932		『ドルメン』創刊。　　　　　　　　　　〔「満州国」成立、5.15事件〕
			『ひだびと』創刊。
		16	喜田貞吉・杉山壽榮男　共編『日本石器時代植物性遺物圖録』（図版－別冊は未完）
		17	大山柏、『史前学講義要録』を作成し、慶應義塾大学・大山史前学研究所に於いて「史前学」を講義。（基礎史前学・事実史前学・史前学演習）
	1933	18	大山柏、宮坂光次、池上啓介「東京湾に注ぐ主要渓谷の貝塚における縄紋式石器時代の編年学的研究豫報（第1編）」（『史前学雑誌』3-6代冊）、貝塚による海進海退の調査研究。　　〔日本、国際連盟脱退〕
		19	森本六爾『日本原始農業』
	1934		原始文化研究会（山内清男）、発足。
		20	大山柏「史前生業研究序説」（『史前学雑誌』6-2）
		21	森本六爾「農業起源と農業社会」（『日本原始農業新論』考古学評論1）
	1935	22	甲野勇、「関東地方に於ける縄文式石器時代の変遷」（『史前学雑誌』7-3）を発表し、縄文土器の変遷について論じる。
		23	甲野勇「植物製遺物を出す遺跡」（『ドルメン』4-6）
		24	八幡一郎、「日本石器時代文化」（『日本民族』）を発表し、縄文土器の全国的変遷について論じる。

Ⅱ期（1930～1940年代）

元号	年	文献番号	項　目〔社会の動向〕
昭和	1936		『考古学論叢』創刊。　　　　　　　　　　　　　　　　〔2・26事件〕
			所謂「ミネルヴァ」論争が展開される。喜田貞吉と山内清男の間で石器時代の終末をめぐる論争→「常識考古学」と「科学的考古学」の対立。
	1937		『先史考古学』創刊。（原始文化研究会、先史考古学会と改称） 　　　　　　　　　　　　　　　　　　　　　　　〔日中戦争勃発〕
		25	山内清男、「縄紋土器型式の細別と大別」（『先史考古学』1-1）を発表、縄文土器の全国編年表を公表する。
			所謂「ひだびと」論争おこる。遺物の用途と編年をめぐる論争。（江馬修、甲野勇、八幡一郎）
		26	山内清男「日本に於ける農業の起源」（『歴史公論』6-3）
		27	山内清男「日本先史時代に於ける抜歯風習の系統」（『先史考古学』1-2）
	1938		東京帝国大学に考古学講座、設立。　　　　　　〔国家総動員法成立〕
			『貝塚』創刊。
			『人類学・先史学講座』（全19巻、雄山閣、〜1940）刊行される。
	1939		東京帝国大学に人類学科、設置。 　　　　　　　　　　　〔ノモンハン事件、国民徴用令、公布〕
		28	山内清男、『日本遠古之文化』、『日本先史土器図譜』を公刊。
	1940		〔大東亜共栄圏構想〕
	1941		日本古代文化学会、発足。（東京考古学会、考古学研究会、中部考古学会の合体）『考古学』→『古代文化』と改名継続。 〔太平洋戦争はじまる、言論出版集会結社等臨時取締法公布〕
		29	森本六爾『日本農耕文化の起源』
		30	酒詰仲男「縄紋式土器製作に関する対話」（『民族文化』16）
		31	白崎高保「縄紋式土器の製作材料」（『民族文化』18）
		32	三森定男『日本原始文化』
			考古学会→日本考古学会、東京人類学会→日本人類学会と改称。
	1942	33	杉山壽榮男『日本原始繊維工藝史』

元号	年	文献番号	項 目〔社会の動向〕
昭和	1943	34	杉原荘介『原史学序論』、考古学の方法論の展開。
			民族研究所、設立。
		35	樋口清之『日本古代産業史』（採集・農業・製造）
		36	江坂輝弥「南関東新石器時代貝塚より観たる沖積世に於ける海進・海退」（『古代文化』14-4）→1954「海岸線の進展から見た日本の新石器時代」（『科学朝日』153→『縄文土器文化研究序説』所収）
			『史前学雑誌』（15-1）、『古代文化』（14-8）休刊。
	1944	37	大山柏、『基礎史前学』第1巻（総論・資料論・史前食料）、全7巻の予定であったが、第1巻で終わった。予定の巻数と収録予定の内容については坂詰秀一『太平洋戦争と考古学』（1999）の64頁〜72頁参照。
		38	武谷琢美『日本化学の黎明』同位体分析に言及。
	1945		〔ポツダム宣言受諾、太平洋戦争終結〕
	1946		**『あんとろぽす』創刊。** 〔日本国憲法公布〕
		39	清野謙次、「日本石器時代人骨の埋葬状態」（『日本民族生成論』→1949『古代人骨の研究に基づく日本人種論』所収）。
	1947	40	直良信夫『古代日本人の食生活』（古文化叢刊4）
		41	甲野勇『図解先史考古学入門』、縄文土器編年表は山内表を使用。
	1948		**日本考古学協会、発足。**
		42	酒詰仲男『貝塚の話』
			『古代学研究』創刊。
	1949		**岩宿遺跡の発掘－縄文以前文化の存在。『古代学研究』創刊。** 〔法隆寺金堂火災〕
		43	渡辺直経「遺物包含地における燐の分布」（『人類学雑誌』61-1）
		44	西岡秀雄『寒暖の歴史』
		45	羽原又吉『日本古代漁業経済史』
		46	直良信夫『貝塚の話』
	1950		**文化財保護法、公布。文化財保護委員会、発足。**

元号	年	文献番号	項　目〔社会の動向〕
昭和			**明治大学に考古学講座、設立。**
		47	小片保「石器時代貝塚中の細菌に就いて」(『人類学雑誌』61-2)
		48	渡辺直経「遺跡に於ける骨格の保存」(『人類学雑誌』61-2)
		49	藤森栄一「日本原始陸耕の諸問題」(『歴史評論』4-4→1970『縄文農耕』)
	1951		**日本考古学協会、『日本考古学年報』創刊** (1948年度〜)。**『古代学』創刊。**　〔サンフランシスコ講和条約調印、ユネスコに正式加入〕
		50	安藤廣太郎『日本古代稲作史雑考』
	1952	51	三田史学会『加茂遺跡』
	1953	52	甲野勇『縄文土器のはなし』(1976新装版、解説－江坂輝弥－付)
			『古文化財之科学』創刊。
	1954		**『私たちの考古学』**(のち『考古学研究』)**創刊。**
	1955		**『石器時代』創刊。**
		53	鎌木義昌、「岡山県中津貝塚発掘の縄文文化後期の屈葬人骨」(『石器時代』2)で、縄文時代の「壙」の状態を報告。
	1956	54	岡本勇「埋葬」(『日本考古学講座』3　縄文文化)　〔国際連合加盟〕
		55	直良信夫『日本古代農業発達史』
	1957	56	酒詰仲男、「日本原始農業試論」(『考古学雑誌』42-2)において、「クリ」栽培について触れる。**古代学協会→『古代文化』創刊。**
	1958		**『考古学手帖』創刊。**
			『世界考古学大系』(全16巻)、**刊行はじまる。**
	1959		**夏島貝塚**(第2文化層・第1貝塚)**のカキ貝殻、C14測定によりB.P9240±50の測定値報告される。**
		57	酒詰仲男『日本貝塚地名表』
	1960	58	芹沢長介『石器時代の日本』
	1961	59	酒詰仲男『日本縄文石器時代食料総説』

（左端縦書き）Ⅲ期（1950〜1960年代前半）

元号	年	文献番号	項　目〔社会の動向〕
昭和		60	酒詰仲男「古代日本における《定住》をめぐる諸問題」（『古代学』9-3）
	1962	61	日本考古学協会 編『日本考古学辞典』
		62	坪井清足「縄文文化論」（『岩波日本歴史』1）
		63	近藤義郎「縄文時代における土器製塩の研究」（『岡山大学法文学部学術紀要』15→1984『土器製塩の研究』）
		64	江坂輝弥、「縄文時代の植物栽培存否の問題」（『立正考古』20）を発表。
	1964		〔東京オリンピック〕
	1965	65	M．J．エイトケン『物理学と考古学』（浜田達二訳）、年代測定に言及。
			『日本の考古学』II縄文時代、刊行。
		66	林謙作「縄文期の葬制」I・II（『考古学雑誌』62-4、63-3）
		67	渡辺誠「縄文時代に於ける原始農耕の展望と埋葬観念の変質」（『富士国立公園博物館研究報告』14）
		68	藤森栄一「縄文中期農耕肯定論の現段階」、座談会「縄文時代の農耕問題をめぐって」（江坂輝弥、渡辺直経、前川文夫、甲野勇、野口義麿、吉田格ほか）（『古代文化』15-5　縄文時代農耕論特集として編集される）－大山柏のエッセイ
		69	藤森栄一 編『井戸尻』（「中期縄文文化論－新しい縄文中期農耕論の可能性について－ほか」
	1966		**加曽利貝塚博物館、開館。『考古学ジャーナル』創刊。**
		70	中川徳治『先史地理学序説』
		71	中尾佐助『栽培植物と農耕の起源』（岩波新書）
	1967	72	中尾佐助「農業起源論」（『自然－生態学的研究』）
		73	酒詰仲男『貝塚に学ぶ』
		74	山内清男「石器時代土器底面に於ける稲籾の存在」（『山内清男先史学考古学論文集』4）コメント有
		75	大塚和義「縄文時代の葬制－埋葬形態による分析－」（『史苑』27-3）

元号	年	文献番号	項　目〔社会の動向〕
昭和		76	江坂輝弥『日本文化の起源－縄文時代に農耕は発生した－』（講談社現代新書）
		77	道野鶴松『古代金属文化史－その化学的研究－』
	1968		**文化庁、発足。**
			『考古学と自然科学』創刊。
		78	水野正好「環状組石墓群の意味するもの」（『信濃』20-4）
		79	『シンポジウム日本農耕文化の起源』（石田英一郎・泉靖一・有光教一・伊東信雄・金延鶴・芹沢長介・宋文薫・坪井清足）（角川新書）
	1969	80	清野謙次『日本貝塚の研究』
		81	上山春平 編『照葉樹林文化－日本文化の深層－』（中尾佐助、吉良竜夫、岡崎敬、岩田慶治）（中公新書）
		82	永峯光一「勝坂期をめぐる原始農耕存否問題の検討」（『信濃』16-3）で藤森説を批判する。
	1970	83	藤森栄一『縄文農耕』、藤森の縄文農耕論の総収。〔日本万国博覧会〕
	1971	84	永峯光一「日本人の基層文化」（『大学時報』147）
		85	佐々木高明『稲作以前』（→2014『新版 稲作以前』（NHK Books））
		86	大林太良「縄文時代の社会組織」（『季刊人類学』2-2）、人類、民族の立場より論及。
	1972	87	直良信夫『古代遺跡発掘の脊椎動物遺体』　　　　　　　　〔沖縄の復帰〕
		88	徳永重元『花粉分析法入門』
	1973	89	直良信夫『古代遺跡発掘の家畜遺体』
		90	渡辺誠『縄文時代の漁業』（考古学選書 7）
		91	春成秀爾「抜歯の意義（ 1 ）」（『考古学研究』20-2）
		92	新井司郎ほか『縄文土器の技術－その実験的研究序説－』
	1974	93	塚田松雄『花粉は語る－人間と植生の歴史－』（岩波新書）
			『えとのす－民族・民俗・考古・人類－』創刊。
	1975	94	寺田和夫『日本の人類学』

※左端の縦書き：ⅣV期（1960年代後半～1970年代）

元号	年	文献番号	項　目〔社会の動向〕
昭和		95	渡辺誠『縄文時代の植物食』（考古学選書13、1984増補版）
		96	江坂輝弥「日本の糞石の研究」（『サイエンス』5-4）
	1976		**文部省科学研究費による特定研究「自然科学の手法による遺跡古文化財の研究」はじまる。**
		97	上山春平・佐々木高明・中尾佐助 編『続・照葉樹林文化－東アジア文化の源流－』（中公新書）
	1977	98	『数理科学』15-8で、特集考古学が編まれる。渡辺道経「考古学と自然科学」ほか
		99	江坂輝弥「縄文の栽培植物と利用植物」（『どるめん』13→『縄文土器文化研究序説』所収）
	1978	100	『世界考古学事典』
		101	樋口清之『日本木炭史』（講談社学術文庫）
	1979	102	山内清男『日本先史土器の縄紋』
		103	春成秀爾「縄文晩期の婚後居住規定」（『岡山大学法文学部学術紀要（史学篇）』40）
	1980	104	古文化財編集委員会 編『考古学・美術史の自然科学的研究』
		105	小野忠熙『日本考古地理学』
		106	西田正規「縄文時代の食料資源と生業活動」（『季刊人類学』1-3）
		107	前田保夫『縄文の海と森』
		108	後藤和民『縄文土器をつくる』（中公新書）
		109	金子浩昌「貝塚に見る縄文人の漁撈生活」（『自然』35-2）、主体貝種による貝塚の分類を提案。
		110	春成秀爾「縄文合葬論」（『信濃』32-4）
		111	安田喜憲『環境考古学事始』（NHK Books）
	1981	112	馬淵久夫・高永健 編『考古学のための化学10章』（佐原真「考古学者からみた自然科学者」ほか）
			日本文化財科学会、発足。

元号	年	文献番号	項　目〔社会の動向〕
昭和	1982	113	『季刊考古学』創刊。 連載「考古学と周辺科学」1〜15　1地理学（安田喜憲）、2宗教学（後藤光一郎）、3情報工学（小沢一雅）、4形質人類学（平本嘉助）、5植物学（辻誠一郎）、6鉱物学（二宮修治）、7動物学（柏谷俊雄、金子浩昌、西本豊弘）、8民俗学・民具学（立平進）、9文献史学（古代）（宮本救）、10文献史学（中世）（千々和到）、11文献史学（近世）（菊地義美）、12地形学（上本進二）、13天文学（滝口宏）、14水文学（山本荘毅）、15地形学2（地すべり）（上本進二）（〜1991年）［未収録］貝類学、地質学、化学、物理学、火山学、年輪年代＋木材木学ほか
		114	桜井邦朋『天文考古学入門』（講談社現代新書）
	1983	115	『化学の領域』37-9で、特集考古学が編まれる。山崎一男「考古化学」ほか
		116	赤澤威『採集狩猟民の考古学－その生態学的アプローチ』
	1984	117	近藤義郎『土器製塩の研究』、土器製塩論の総括。
		118	「縄文文化の研究」10、縄文時代研究史
	1985	119	藤本強『考古学を考える』
	1986	120	馬淵久夫・高永健 編『続・考古学のための化学10章』（井川史子「外から見た日本の考古化学」ほか）
		121	佐々木高明『縄文文化と日本人』（→2001講談社学術文庫）
		122	小野忠熈『日本考古地理学研究』
		123	西田正規『定住革命－遊動と定住人類史－』（→2007『人類史のなかの定住革命』（講談社学術文庫））
			植生史研究会、発足（1996日本植生史学会）。『植生史研究』創刊。
	1987	124	久馬一剛・永塚鎮男 編『土壌学と考古学』（八賀晋『土壌と考古学』、小林達雄「遺跡に於ける黒色土について」ほか）
		125	藤則雄『考古花粉学』（考古学選書27）
	1988	126	小林達雄 編『縄文土器大観』全4巻（①草創期・早期・前期　②中期1　③中期2　④後期・晩期・続縄文）（〜1989）
		127	寒川旭『地震考古学－遺跡が語る地震の歴史－』（中公新書）
		128	坂詰秀一「水文考古学事始」（『クリエート』74）

V期（1980〜1990年代）

元号	年	文献番号	項　目〔社会の動向〕
平成	1989		**『縄文時代研究』創刊。**
		129	西岡秀雄『民俗考古学』
		130	赤澤威・南川雅男「炭素・窒素同位体に基づく古代人の食生活の復元」(『新しい研究法は考古学になにをもたらしたか』)
	1990	131	渡辺仁『縄文式階層化社会』(→2000新装版)
		132	戸沢克則『縄文時代史研究序説』
		133	東村武信『改訂　考古学と物理化学』
	1991	134	高橋龍三郎「縄文時代の葬制」(山岸良二　編『原始・古代日本の墓制』
		135	丑野毅・田川裕美「レプリカ法による土器圧痕の観察」(『考古学と自然科学』24)
			重点研究「文明と環境」はじまる（〜1993)
	1993	136	斎藤忠『日本考古学史年表』
		137	新井房夫 編『火山灰考古学』
			『動物考古学』創刊。
	1994	138	戸沢克則 編『縄文時代研究事典』
		139	小林達雄『縄文土器の研究』
	1995	140	田中良之『古墳時代親族構造の研究−人骨が語る古代社会−』〔阪神淡路大震災〕
		141	G.W.ディンブルビー（小渕忠秋訳）『植物と考古学』(考古学選書40)
		142	阿部芳郎「食物加工技術と縄文土器」(『季刊考古学』55)
	1996	143	小林達雄『縄文人の世界』
		144	佐原真『食の考古学』
			『貝塚研究』創刊。
	1998	145	G.W.ディムブレビィ『考古遺跡の花粉分析』(斎藤昭訳)

元号	年	文献番号	項　目〔社会の動向〕
平成		146	加藤晋平・藤本強 企画編集「考古学と自然科学」刊行される。（①馬場悠男 編『考古学と人類学』、②西本豊弘・松井章 編『考古学と動物学』、③辻誠一郎 編『考古学と植物学』、④松浦秀治・上杉陽・薮科哲男 編『考古学と年代測定学・地球科学』、⑤加藤晋平・藤本強 編『考古学と調査・情報処理』）（〜2000年）
		147	藤原宏志『稲作の起源を探る』（岩波新書）
		148	日本考古学協会「日本考古学の50年」（『日本考古学』6）
		149	小林達雄ほか『縄文時代の考古学』（「シンポジウム日本の考古学」2）
	1999	150	縄文時代研究の100年（『縄文時代』10・全3分冊）
		151	今村啓爾『縄文時代の実像を求めて』（歴史文化ライブラリー）
		152	小林達雄『縄文人の文化力』
	2000	153	小野忠煕『日本考古地理学』
		154	小林達雄『縄文人追跡』
	2001	155	林謙作『縄文社会の考古学』
		156	佐原眞・小林達雄『世界史のなかの縄文』
	2002	157	春成秀爾『縄文社会論究』
		158	馬淵久夫・富永健 編『考古学と化学をむすぶ』（水野正好「歴史科学と自然科学のあいだ」、馬淵久夫「化学と考古学の接点」ほか）
		159	田中琢・佐原真 編集代表『日本考古学事典』
	2003		**日本旧石器学会、設立。**
	2004	160	阿部芳郎『失われた史前学－公爵大山柏と日本考古学－』
	2005	161	松井章『環境考古学への招待』（岩波新書）
		162	小林達雄『縄文ランドスケープ』
	2007	163	佐々木高明『照葉樹林文化とは何か』（中公新書）
	2008	164	小林達雄 編『総覧縄文土器』
		165	小林達雄『縄文の思考』（ちくま新書）
		166	山田康弘『人骨出土例にみる縄文の墓制と社会』

VI期（2000年代以降）

元号	年	文献番号	項　目〔社会の動向〕
平成	2009	167	宮本一夫『農耕の起源を探る』
	2011	168	小畑弘己『東北アジア古民族植物学と縄文農耕』　　〔東日本大震災〕
	2012	169	阿部芳郎 編『人類史と時間情報－「過去」の形成過程と先史考古学－』(明治大学人文科学研究所叢書)
		170	森勇一『ムシの考古学』
	2014	171	工藤優一郎／国立歴史民俗博物館 編『ここまでわかった！縄文人の植物利用』
	2015	172	山田康弘『つくられた縄文時代』(新潮選書)
	2016	173	阿部芳郎「「藻塩焼く」の考古学」(『考古学研究』63-1)
		174	小畑弘己『タネをまく縄文人』(歴史文化ライブラリー)
	2018		世界考古学会議第8回京都大会

※2000年以降の文献は一部。

(『季刊考古学』別冊31「縄文文化と学際研究のいま」　2020.2)

コラム2

講演の「年表」資料

　学史に関する講演会に際して、参考資料として関連の「年表」を作成することを心掛けてきた。自身の体験として、とくに学史関係の聴講に「年表」資料の配布が有用であることを認識していたからである。

　考古学関係の年表は、斉藤忠先生の『日本考古学史年表』(軽装版、2001.1)があるが、私なりに「日本考古学小年表」(『新日本考古学辞典』2020新版)を編んだ。ただ、個別テーマについては物足りない。勢い講演ごとに「年表メモ」を作成して臨む癖がついた。シンポジウムに参加するときも学史に限らず関係の「年表メモ」を手にするようにしているが、準備することが難事である、と常に反省を繰り返している。

II　雑誌、辞(事)典、地域史を編む

（1）編集委員の眼－「雑誌」編集に思う－

　主題の「雑誌」は、考古学の学会・研究会が編集刊行する雑誌ではなく、考古学関係の「総合雑誌」についての編集の思い出とそれに纏わる事事の感懐録である。

　考古総合誌の編集に関与したのは1966年10月に創刊号が発行された月刊『考古学ジャーナル』であったが、以前から月刊の歴史総合誌『歴史教育』の編集に関係していた。編集は歴史教育研究会（事務局は日本書院、全国に支部28、賛助員224名）機関誌の『歴史教育』の編集委員は22名が担当していた。編集目的は、高校（日本史・世界史）教員の教授資料の提供であり、毎年3月号は原始時代とし、4月号は古代以降、次年の2月号の近現代史にいたる授業の進捗と対応する時代が対象であった。編集委員は、東京教育大・東京学芸大をはじめ国公私立大の歴史・教育関係の教授と公立高校の教員によって構成され、毎月委員会が開催された。考古学の対象は第7巻 (1959) から第18巻 (1970) の終刊にいたるまで毎年3月号、12冊の編集を担当した。担当のほか、毎月の「史論展望」（諸大学の紀掲載論文の要旨）と「新刊書評」を分担執筆することもあって苦汁の体験だった。

　かかる『歴史教育』の編集経験が『考古学ジャーナル』創刊に際して、江坂輝彌・芹澤長介先生の推薦により編集に参画することになった。発行所のニューサイエンス社と3名の編集委員は6ヶ月にわたり、発刊の意図、編集企画などについて検討し熟考したが、私は、既刊の雑誌(学会誌と総合誌)の悉皆繙読を意として国会図書館・博物館の図書室・諸大学考古学研究室などを訪ね歩いた。とくに以前卒業論文の文献渉猟でお世話になった東京大学理学部人類学教室の図書室には足繁く通った。そして戦前・戦中の『人類學雑誌』（とその前身誌）『考古學雑誌』（とその前身誌）をはじめ『考古学』『古代文化』『史前學雑誌』『考古學論叢』『先史考古學』『貝塚』と『史蹟名勝天然紀念物』のほか、『ドルメン』『ミネルヴァ』『民族文化』『あんとろぽす』などに眼を通

し、それぞれの雑誌の編集を学んだ。とくに「総合誌」の『ドルメン』(1932.4 ～'35.8, '38.11～'39.9)『ミネルヴァ』(1936.12～39.2)『民族文化』(1940.5～'43.9) 『貝塚』(1938.10～'54.7) は参考になった。

『ドルメン』は「人類學、考古學、民俗學並に其姉妹科學にたづさはる諸學究の極く寛いだ爐邊叢談誌」、『ミネルヴァ』は「原始文化、古代土藝、人類考古民族文化、民俗信仰事物起原−綜合雑誌」として関係の人びとに親しまれる編集であったことを知った。論文・報告・評論・新刊紹介・学会ニュースのほか座談会を企画掲載するなど、学会・研究会の雑誌には見られないユニークな編集に着目し、新発足の『考古学ジャーナル』の指針とした。かくして、小論文・評論・紀行・学界ニュース・新刊紹介などの収録に意を尽くすことこそ、新たな総合誌の使命であると編集委員と出版社の共通認識となったのである。

しかし、時は流れ、創刊当初に抱いた方針は大きく変容した。深更に及んだ福田元次郎社長・佐久間信編集長と編集委員との喧喧諤諤の月例会議を懐旧する近頃である。

（『考古学ジャーナル』763　2022.1）

（2）月刊『考古学ジャーナル』創刊50周年の回想

1　創刊の頃の思い出

『考古学ジャーナル』が創刊50周年を迎えた。創刊に携った一人として感慨無量である。同時に、当初関与され鬼籍に入られた江坂輝彌・芹沢長介両先生、福田元次郎（ニューサイエンス社社長）・佐久間信（同編集長）両氏を偲ぶと哀悼の感に堪えない。この50年は永いようで短い蔵月の流れであったことを改めて想起している。『考古学ジャーナル』へ期待をお寄せくださった八幡一郎・斎藤忠・藤森榮一各先生も界を異にされた。　座右の678冊は、日本考古学50年の歩みの側面を伝えている。

1966年10月に月刊『考古学ジャーナル』の創刊号が発刊されるまでの6ヶ月の準備期間は、寧日のない日々であった。新しい考古学の雑誌－それも月刊で－の創刊企画に際して最初に論議された主な事柄は、編集と販売体制の確立についてであったかと思う。販売については社長と編集長が責任をもち、編集面

についての相談は、江坂・芹沢先生及び坂詰の原案をもとに編集長がまとめる方向が定まった。江坂先生は安気で一瀉千里、芹沢先生は慎重な発言が多かった。私見は、市場調査は社の仕事であろうが、発刊の目標は編集分野で検討することが必要と生意気な発言をしたことを覚えている。次回には問題点を各自がそれぞれに深めて検討することにして別れた。創刊6ヶ月前の春、駿河台にあったニューサイエンス社の小さな一部屋と近くの喫茶店での数時間の会合であった。

　その頃、私は、月刊『歴史教育』(日本書院)の編集をお手伝いしていた。お手伝いと言っても年1冊の特集号(考古学分野)の立案であった。時折、月例で開催されている編集会議(議長は主幹の平田俊春先生)に陪席し、委員諸先生のご高説を拝聴し、考古分野ゲストの任務を果していた。私の分担企画は、1959年(第7巻第3号)から1970年(第18巻第3号)まで12年間であった。新雑誌の検討会のときは「特集・原始古代集落の構造」(第14巻第3号、1966.3)が発刊された直後であった。すでに、その時点で『歴史教育』に江坂先生(1959.3)、芹沢先生(1961.3、1965.3)に執筆をしていただく機会もあり．ご意見を伺うこともあった。江坂先生から新しい考古学の雑誌の刊行を手伝うように、とのお話があったのは蓋し『歴史教育』の編集経験であったろう。他方、日本歴史考古学会の『歴史考古』の編集に携っていたこともご存知だったのである。

　新しい雑誌の編集を進めるにあたり、刊行目的を定めることが前提であり、その具体案の作成を2回目の会合に提出することが委ねられた。その任にあらず、と思いながらもご指示に従った。当時、高校生の頃から刊行を楽しみにしていた『貝塚』は停刊していた。また、以前刊行されていた『ドルメン』、『ミネルヴァ』、『あんとろぼす』など、若い頃から図書館で親しんできた雑誌に目を通すことにした。あわせて『人類学雑誌』、『考古学雑誌』、『史前学雑誌』『考古学』(含、前身の『考古学研究』)、『古代文化』『考古学論叢』などの学会誌の、とくに彙報欄に着目した。

　そして「人類學、考古學、民俗學並に其姉妹科學にたづさはる諸學究の極く寛いだ爐邊叢談誌」として創刊された『ドルメン』(1932〜1939、52冊)、ほぼ同趣旨の『ミネルヴァ』(1936〜1939、10冊)と『民族文化』(1940〜1943、32冊)、『あんとろぼす』(1946〜1948、9冊)の編集方針を学び、あわせて学会誌を参酌して、考古学を主とする新雑誌の編集方針の基底とされるべき事項を検討して

いった。お二人の先生は、それらの雑誌に執筆された経験と長年にわたる繙読の感想をもとに編集の方向性について提言された。

　新しい考古学の雑誌の編集方向は、先行する諸雑誌を咀嚼しその検討を果したうえで慎重に決せられていったのである。それによって誌名も『考古学ジャーナル』とされたが、他に『考古学評論』、『考古学ゼミナール』、『月刊考古学』などの案も俎上したものの『考古学ジャーナル』がもっとも相応しいと意見の一致をみた。福田社長の当初からの提案通りとなったのである。そして頭に「月刊」を付ける方向で誌名が定まった。

　『考古学ジャーナル』の誌面づくりは、数回の会合の結果、ほぼ次のように定まった。

　小論文、遺構・遺物の報告と紹介、評論、学界の動向、連載の講座、新刊書の書評と紹介、文献目録の連載、考古ニュース（学界・一般・発掘・展覧会ほか）。このほか随筆、旅行記、インタビューなども掲載する方向が定まった。月刊で考古学の同好者に視点をおき、ニュース性を特色とする方針であった。

　刊行の主旨は、ある事情で、私が一気呵成に書いた「創刊のことば」にその抱負が込められている。「創刊のことば」は本来、社の代表者（社長）か、編集の代表者（編集長）が書くべきであろうが、私の署名になったのはある事情があった。創刊号の原稿すべてが印刷所に渡り、校正もすませ、あとは輪転機に、と安堵していたとき、佐久間編集長から大至急会いたい、との連絡が入った。何時も沈着な人がどうしたのか、ともあれ、指定の場所に向かった。「目次」は入稿したものの、肝心の「創刊の辞」が欠けているという。印刷所は輪転機の始動を待っているので、その場で即刻「創刊の辞」をとの要請である。江坂先生と電話で話したところ「君が書くことになっている筈。すぐ対応せよ」とのことであった。「創刊のことば」（坂詰秀一）は、こんな事情からの産物であった。

－創刊のことば－

　近年のめざましい考古学界の研究成果は、それに隣接する領域の研究者はもちろん、一般の知識人にも大きな関心と期待をもって迎えられている。考古学の研究は、その学問としての性格より、やはり遺跡と遺物の資料の認識

から始まるもので、その点、最近は盛んな開発事業にともなって、豊富かつ貴重な知見が齎されつつある。そして資料件数の増加は、各地に好事家、研究者を輩出させ、それらの人達の手になる新資料の紹介や報告はおびただしい数に上っている。一方、資料を紹介する専門誌、郷土誌、同好会誌の数もまことに多く、そのすべてに目を通すことは、専門家でもまず不可能に近い。さらに、遺跡の調査も年毎に増加しており、その適確なニュースの把握をますます困難にしつつある。このような現状にある考古学界の動きを、迅速にそして確実に報道することを主眼として、われわれは本誌を世におくることにした。それに加えて、現時点における諸問題の解説を、大家・少壮学者にお願いし、広義の考古学研究の基礎的資料を読者に提供することによって、アップ・ツー・デートなわが考古学界の真の姿を世に示したい念願である。理解ある読者・執筆者のご支援を得て、この使命を果たしたいと願っている。

（坂詰秀一）

2　疑心暗鬼と激励協力

　『考古学ジャーナル』の刊行にあたり、当初から目標としたのは、継続性と編集の主体性であった。雑誌の継続性は、月刊誌でなくても先々は見えない。しかし「雑誌の刊行は終点のないマラソン」との信念をもった社長の意気を壮とし、編集の主体性は、編集委員会の設置によって方向が定められた。この二つの実現のため、月例の編集委員会には編集長と編集委員に加えて社長が参加することが決まった。5名による会合は、久しい間、欠けることなく恒常化していった。

　1966年10月の創刊号を手にした人達から、1年位は続くか、3年続けば上々、それ以上ならば奇跡、などと揶揄されたことを思い出す。そんな評判は、江坂先生と芹沢先生の耳にも間接的に入っていたが、私には直接であった。

　確かに月刊は大変だった。執筆の依頼には嫌な顔もされずに応じて下さったが、考古ニュースと文献目録の作成には苦労した。全国の新聞を見るために図書館に通い、文献目録の作成に都内の大学を訪れた。新刊本の刊行にも注意し、書評にするか新刊紹介にするか自身が読んで掲載することにした。お陰で

新刊本に目を通すことが多く勉強になった。学界の動きを各地の学会紹介を軸に、それぞれの会務をしている人の協力を得て情報を頂き、展覧会開催を日刊紙・歴史・美術・建築などの雑誌からも入手した。社の編集部には編集長しか居なかった頃のことである。その後、編集担当者が入社し、編集長も楽になったが、佐久間氏は『昆虫と自然』など自然科学系の月刊誌の編集もあり、本当にテンテコマイしていた。しかし『考古学ジャーナル』は順調に号を重ねていった。その頃のことについては、「500号回想録」（500、2003.4）ほかに書いたことがある。回想録にはさらりと書いてあるが、実際に月刊誌の編集の大変さを肌で感じることが常であった。

　一方、号を重ねるにつれて次第に協力する人達も増えていった。100号（1974.10）が刊行されたとき、多くの人達から激励の手紙やら電話を頂戴した。福田社長の「100号祝いは誌面で」との方針から「日本考古学100年」の特集を組み、あわせて先学諸氏への敬意を込めて「考古学者列伝」を掲載した。

　100号を超えた頃から、ニューサイエンス社では、考古学関係の新しい企画を提案するようになった。一は、考古学の小辞典、二は、叢書の刊行である。この二つの企画は、数年を経て実現し、叢書（シリーズ）は「考古学ライブラリー」（1は1978.5刊の遠藤邦彦『14C年代測定法』）として100冊刊行を目指して出発した。辞典は『日本考古学小辞典』（1983.9）が出版された。辞典は、『考古学ジャーナル』の読者を対象に、「考古学ライブラリー」は専門家にも役立つシリーズとして好評であった。

　月刊誌に加えて、シリーズものと辞典の出版は、雑誌の刊行にも協力する人達が目に見えて増加

『毎日新聞』1975.1.13
「日本考古学百年史」の見出しで100号刊行を「出版展望」で紹介した。

し、雑誌の継続性の期待と激励が、各地のニュースとともに寄せられるようになった。

　東北大学に赴任された芹沢先生と、東南アジアや韓国の調査に出張されることが多くなった江坂先生ではあったが、月例の編集会議には必ず出席され、『考古学ジャーナル』の出来映えや評判を軸に歓談し、和気あいあいの会議が続いた。「辞典」に話が及ぶと項目の追加と適任執筆者の推薦について検討されるようになり、やがて.増補版の『新日本考古学小辞典』(2005.5初版) の刊行に結びついていったのである。

3　編集の変容と願望

　創刊当初の編集方針は、考古学のニュースを読者に伝える、言わば「考古学の情報誌」を目指し、あわせて研究者の「炉辺話頭誌」としての一翼がになえれば、との願望があった。かつての『ミネルヴァ』の話題性と「学界往来」、『貝塚』の「学界點描」と「考古だより」(発掘・学界の人の動き) を念頭に新たな企画を加えたいと考えていたのである。時勢に応じた埋蔵文化財についての解説、発掘された話題の遺跡の紹介、新しい自然科学分野の説明、遺跡の旅行記、風化しつつある先覚者の発掘、地域博物館の現況、考古学の学会・研究会の紹介、連載講座と座談会の設定など、それは盛沢山であった。それに考古ニュース (学界・一般・発掘調査)、文献目録を毎号掲載し、読者の声 (郷土の潮) と新刊書の紹介を収め、小論文、随筆類をと欲張った企画だった。さらに前年の動向も特集した。

　これらが果たして読者の期待に応えることが出来たかどうか、案じる日々であった。とくに毎月の考古ニュースと文献目録の収録は、すでに記したように大変だった。不備不足もあったが、どうにか編集長の片腕 (?) として、担当編集者が着任するまで情報整理を手助けしてきた。役に立ったかどうか判らないが、私なりに江坂・芹沢両先生のご指示を得て対応してきた。

　原稿不足、情報の枯渇などもあって、「特集」企画を提案したのは創刊の 7 年後であった。私としては「もう限界」と弱音の提案だった。年間 3 ～ 4 号は特集で、と合意した時は心底安堵した。

　現在、毎月が「特集」として発刊されている。時の流れは月刊『考古学

ジャーナル』を変化させた。月刊雑誌の編集が十年一日である筈がなく、編集委員の創意工夫と出版社の思惑によって変化していくのは当然である。

　日本の考古学の流れについて関心をもっている一人として、かつての学界の動きを学会誌のほか「炉辺談話誌」類に求めてきた。それは『ドルメン』であり『ミネルヴァ』であり『貝塚』であった。1960年代の後半以降の考古学史を考えるとき『考古学ジャーナル』が相応の役割を果たすことが出来たとすれば、一時的に些かではあったが、関与させて頂いた1人として感無量である。

　新しい『考古学ジャーナル』の発展を願う近頃である。

（『考古学ジャーナル』679　2016.1）

コラム3

関東大震災と武蔵野会

　1923（大正12）年9月1日の関東大震災から100年目。世上にはその話題が横溢している。

　『武蔵野』は翌年6月（7-1）に「月刊の主張」と共に、鳥居龍蔵「帝都復興と史蹟の保存」、井下清「史蹟保存と公園計画」を掲載した。地震の発生直後（12月15日の会）、小松眞一「震火災後に於ける史蹟の実施調査」の報告と「帝都復興に際し史蹟名勝天然紀念物保存に関する建議書」を掲げたことは、武蔵野会を主宰していた井下と鳥居の率先識見のほとばしりとして会のレーゾンデートルを世上に宣言した旗印であった。

　当時、東京府の吏員として震災の先頭に立った井下は、率先して『東京府大正震災誌』（大正14.5.5刊）の編集と刊行を陣頭指揮し、鳥居の「震災の東京府下の先史・原史時代の遺跡」と題する調査録を収録した。鳥居は「震災後江戸気分を一掃された東京市所見」（『中央史談』7-5・6合併号、大正12.12）を寄せ、小松など武蔵野会のメンバーと共に府内を悉皆調査して現況を直視し、井下ともどもその実情を把握して対策の基礎資料を広く認識する必要を提案し実行した。まさに武蔵野会の主旨「武蔵野を愛する心」であった。

　関東大震災に際会した頃と世上と人情も変容した現今ではあるが、地域の一学会＝武蔵野会の先人の対峙を想起し、転た感慨にたえない近況である。

（『武蔵野文化協会ニュース』7　2023.8.1）

（３）『季刊考古学』創刊時の指向

　100年を越えて"歴史を商う"出版社として発展してきた雄山閣の、取り分け一枚看板は、考古学関係の出版であった。日本における考古学の講座の草分けとして知られる『考古學講座』（1926〜'28紫本24巻、1928〜'31黄本34巻、1936〜の合冊本12巻）をはじめ、『佛教考古學講座』（1936〜'37・15巻）、『人類學先史學講座』（1938〜'40・19巻）、次いで、その後『新版 考古学講座』（1968〜'72・11巻）、『神道考古学講座』（1972〜'81・6巻）、『新版 仏教考古学講座』（1975〜'76・5巻）、さらに時代別の『日本旧石器文化』（1975〜'77・7巻）『縄文文化の研究』（1981〜'84・10巻）『弥生文化の研究』（1986〜'89・10巻）『古墳時代の研究』（1990〜'93・13巻）、また『論争・学説 日本の考古学』（1986〜'89・7巻）を出版し、それぞれの時点で相応の役割を果たしてきた。

　他方、1922年に高橋健自『古墳と上代文化』（文化叢書９）を端緒に考古学の著作として、後藤守一『漢式鏡』（日本考古學大系１・1926）、杉山壽榮男『日本原始繊維工藝史』（土俗編・原始編、1942）そして『歴史公論』（1932〜'39）の特集別装本（『墳墓の研究』『原始文化の研究』『趣味の考古学』ほか）を出版し、後、1960年に甲野勇『武蔵野を掘る』・石井昌國『蕨手刀』を手始めに、1963年以降『新版 考古学講座』（前出）をはじめとする講座物として『考古学による日本歴史』（1996〜未完）、考古学選書（1971〜）のほか、多くの研究書・論文集など考古学関係の出版に力を注いでいる。

　講座をはじめ考古学分野を一つの柱としてきた雄山閣にとって、すでに歴史関係の月刊誌として、『中央史壇』（1920〜'28）、『歴史公論』（前出）、『ニュー・ヒストリー』（1950）の後継誌の新『歴史公論』（1975〜'85）を刊行してきたが、社是として考古学総合誌の刊行を目論んできてようである。

　私と雄山閣との関係は、1967年秋に内藤政恒先生還暦記念『日本歴史考古学論叢』２（1968.7）の刊行について、ある先生の紹介により編集長（芳賀章内）と会談し依頼したのが最初であった。

　その折、創刊１年目の月刊『考古学ジャーナル』誌が話題になったが、『新版 考古学講座』の構成と『佛教考古學講座』の新版刊行についての意見交換が大半であった。以降、改めて『新版 仏教考古学講座』の編集についての相談が続けられ、『新版』出版以前に旧版を部分的に復刻することを話しあっ

た。多岐に及んでいた旧版の各論を、石田茂作構想の仏教考古学の視点から4冊に編集すること、復刻講座の刊行に際して4回のシンポジウムを開催し、付録として挿入することになり、新版の配本に備えて頻繁に鳩首を重ねた。その間に「考古学選書」の構想、発掘調査報告シリーズの刊行、著作集の出版などについて話しあったが、話題の中心は常に新しい考古学の総合誌についての意見交換であった。しかし、考古学の専門誌の刊行には専従の編集者が必要と編集長と意見が一致したが、進捗はなかった。

　それが1981年の年末に専従者（宮島了誠）採用の目処を得て、考古学総合誌の出版が現実となった。それから10ヶ月にわたり、出版の目標など指向についての社長（長坂一雄）の意を体した編集長の先見が迸る。季刊を前提とした計画が進行し、雑誌名は『季刊考古学』、編集は毎号「特集」とし、1982（昭和57）年11月に創刊と決定した。編集は、当時考古学界の動きに精通し、多くの学会の識者とも交際のある編集長が直轄し、編集委員（会）は置かない。特集の企画は、編集部（長）の立案をもとにその分野の専門とする研究者と協議しつつ執筆依頼者を定めることになった。特集の対象テーマは、日本の考古学を主とするが、それに拘ることなく東アジアを中心とする世界の考古学を時代別に設定し、予想される広範な読者層（考古学に関心をもつ社会人・研究者・教員・学生など）を対象とした大きなテーマを掲げる配慮を前提としたのである。

　巻頭に特集テーマ関係と最近の発掘写真をカラー4頁、モノクロ4頁を配す

創刊号の表紙　　　　　　　　　　　80・100号　記念増大号の表紙

ることを基本とし、特集の外に「最近の発掘から」（２）「連載講座」「書評」
（２〜６）「論文展望」（時代を配慮）、「文献解題目録」「学界動向」を収録する
ことを目標とすることになった。「連載講座」は、終了後に「考古学選書」の
１冊に収録することを考慮して依頼、「書評」は雄山閣刊に限定することなく
選定すること、「論文展望」は候補論文を選定委員に依頼し執筆者に規定の枚
数で要旨を執筆（３〜４名）願う（「論文展望」は多くの雑誌に発表された論
文を読者に紹介することを目的とし、かつて『歴史教育』の「史論展望」が好
評であったことに由来する）。「文献解題目録」は国・公・私立大学、学会・研
究会の機関誌に発表された論文名だけでなく、論文集掲載の論文の紹介にも配
慮する。また、発掘報告書でとくに重要な遺跡・遺物に関する資料が収められ
ている場合には解説する。「学界動向」は、学界の開催、博物館の展示、人の
動き、発掘調査の情報などを紹介する。なお、「連載講座」のほか、ときどき
の学界の動向に即した「講座」を企画する。さしずめ「考古学と周辺科学」を
掲載する。後に「文献解題目録」は「報告書・会誌・新刊一覧」、「学界動向」
は「考古学界ニュース」と見出しは変更されたが、内容は同じであった。

　目玉とする特集テーマについては、巻頭に特集の主意について編集協力者に
執筆を依頼するが、ときとして"対談"の形で語って貰う方法も読者にとって
感興となることを考慮する。

　略、以上のごとき事項を編集長・担当者ともども検討し、立案していったこ
とを想起する。何故、社外の私が編集長と『季刊考古学』の創刊に際して談合
したのか。偏に、同社の「講座モノと出版物」について関心をもっていたこ
と、加えて「新版仏教考古学講座」の構成などについて足繁く編集部に通って
いたことによるが、それにも増して雑誌の編集は私なりの抱負と興味もあり、
編集長の目途と一致していたことによる。

　その切っ掛けは、月刊『歴史教育』（日本書院）の編集に関係したことにあっ
たが、1966年10月に創刊号が発行された月刊『考古学ジャーナル』（ニューサ
イエンス社）の編集委員として参画し、同誌の「創刊のことば」をある事情に
よって書いていた。「アップ・ツ・デートなわが考古学界の真の姿」を伝える
月刊誌にしたいとの目標のもと当時「開発によって知られる豊富・貴重な資料
紹介と研究の情報」の伝達誌の役割を果たすことを考えていたため、『季刊考
古学』とは抵触しない方向を目指していた。学会・研究会の機関誌とは異なる

出版社刊の考古学の総合誌の魅力に引かれていたからである。

　若い頃から親しんできた『ドルメン』（1932〜 '35、'38〜 '39、岡書院）と『ミネルヴァ』（1936〜 '39、翰林書房）の全誌を耽読し、編集の方針、収録された論文・報告・座談会と文献の紹介、学界と人の動向などについて学んできた。そして、同時代の『考古學雑誌』『人類學雑誌』『考古學』『考古學論叢』『史前學雑誌』などの学会誌と比較して、相応の妙味、趣向が感得されていたからであった。また、『貝塚』（1938〜 '54）のニュース頁も有用であることを知った。しかし、出版社の刊行誌は永続が期待されながら短期間で終ることが惜しまれた。『ドルメン』『ミネルヴァ』はそれぞれ注目され、続刊が期待されながら惜しまれて姿を消した。岡茂雄『本屋風情』（1974、平凡社・中公文庫1983、角川ソフィア文庫2018））に収められた「『ドルメン』誌記」に『ミネルヴァ』ともども夭折の次第が伝えられている。『ドルメン』は52冊『ミネルヴァ』は10冊が刊行されて止んだ。

　『季刊考古学』の創刊にあたり永続性について話しが及んだ折、社長と編集長は「雄山閣が存在する限り継続刊行する」との方針を力説されたことが思い出される。

　ただ、私の懸念は『季刊考古学』創刊の意図が読者にどのように伝わるか、換言すれば「購読者の数（発行部数と販売部数の割合）の多寡」であった。雑誌の評価は、創刊1〜2年後に定まるであろうが、季刊誌の場合1年間（創刊〜4号）がその後の別れ目となろう、と私として余計な心配をした。編集長日

『別冊季刊考古学』4号の表紙

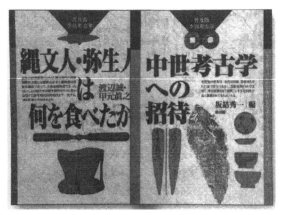
『季刊考古学』普及版の表紙

く「その通り余計な杞憂、広告販売は社の責任、創刊号は１万部」と。１万部とは驚いたが、創刊号（特集・縄文人は何を食べたか）は程無く払底し増刷（2,000部）した。脱帽であった。

　第２号は私が協力することになり、「神道考古学講座」と「新版仏教考古学講座」の周知方を含んだ特集（神々と仏と考古学）を組んだ。巻頭に乙益重隆・網干善教と私による鼎談（宗教考古学のイメージを語る）を配し、特集意図を語った。以降、私が協力した特集（2007年まで）の企画は、総論８回、対談３回・座談会２回であった。他方、記憶に残るのは編集部（宮島）の尽力による創刊20周年の記念増大号(80号「いま、日本考古学は！」2002.7)と区切りの増大号(100号「21世紀の日本考古学」2007.7)である。共に小林達雄・石野博信・岩崎卓也（論文選定委員）の協力を得て企画され、各分野を牽引している研究者に執筆を依頼した。学会誌に見られぬ企画として好評であった。また、品切れ号を２号合冊した「普及版」、雄山閣考古学賞記念のシンポジウムなどを掲載した「別冊」を刊行するようになった。

　雄山閣考古学賞は、1991年に雄山閣が創立75周年：梓会出版文化賞を受賞したのを機に選考委員会（斎藤忠委員長・桜井清彦・佐原眞・潮見浩・西谷正・藤本強と坂詰）を設けて選考した賞である。長坂一雄社長の“考古学界へ貢献”の夢の実現であった。受賞式後には、記念講演会と関連するシンポジウムが行われ、『季刊考古学』別冊２以降に収められたのである。

　季刊か月刊か、すでに月刊の新『歴史公論』を刊行していた社にとって、「古今東西の歴史を対象」とするよりも季刊として「日本の考古学を主対象とし、編集テーマについて研究の現状を広範な読者層に紹介していく」ことに視点を設定し、「併せて考古学の啓蒙と普及の一翼をになう役割を果したい」との抱負を込めた企画であった。

　そして「考古学の最近研究を紹介し、関連科学の豊かな成果をも踏えながら、歴史のナゾを科学する雑誌」として40年、160号に及んだのである。

　『季刊考古学』の創刊に関係した一人として、創意・実践躬行の芳賀章内元編集長とその意を勘案して継承し、高揚させた編集部（宮島）の努力に敬意を表しながら懐旧している。雄山閣の更なる隆盛を願い、併せて『季刊考古学』誌の一層の発展を願いながら祝意としたい。

（3）『季刊考古学』創刊時の指向

引用・参考文献

長坂金雄『雄山閣とともに』1970　『雄山閣八十年』1997

『雄山閣刊行総目録－2016創立百周年記念－』2016　西端真矢『歴史を商う』雄山閣、2017

桑門智亜紀「学術書編集の流儀」1〜4『読売新聞』夕刊、2021年9月8・15・22・29日　三枝泰一「100年カンパニーの知恵－雄山閣－」『毎日新聞』2022年1月24日、31日、2月7日

（『季刊考古学』「160　2022.8」）

コラム4

ある「考古学賞」のこと

　考古学の「賞」は、1988年度に大阪府岸和田市と朝日新聞社の共同事業として創設された「濱田青陵賞」が広く知られている。「岸和田市ゆかりの濱田耕作の偉業を称えるとともに学術文化の振興に寄与」することを目的に「考古学並びに関連諸科学の分野の優れた研究者を表彰」する賞で、2024年には36回に及んでいる。

　他方、以前「雄山閣考古学賞」があった。雄山閣が長年にわたる充実した出版活動により「梓会出版文化賞」を受賞したのは1991年2月であった。当時の社長（長坂一雄）は、その基底に「考古学への貢献」があった、と認識し、『季刊考古学』の継続出版に意欲を滾らすと共に「雄山閣考古学賞」を設定すべく編集長（芳賀章内）に企画を託した。直ちにその実現を計るべく相談を受けた私は、「選考委員会」の設置と選考委員の選定が必要と具申した。そして、先ず委員長を斉藤　忠に依頼することになり、ついで斉藤の意を受けて選考委員（櫻井清彦・佐原　眞・潮見　浩・西谷　正・藤本　強と坂詰）が委嘱された。

　選考委員会は何時も和気藹藹に進行したが、最終決定は委員長の「いいでないの」の一言であったことを思いだす。

　第1回の「雄山閣考古学賞」は、小田富士雄・韓　炳三の共同研究『日韓交渉の考古学』に、特別賞は宇野隆史『律令社会の考古学的研究』に贈られた。その授賞式は、1991年6月（於　日本出版クラブ）に行われた。選考委員会の発足から授賞式まで5ヶ月であった。

　以来、年1回の授賞、それを記念して講演会が開催され、記念講演を主に関連するテーマをもとに『季刊考古学』の別冊が刊行された。

　その後、考古学賞は中断したが、『季刊考古学』別冊はユニークな編集で続けられている。

（4）『仏教考古学事典』新装版（坂詰秀一編）

編　者　言

　仏教考古学の分野が、日本の考古学界において市民権を得てから久しい。科学としての日本の考古学が形成されてから１世紀を越える歳月が経過し、その間、それぞれの分野で研究が進展してきた。仏教の考古学もその１つであるが、かつ「歴史時代」の考古学研究の中心的分野として位置づけられてきた。「歴史時代」の考古学は、その名称はともかく対象年代を暗暗裡に共通的に認識する語感として慣用化されてきたが、仏教考古学は、わが国に仏教が伝来し、定着し、発展してきた時の幅のなかに包括されている。

　創唱宗教としての仏教は、ゴータマ・ブッダ（釈迦）の生誕から入滅にいたる年代を上限とすることができようが、その年代については必ずしも一致していない。仏滅年代については、種々の学説が古今東西で論じられてきているが、そのような状況のもとで中村　元博士は、宇井伯寿博士説を発展させて、前383年説を提出された。この中村説は、いまに関係学界そして巷間に膾炙されている。よって前５〜４世紀を仏教考古学研究の対象年代の上限としても誤らないであろう。

　前５世紀を上限とし、下限を考古学の概念によって昨日までと規定するならば、そこに研究対象の「時」が設定される。そして空間を仏教の伝播「地域」に求めるならば、仏教考古学が目標とする「過去の仏教」を物質的資料によって究明す時空的な対象が明瞭になる。

　仏教思想は言うまでもなく、形而上のモノであり、それによって形成された遺跡・遺構・遺物（物質的資料）は形而下の所産である。このように考えると仏教考古学は「仏教の展開」をモノによって追究しあきらかにする任務を有していることになろう。

　かつて、われわれは、石田茂作博士の指導のもとに仏教考古学の体系を『新版仏教考古学講座』（1975〜77）によって具現化する仕事の一翼を担った。その講座の完結後、本事典の編集について慫慂されたが、意外に時を費すことになった。ここにようやく『仏教考古学事典』が完成した。当面する諸般の事情から、日本を主とし外国を従とせざるを得なかったが、さきの講座とあわせ活

用して頂くことによって、仏教考古学の現状と問題点が理解されるであろう。

　刊行にあたり、とくにご高配をいただいた坂輪宣敬・北川前肇両博士、そして編集に協力された岡本桂典・時枝　務・松原典明の三氏、執筆を分担して下さった多くの各位、万般にわたって尽力された宮島了誠氏などに対し感謝の意を表したいと思う。

（2003.5.20　初版　2015.5.25　新装初版　雄山閣）

（5）『新日本考古学辞典』（江坂輝彌・芹沢長介・坂詰秀一編）
##　　　 刊 行 に 際 し て

『日本考古学小辞典』（第一版・1983）とその増補版『新日本考古学小辞典』（第二版・2005）を底本として、改装増補の第三版『新日本考古学辞典』が完成した。この度の第三版にあたっては第一・二版の共編者、江坂輝彌（1919～2015）、芹沢長介（1919～2006）が鬼籍に入られたので、第二版の刊行の後に遺された「留意事項と提言」をもとに、坂詰がその意を体して第三版の編集にあたった。第一版及び第二版の序文を掲載したのは江坂と芹沢の編集方針を受け継いでいるからである。

　第二版の刊行後も、日本の考古学は、全国にわたって旧石器時代から近現代にいたる遺跡の発掘、遺物の検出が間断なく知られると共に、自然科学の諸分野との対応も目覚ましいものがある。

　考古学は、時間と空間に限定されることなく人間の過去を物質的資（史）料〔遺跡・遺構・遺物〕によって究明する歴史科学である。研究対象の資料は一般に考古資料と称されるが、歴史史料であり、考古史料としても理解される。発掘調査によって認識される〔埋（水）没資（史）料〕、地上調査により把握される〔地上（伝世）資（史）料〕を包括し、それは旧石器～近現代に及んでいる。

　考古資（史）料は、時空的に多岐にわたって、多種多様であり、歴史科学としての考古学の知識が求められる。考古学の辞（事）典は、その手解き、研究の手引きとして活用される。

　第三版の編集にあたっては、第二版を底本に自然科学の諸分野をはじめ、新項目を大幅に追加すると共に「日本考古人名録」を増補した。また、巻末に「日本考古小年表」を新たに加えたほか、付録として遺物の名称一覧など様々

な図表を増補し、便益に供することとした。

　考古学に関心を有する多くの読者各位、考古学を学ぶ若い人たちにとって便宜な辞典として活用されることを願っている。

　底本（第二版）及び増補（第三版）の刊行にあたり、簡潔に項目の執筆を頂いた皆様に対し厚く御礼を申し上げたいと思う。

　第三版の刊行にあたり、増補新版の編集を長きにわたって慫慂されてきたニューサイエンス社の福田久子社長、そして編集担当の角谷裕通氏の労に敬意を表したい。

2020年9月

（2020.10.20　初版　ニューサイエンス社）

（6）『武蔵野事典』(武蔵野文化協会編)
刊 行 の 辞

　鳥居龍蔵博士を主宰に「武蔵野の自然並に人文の発達を研究し且つ其の趣味を普及するを目的」として、1916（大正5）年7月18日に創立された武蔵野会は、武蔵野を好み愛でる井下清氏を筆頭に、文化人・学者・趣味家などあらゆる人びとを網羅し、「一視同人」を規範として発展してきました。

　機関誌『武蔵野』は、1918（大正7）年7月7日に創刊号を刊行し、1948（昭和23）年7月6日に発展的に改組した武蔵野文化協会に引継がれ、百年を超えて360号を重ねてきました。掲載された論考・報告・紹介・紀行・情報は、自然・考古・歴史・民俗・建築・文学・動植物・外国など多岐にわたり、「『武蔵野』を措いて武蔵野を語ること勿れ」と巷間に膾炙され、また、会の事業として誇る1000回をはるかに超えた月例見学会の記録は、武蔵野の変容を如実に伝える変遷史としても評価されてきました。これらの全容は、『武蔵野総目録』（2010〈平成22〉）に収められ江湖の好評を博し活用されています。

　この度、『武蔵野』創刊百周年事業として、『武蔵野事典』を刊行いたしました。会関係者を中心に多くの人びとのご協力を得て、自然・環境・考古・歴史（古代・中世・近世・近現代）・民俗・文学・地誌・文化財の項目と年表、加えて「武蔵野文化人名録」を収録することが出来ました。執筆に格別のご協力・尽

力を頂きました各位に感謝の意を表させて頂きます。

　『武蔵野事典』を懐中に武蔵野の自然を訪ね、その地の歴史の息吹を感得し、遺跡・文化財を愛でる伴侶として活用して下さることを願っています。

　本事典の刊行にあたり、格別のご高配を頂いた㈱雄山閣の宮田哲男社長、編集に万般のご尽力を願った編集部の桑門智亜紀さんに対し、武蔵野文化協会を代表して感謝の意を表したいと思います。

　　　　2020（令和2）年6月

　　　　　　　　　（武蔵野文化協会編『武蔵野事典』2020.9.10初版　雄山閣）

（7）『品川区史　2014』
刊行にあたって

　昭和43（1968）年から昭和48年にかけて、品川区に関する古今の史料と記録を悉皆的に調査し、検討して制作された『品川区史』は、通史編（上・下）と資料編（正・続・別冊「品川県史料」「品川の民俗と文化」「地図統計集」）から構成され、昭和50（1975）年に完成して区民の皆様に歓迎されるとともに、江湖の好評を博した。

　品川の過去の姿を通覧し、区の現況を理解し、将来を展望するのに誠に有用な事業であった。

　以来、40年の歳月を経て、新たに『品川区史　2014』が完成した。先の『品川区史』を基底にしながらも、新しい視点と構成によって編集された"見て""読んで""調べて"楽しい区史の登場である。

　本書は、立体的に読み解けるように、「第Ⅰ部　しながわのあゆみ（通史）」「第Ⅱ部　しながわのまち　地域のあゆみとすがた」に大別し、さらに、しながわの地域的特徴を説く「特論」を加えた。また、地区ごとに「しながわの"いま"」を映し取る定点動画、伝統芸能、品川音頭などを収録した「映像ディスク」、区政をはじめ関連分野の史資料を収めた「データディスク」の2枚のＤＶＤを併録し、ビジュアル資料を多数収載したオールカラーの本文と相まった、未来志向の区史となった。

　品川の歴史を多くの史資料と記録によって再現した第Ⅰ部、過去・現在・未来を複眼的にとらえ、地域の区民史とした第Ⅱ部から構成される本書、映像と

画像とにより伝統文化と現在のしながわの姿を未来に伝え、また、散逸しがちな行政資料なども収めたＤＶＤのそれぞれの要素が、歴史を理解し展望し、伝統と文化への理解を深め、将来に伝える記録となっている。

『品川区史　2014』は、先の『品川区史』に続く区史であるが、発展を続ける品川区の現状を示した"品川区誌"と称することもできよう。

このたびの編集にあたっては、委員を務めていただいた各分野の区民代表と学識経験者の大所高所からの意見、区役所関係者の尽力が多大であった。また、万般にわたってご協力を願った地域ごとの区民の皆様をはじめ、関係各位に感謝の意を表させていただきたい。

『品川区史　2014』が、明日の品川区と区民の皆様にとって、区を愛する糧の１つとなれば幸いである。

　　平成26年８月

（『品川区史　2014』、2014.8）

（8）『伊東市史』の編さんに思う

新しい歴史学の視角と方法を標榜して、それを日常的に実践されている網野善彦編集委員長の指導により進行している市史の編集事業は、沢山の市民をはじめとする皆さんのご協力のもとに着々と進んでいます。

一味違う伊東市史、と各方面から期待されているだけに編さん委員会の会合は、何時も熱気を帯びた意見の交換の場となります。

海と火山そして温泉という豊な自然環境は、その地に営まれた多くの先人の文化を育んできました。伊東市の歴史は、このような自然環境のあり方を前提にすえて考えていくことが必要です。石器時代から綿綿と生起してきた先人の営みの痕跡は、文献古記録・物質的資料・伝承に、さらに地中に求められます。それらをトータルに捉えるために多彩なメンバーによって、各分野ごとの調査が鋭意努められています。コンダクター役の網野先生の市史編さんの眼目は「新しい伊東市史の編さん」（『伊東市史だより』第１号）に委曲がつくされていますし、近著の『「日本」とは何か』（日本の歴史00巻、講談社）に歴史の見方「網野史学」が示されています。「自然と人間の関係に目を注ぎつつ社会の歩みを多面的にとらえ」る視点こそ、このたびの伊東市史となることは明ら

かです。

　私の分担は、物質的資料を史料化して原始古代以降の伊東の地の歴史を考古学の視点と方法によって調査し研究することです。時代がさかのぼれば、さかのぼるほど、人びとの生活は自然環境と密接さが深まっていたようです。そこにはカミに祈る思いが濃厚に資料にあらわれているかのようです。物質的な資料（モノ）からそれを残した人びとの心をのぞいてみることは困難です。しかし、その困難をあえて科学の眼で考えてみることによって先人の営みが理解できるものかと思います。

　伊東の地に生活を営んだ先人たちのナマの姿をモノによって考えてみたい、と念願しています。

　昨年、副編集委員長の宮田登先生が急逝されました。まさに晴天の霹靂でした。「海・山・温泉と魅力いっぱいの伊東で市史編さん」に意欲を燃やされていた先生のご冥福を祈念しながら筆をおきたいと思います。

（『伊東市史だより』2　2001.3）

（9）『伊東市史』史料編の完結

　『伊東市史』編さんは、着々と成果が出ています。

　これまで刊行した図書を振り返ると『伊東市史 史料編』として古代から現代まで史料集5冊を刊行し、昨年度新たに『伊東市史 史料編 考古・文化財』を発刊して、計6冊となりました。これにより、史料編は伊東の原始時代から現代まで見通すことができる状態になりましたので、この6冊で完結と致します。

　残る課題として、史料編を元にして伊東市民が歩んだ長い歴史を分かりやすく叙述する「通史」の刊行を進める段階になりました。

　さて、これまでの伊東市史編さんを振り返りますと、『図説伊東の歴史』は自治体史としては異例の二刷を発刊するほど好評を博しました。図表や写真など多数使用した見ごたえのある内容により、市民ばかりか、観光で訪れた多くの人にも手にしていただいたようです。

　毎年全戸配布した『伊東市史だより』は13号まで発行しましたが、鈴木藤一郎市長（当時）の「全戸配布で出しましょう」との英断をいただいたもので、

これによって市民参加型の市史ができる窓口が開きました。

『伊東市史研究』の刊行

　市史研究という雑誌の刊行も『伊東の今・昔』として13号まで発行しました。これは普通、学術雑誌の姿を取りますが、伊東市史では毎号、市史講演会の内容を載せており、市民向けにたいへん分かりやすい内容に仕上っています。これも、他の自治体史編さんにはない良い取り組みだと評価できます。

　また、別編としてまとめた『伊東の自然と災害』は、東日本大震災のわずか１年後にまとめられたもので、地方自治体がその地域の災害史を１冊の本としてまとめた事例は他になく、画期的な内容でした。多くの災害を経験してきた伊東市が、その経験知を将来につなぐためには市民必読の本だと思います。

　さらに市域の棟札・石造物・民俗調査に関しては「市史調査報告書」として３冊がまとめられています。寺社所蔵の棟札や石仏類などは重要な史料だと分かっていても、伊東市の調査ほど詳細かつ悉皆的な調査はなかなか実現できないのが通例です。棟札調査では建部恭宣先生（伊東市史専門委員、静岡県文化財審議委員）の指導を得て悉皆調査が行われました。これほど重要な成果が出せた図書は他にはないのではないかと評価しています。

　他にも加藤清志先生（市史編さん委員）の編集執筆で「伊東市史叢書」が６冊刊行されています。『伊東における狩野川台風の記録』や『伊東温泉のうつりかわり』などたいへん親しみ深い図書も刊行できましたが、これらは非常に人気が高く既に品切れたものもありますから復刊も検討したいと思っています。

　以上のように、これまでの伊東市史の仕事を振り返ってみました。佃弘巳前市長、小野達也市長や歴代の市議会議長など伊東市史編さん委員会の皆様から御理解とご協力をいただきながら、編集委員会の尽力を得て、これまで多くの成果を挙げることができました。なによりも、これらの伊東市史関係の図書は、市民のみなさん自身が自慢できる内容だと思っています。

「考古史料編」を発刊

　話が前後しますが、今春考古部会の担当による『伊東市史史料編 考古・文化財』を刊行致しました。市内の遺跡は旧石器時代から現代に至る計110箇所あまりを数えます。これらの遺跡からの出土資料を総合的に通覧する図書とし

て解説文と共に編集されています。市職員が執筆したのが特色で、ほかの市ではあまり見ることができません。三万数千年にも及ぶという市内の遺跡の盛衰の数々をこの本でお確かめいただければ幸いです。

　また、この本では市内の寺社所蔵の仏像などの文化財についても主なものを取り上げて解説しています。

　『伊東市史』史料編の完結により、いよいよ「通史編」（全３冊）の刊行になります。伊東市の歩みを市民の皆さんのお手元にお届け出来る準備も整いました。ご期待ください。

（『伊東市史だより』14　2017.12）

（10） 新しい（府中）市史編さんにあたって

　「府中市史編さん」事業が開始されました。以前、市制施行10周年を記念して『府中市史』上・下（1968・'74）が発行され、市民をはじめ多くの皆さんに親しまれ、版を重ねてきました。

　このたび、市制60周年を迎えたのを機会に半世紀ぶりに、市民の要望に応えて新しい市史の編さんが着手されました。

　「府中」は、武蔵国（東京都・埼玉県と神奈川県の一部）の政治・経済の中心地として古代に国府が設置され、交通の要として発展してきました。国衙（こくが）（国の役所）が置かれた府中は、行政の中心地であり、まさに「府」の「中」（中心）の地として、古代から中世に引継がれてきました。近世以降、政治の中心は江戸東京に移りましたが、多摩の中核地としての歩みを続けてきました。

　府中の地は、古来、多摩川の清流と緑豊かな平坦な台地に恵まれた自然環境のもと、旧石器時代から現代にいたる生活の息吹きが歴史の痕跡として残されています。先の「市史」の発行の後も、多数の資料が発掘され、多くの史料の存在も知られて研究が進んできました。

　新しい「市史」は、これらの知見を総集して「府中人」の過去の姿を具体的に理解し、現在そして未来の「府中市民」にとって「府中の歴史」を知って頂くきっかけを提供したいと願っています。地域に残された遺産は、その地の共有の歴史遺産であり、文化遺産として伝えていくことが必要です。それらは有

形・無形の文化財として残されています。

　古文書や記録などの文献史料、地上に伝えられている有形・無形の民俗資料、地下から発掘される物質（考古）資料、さらに過去と現在の自然環境の状態など、府中の歴史を物語る史料・資料は豊富に残されています。

　半世紀以前には明らかでなかった「国衙（庁）」の跡が発掘され、さらに国府の設置より古い「国司館」跡や上円下方墳の熊野神社古墳が確認されるなど、全国的に大きな話題を提供した府中市遺跡調査会の40年にわたる成果など、新しい市史にとって注目の研究が盛られることになります。

　市民の皆さんにとって、親しまれる「新しい市史」の刊行に向って関係者一同、大いに努力を重ねてまいります。よろしくご支援とご協力をお願い申し上げます。

（『府中市史編さんだより』 1 （2016.3.7））

(11)『府中市史を考える』（第1号）

巻 頭 言

　平成27年7月、府中市は「府中市史編さん審議会」を設置して、新府中市史の編さんに着手することになりました。目的は、10年後に府中市制70周年を迎える記念行事の一環とする事業であります。以前の10周年記念の『府中市史』（上・下）を基底に置き、新たな調査体制をもって時代に即応した市史の作成にあたる企てです。その設置に先立って、学識経験者・公募市民などによって編成された「府中市史編さん協議会」は、検討・協議を重ね、新市史の編さん目的と意義を中心とする「府中市史編さんの基本構想及び編さん方針」を策定して市長に答申しました。

　それに基づいて「府中市市史編さん審議会」が設置され、新しい市史の作成について論議されることになりました。その結果、六専門部会（原始・古代、中世、近世、近・現代、自然、民俗）と市史編集委員会を設けることになりました。

　調査と研究の状況については『府中市史編さんだより』を作成して、広く市民と関係者に周知する方向を定めて過去に実行してきましたが、この度、市史の調査過程で得られた結果の報告などの公表を目的とした『新府中市史研究

武蔵府中を考える』を「紀要」体裁で刊行することになりました。調査で得られた新史料の紹介、調査結果の中間報告、市史講演会・講座の報告、関連図書類の紹介、市史調査の進捗状況の報告などを収載することを目的としています。

　武蔵府中を考える多くの分野の成果が発表され、調査によって得られる新知見についての所見、市史調査の到達点について知ることが可能となることが期待されます。

　市民にとって「歴史と伝統につちかわれてきた府中市」（市民憲章の一節）をより身近に深く認識する"縁"となり、また、府中市の地域研究の成果発表の場として活用されることを願っています。

　平成31年３月

（『新府中市史研究　武蔵府中を考える』１　2019.3）

コラム５

地域史の視点

　地域の歴史を作成するのは容易ではない。私の乏しい経験を回想するとき改めてその思いが去来する。『品川区史』（東京）『箱根町誌』（神奈川）『野沢温泉村史』（長野）『日野市史』（東京）『東大和市史』（東京）『伊東市史』（静岡）の編集に参画し、『台東区史』（東京）『川崎市史』（神奈川）で一部を分担したが、それぞれ苦労の連続だった。その後、『府中市史』（東京）の編集に参画し、従来の経験を踏まえて構成について関係者ともども検討を重ねてきたが、当初の目論み通りにはなかなか進行しない。関係の各方面に迷惑を掛け続けている。理想の地域史の作成は難しいと痛感している。視点と構成そしてなにより重要なのは、参画者の意気込みと和と責任感であろうか。

Ⅲ　動　向　　追　悼

（1）日本考古学界の動向（2018～2022）・総論

2018（平成30）年

　2018年、日本考古学協会は、機関誌『日本考古学』第47号（2018.10）を設立70周年特集号「日本考古学と日本考古学協会1999～2018年」とし、あわせて『日本考古学・最前線』（2018.11）を刊行した。設立50周年の「日本考古学の50年」（『日本考古学』第6号）、60周年の「現代の日本考古学の諸問題」（『日本考古学』第26号）に次ぐ周年記念である。設立当初81名であった会員は4,213名（2018.7現在）となり、一般社団法人となった。その間、総・大会が各年1回開催されるようになり、研究発表数の漸次増加により発表要旨も当初（1948～1957）の謄写版印刷（13～26頁）から活版印刷（創立10周年－1958－は特例、その後1957年以降）となり、2018年の第48回総会297頁、大会74頁となった。要旨の増頁は発表件数の多さに比例しているが、それは日本考古学協会が名実ともに日本を代表している考古学の学会であることを示している。口頭発表要旨に加えてポスターセッション（高校生ポスターセッション）と講演会要旨も掲載され、とくにセッション・分科会による発表は、それぞれのテーマごとに股賑を極めている。

　本年度の総会は、5月26・27日に明治大学で、大会は10月20～22日に静岡大学で開催された。

　日本考古学の新たな動向を知るために日本考古学協会の総・大会時における発表のテーマは、日本の考古学の現状縮図を演出しているかのようである。とくに近年は自然科学分野との提携研究が注目されているが、総会における日本人類学会骨考古学分科会との共催「喜多方市灰塚山古墳の学際的研究」の発表が注目され、さらに「土器残存脂質分析を用いた古食性復元法の最前線」が耳目を引いていた。また、日本学術会議第Ⅰ部史学委員会文化財の保護と活用に関する分科会との共催による「文化財保護法の改正と遺跡の保存活用」セッションが会員以外の多くの聴衆を集めたことが注目された。それは3月6日に

「文化財保護法及び地方教育行政の組織及び運営に関する法律の一部を改正する法律案」が閣議決定され、6月までを会期とする通常国会で審議されることになっていたからである。改正点は①市町村による「地域計画」②文化財ごとの「保存活用計画」③文化財行政の首長部局への移管であった（坂井秀弥発表要旨「改正の要点と課題」）。3点ともに埋蔵文化財行政と密接な関係にある考古学にとって等閑視されることの出来ない一部改正として提起されたのである。改正について真正面から問題点が指摘され、意見の交換がなされたことは有意義であったと云えよう。『日本考古学・最前線』は、日本及び日本人が参画する外国の考古学の調査・研究・現状と共に日本考古学が直面している自然科学・保存科学の諸分野と現代社会と考古学の対応について触れられた有用な論集となっている。

　本年の顕著な動向としてある種の“縄文ブーム”が招来されたが、それは東京国立博物館で開催（7.3〜9.22）された特別展「縄文−1万年の美の鼓動−」に多くの人びとが訪れ「縄文の造形」「縄文の美」「縄文ビーナス」に焦点をあて、豪華な図録の刊行に魅惑された美術展の趣きであったことに起因している。関連して多くの一般誌が縄文特集を組み、「発掘された日本列島2018」−新発見考古速報−（6.2〜7.22東京都江戸東京博物館ほか）ともども地中の文化財に改めて関心が高まった。列島展の「装飾古墳を発掘する！」は保存と活用に加えて地震（東日本・熊本）被災の実情が紹介されたことは有用な企てであった。

　宮内庁が大阪府堺市と共同の発掘調査を「大山古墳（伝仁徳天皇陵）」の前方部南側第1堤外側で実施し、埴輪列の存在が確認され、一部で「仁徳陵発掘」と報道された。世界遺産登録が期待されている百舌鳥・古市古墳群における「天皇陵古墳」名称ともども問題提起の事柄であった。

　「長崎と天草地方の潜伏キリシタン関連遺産」が世界文化遺産に登録された。原城跡（南島原市）など12の資産で構成される遺産は、17〜19世紀の約250年間の潜伏キリシタンに関係する聖地・集落であり、日本のキリシタン考古学の研究にとって一つのエポックを画する朗報であった。キリシタン関係の遺跡は、九州各地で発掘されその動向は注目されているが、本年はとくにキリシタン考古学に関する分野で「シドッチ神父と江戸のキリシタン」と題するシンポジウムの記録が東京都文京区教育委員会から刊行された（このシンポジウムは2016年11月13日に開催）。さらに篠田謙一『江戸の骨は語る−甦った宣教師シドッチ

のDNA－』が出版された。ジョヴァンニ・シドッチの墓は、文京区小日向１丁目東遺跡——切支丹屋敷跡——から発掘された遺構で、すでに発掘の報告書が刊行（2016）され、江戸以前のキリシタン墓の発掘例として注目された東京駅八重洲北口遺跡の発掘報告書（2003）と共に、関係者の注視を受けていた江戸のキリシタン遺跡であった。シドッチ（イタリア宣教師）は、1708年に屋久島に上陸、捕えられ江戸の切支丹屋敷で新井白石の尋問を受けたことで知られていた。白石の『西洋紀聞』などはシドッチよりの見聞の結果として周知されている。切支丹屋敷跡で発掘された長方形土坑より出土した側臥位半伸展葬の遺骨がDNA分析によってシドッチであることが明らかにされた。ただ、シドッチ否定説（五野井隆史『日本歴史』840－2018.5－）が発表され論議を呼んではいる。

　DNA分析の結果が考古学の研究にとって密接な関係をもちつつ展開していることは明らかである。自然科学諸分野（人類学・動物学・植物学ほか）との提携研究は瞠目すべきものがあるが、本年とくに管見に触れた地震シンポジウム「地域史料から地震学へのアプローチ」（11月30日、東京大学地震火山史料連携研究機構、地震・火山噴火予知研究協議会史料・考古部会主催）で発表された「墓石13000基から判明した元禄津波被害」（金子浩之）は、近世の墓石の悉皆調査から、津波の状態を考えたユニークな研究であり、今後かかる視点が各地で試みる必要性を提起したものであった。同時に発表された「地震史料調査から問う歴史学の方法」（榎原雅治）は将来の考古学にとって他山の石となる方法が含まれている。関連達人が進めている近世墓石の調査研究（『墓石が語る江戸時代－大名・庶民の墓事情－』2018.4ほか）の方法は、考古学にとって新しい分野を切り開く先駆的研究の開陳と云える。

　自然科学分野の成果を取り入れ乍ら新しいジャンル・昆虫考古学（小畑弘己『昆虫考古学』2018.12）が提唱され、考古学の可能性を広く高唱した研究も興味をそそられる発表であった。

　「考古学の思想」を特集した『現代思想』46-13（2018.9）は「考える考古学」にとって有用な発言集であった。考古学の溝口孝司が対談（「考古学と哲学」）で「組織的・体系的な温故知新をしたい」と語り、佐藤啓介（宗教哲学者）が「偶然性ではないパターンがあるからこそ考古学という学問が成り立つ」との言辞は、多くの示唆をあたえてくれよう。メアリー・セットガストの『先史学者プラトン－紀元前一万年～五千年の神話と考古学－』（山本貴光・吉川浩満訳、2018.4）が訳

出されたことも一つの収穫であった。自然科学の諸分野との提携研究は肝要であるが、一方、人文系諸分野との思推の交流についての思慮も必要になってくるであろう。

　神子柴遺跡発掘60周年記念シンポジウム2018「神子柴系石器群－その存在と影響－」の開催、太宰府史跡発掘50周年記念の論文集『太宰府の研究』（2018.11）の出版など、学史上に位置付けられている遺跡の現在的意義を検討する企てがなされた。また、考古学研究90年の歴史を有する國學院大學で企画展「日本文化の淵源を求めて－考古学陳列室から國學院大學博物館まで－」（7.14〜9.9）が、70年の研究歴の明治大学が日本考古学協会第84回総会に際して「明大考古学の過去・現在・未来－モノ学のその先へ・・・－」（5.21〜6.21）展を開催した。帝國大学・国立大学の考古学研究史と一味違う私立大学考古学の歩みが総括されたことは日本考古学の歴史を考えるとき看過することが出来ないであろう。

　2018年における日本考古学界の潮流の一端についてピックアップして触れてきたが、遺跡の発掘調査に伴う動態の認識はきわめて難事であり、時空を限定しての動向の把握は決して容易ではない。次項以降の執筆担当者の尽力に敬意を表すると同時に日本考古学が直面している宿命に思いを馳せている。

（『考古学ジャーナル』727　2019.5）

2019（平成31・令和元）年

　「百舌鳥・古市古墳群」が世界文化遺産として登録され、巷間の話題となった。百舌鳥エリア23基と古市エリア26基の49基、4世紀後半〜5世紀後半に築造された前方後円墳・帆立貝形墳・円墳・方墳で、百舌鳥の仁徳天皇陵古墳（註・大山古墳）、古市の応神天皇陵古墳（註・誉田御廟山古墳）など宮内庁管理（陵墓）29基を含んでいる。この登録は朝野をあげて歓迎されたが、かねてから陵墓の保存と公開を求める運動を展開してきた日本考古学協会など14学協会は「百舌鳥・古市古墳群の世界文化遺産登録決定に関する見解」を発表した。1は宮内庁所管陵墓の保存と地域・社会への公開の課題、2は構成資産の名称問題についての懸念、の表明であった。

　関連して「陵墓限定公開」40周年記念シンポジウム「文化財としての「陵墓」と世界遺産」が開催された（12月22日　大阪歴史博物館）。基調講演（今尾文

昭）の後、「大山古墳は「允恭」（倭王済）墓である」（岸本直文）などの報告
とディスカッションが行われ、今後における「陵墓」の公開をめぐる議論がな
された。個々の構成資産の学術的研究の深化の必要性が参加者に強くアピール
されたのが印象的であった。また、2021年の世界遺産候補として「北海道・北
東北の縄文遺跡群」が推薦されることになった。2018年の"縄文ブーム"とも
ども考古学の分野に注目が向けられた。

　現在、日本考古学界の活動を反映しているのが、日本考古学協会の動向であ
る。総会（5.17〜18　駒澤大学）の研究発表には、日本と周辺地の調査研究のほ
か、自然科学分野との共同研究が認められるのが近頃の傾向である。日本地質
学会との共催「黒曜石と原産地をめぐる人類の行動研究の新展開」、日本人類
学会－骨考古学分科会－との共催「群馬県居家以岩陰遺跡における早期縄文人
の骨考古学」のセッションが設定された。大会（10.26〜27　岡山大学）では、西
日本の縄文時代後期〜弥生時代前期の「環境変化と生業からみた社会変動」に
ついて、古気候学・人類学・植物考古学の調査研究の成果を踏まえての発表が
なされた。さらに、ジェンダー考古学が分科会として設定されたことは「現状
認識と未来への研究の架け橋」（趣旨説明）となることは明らかであり、とか
くかかる分野が疎んじられてきた日本の考古学にとって新風となろう。

　日本海洋政策学会の課題研究として「水中文化遺産へのアプローチ」が開催
された（7.6東京海洋大学）。文化庁（2017.10）の行政指針に基づき文化財保護法
の海域への適用問題など「水中文化遺産の保護法に関する法制度及び技術的検
討」であり、考古学にとって他山の石となる有意義なシンポジウムであった。
歴史地震研究会の第36回大会（9.21〜23　徳島大学）が開催され、近世墓のもつ
情報と地震津波との関係など、考古学分野の資料が地震研究に有用であること
などが示された。

　近世考古学関連三研究会（江戸遺跡研究会・関西近世考古学研究会・近世陶磁研究
会）の「近世考古学の提唱50周年記念研究大会」が開催された（2.9〜11　大阪
歴史博物館）。近世の「醸造・輸送」「流通容器」「飲酒文化（儀礼・遊興等）」「酒
器」をテーマとし、近世考古学50年の成果が演じられた。また、大名墓研究会
の第10回大会が「近世大名墓研究の到達点」をテーマとして開催された（10.12
〜14　就実大学）。「大名墓研究の成果と課題」（中井均）の総括、各地の大名墓
研究の現段階、個別研究の成果など多方面の発表があり、同会10年間の軌跡が

示された。

　日本考古学協会設立70周年記念として、「モヨロ貝塚と大陸文化」（10.20　網走市郷土博物館）と「岩宿遺跡と日本の近代考古学」（11.24　岩宿大学公開講座　笠懸公民館）が開催された。2018年度の「子どもたちと語る考古学の未来」（登呂）「加曽利貝塚の現代的意義」（加曽利貝塚）に続き、協会の発足時と関連した4遺跡の地で開催されたことになる。

　恒常の文化庁「発掘された日本列島－新発見考古速報－2019」（6.1〜7.21　東京都江戸東京博物館ほか）が開催され、旧石器時代から近代の注目された12遺跡の発掘遺物が展覧され、特集Ⅰ復興のための文化力－福島の復旧・復興と埋蔵文化財、Ⅱ記念物100年－守り受け継ぐために－が加えられ、全国5会場で回覧され、各地で多くの参観者の眼福に供された。

　天皇陛下御即位記念特別展「正倉院の世界」が開催され（10.14〜11.24　東京国立博物館）、「平螺鈿背八角鏡」「海磯鏡」「漆胡瓶」などが東京国立博物館所管の法隆寺献納宝物と共に展覧されたのは令和元年に相応しい企てであった。

　帝京大学総合博物館の企画展「古代多摩に生きたエミシの謎を追え」（10.15〜2020.2.29）は、大学キャンパス造成中に発掘された平安時代遺跡出土の「赤彩球胴甕」（エミシの赤い土器）を通して東国（武蔵国多摩）と蝦夷の関係を示した企てであり、5回の研究講座も開催された。エミシ（俘囚・夷俘）移住の証跡として、考古学的にも高く評価され、今後におけるエミシの拡散のメルクマールとなる土器の公開であった。

　なお、「遺跡を観光資源として捉え、活用の方策について考古学を軸に関連分野とともに総合的に考えていくことを目的とする」観光考古学会が発足し（5.10）、第1回のシンポジウム「葛飾柴又の文化遺産と観光」が開催された（9.16　柴又題経寺会館）。考古学本来の目的を逸脱することなく順調な発展を願っている。

　総じて2019年における日本の考古学界の動きは、日本考古学協会のほか考古学研究会・古代学研究会をはじめ、九州古文化研究会など各地域の研究会の活発な活動と研究誌の刊行に、遺跡の発掘調査に、研究文献の出版に、博物館の特別・企画展の開催に見ることが出来る。それは研究活動の時間を割いて稿を寄せられた多くの皆さんの「動向」を紐解くことによって知ることが可能であろう。

（『考古学ジャーナル』742　2020.5）

2020（令和２）年

　2020年度の日本考古学界は、新型コロナウイルス（COVID-19）感染症の拡大による「コロナ禍」に直面し、その対応に苦慮しつつ、研究調査・教育普及ほかの実践活動が実施された。言わずもがな、３月のWHOのpandemic表明、そして４月に緊急事態宣言が東京、大阪など７都府県で発令され、social distance対策、新造語「３密」（密閉・密集・密接）の危険性の指摘など、考古学者にとっても活動に大きな支障を来たし、関係諸分野にその影響が顕現されるにいたった。

　日本考古学協会の総・大会をはじめ、多くの学会・研究会などの中止は、コロナ禍に即応した事態であった。大学の教育・博物館事業・遺跡（埋蔵文化財）の発掘調査にも通弊し、関係者は現状を直視しながら対策に翻弄された。研究活動と大学教育は窮余の策の一つとしてオンラインの活用に隘路を見出すなど、社会的風潮と軌を一にする対応が実践されたのである。ただ、大学における実習教育、遺跡の発掘調査は、考古学の特性より「withコロナ」的発想に基づき万難を排した判断により試みられたとの側聞もあった。とくに、大学の実習面では全いでなく担当者の創意工夫が試みられ、他方、考古企業の埋蔵文化財発掘はリスクを伴うであろうwithコロナ的な認識による緊急即時の対応であった。

　かかる趨勢に際して、日本考古学協会はホームページでリレーコラム「コロナ禍の考古学」を発信し、他方『季刊考古学』誌では現状レポート「コロナ禍と考古学研究・埋蔵文化財保護」の連載（153〜）を開始した。また、春成秀爾は寄せられたメールが「それぞれの研究分野からの貴重な意見」と確信し「公表快諾」をえて「感染症と考古学」（15氏）と題して編集した（『考古学研究』67-1）。考古学・博物館・文化財行政・医師・ジャーナリストなどコロナ禍の心情を率直に吐露されている。今後、新型コロナ禍、そしてwithコロナ化が続く状況に鑑みて有用な提言となっている。

　2020年度、日本考古学協会の総・大会の中止は、COVID-19禍の蔓延を端的に示したが、土偶研究会（第17回）・東北関東前方後円墳研究会（第25回）・東国古代遺跡研究会（第10回）・江戸遺跡研究会（第32回）・石造物研究会（第16回）・九州縄文時代研究会（第30回）などが開催される一方、オンラインで東北日本

の旧石器文化を語る会（第34回）・中国四国前方後円墳研究会（第22回）・関西近世考古学研究会・九州考古学会などが開催され、また、考古学研究会（例会）・弥生時代研究会（学習会）などもオンラインが活用された。博物館活動・シンポジウムの開催などオンライン化はますます増加していく傾向にあり、考古学の諸分野においても不可欠のツールとオンラインが活用されることは必至であろう。

　本年は、文化財保護法（1950.8.29施行）の施行70年目を迎えた。また、市町村が「地域計画」「保存活用計画」を策定することが可能な「改正文化財保護法」が施行されて１年がたった。この間、自治体の主体性が期待されたが、それぞれの地域性・組織上の格差もあり、改正の趣旨はまだ浸透するにいたっていない。各地域における関係者の慧眼が望まれる。遺跡（埋蔵文化財）の保存・活用は、偏に自治体の文化財に対する理解と尊重の度合いにかかっている。

　災害による文化財の減災・破損に対応することを目的に常設の「文化財防災センター」が奈良文化財研究所を本部として全国６箇所に設置された。地域における文化財防災体制の確立であり実効が期待される。また、『北海道の防災考古学－遺跡の発掘から見えてくる天災－』は、北海道埋蔵文化財センターに所属する有志などが遺跡の発掘調査によって見えてくる地中の歴史痕跡を現実に役立てたい願望から編まれた先駆的かつ意欲的な「防災考古学」提唱の一冊である。1970年代、中国において"古為今用"として『地震与地震考古』『水文、沙漠、火山考古』が相次いで編まれたことがある。「防災考古学」は、災害考古学・罹災資料学を標榜した富士山考古学研究会『富士山噴火の考古学』ともども、天災を視野に入れた考古学の方向性の展開として注目されるであろう。

　「前期旧石器捏造事件」（2000.10）から20年の歳月が流れた。本年40年を超えた鈴木遺跡（東京・小平市）の調査報告書（小川望編『鈴木遺跡－発掘調査総括報告書』）が完成し、史跡に指定された。89次にわたる発掘（1974〜2015）、文化層１〜12層の確認、多数の遺物出土（12万点以上）は、後期旧石器時代（約３万8000年〜１万6000年）の開地遺跡の発掘成果である。そして遺跡の中に鈴木遺跡資料館が建設された。40余年の発掘、12文化層の確認など担当者の尽力の程が察せられる旧石器時代の遺跡の発掘成果と史跡指定であった。後期旧石器時代遺跡は、全国的に発掘が進んでいるが、なかでも香坂山遺跡（長野・佐久）は、その初頭かと考えられている大型石刃などが出土したことで注目された。明治大学

博物館特別展「氷期の狩人は黒曜石の山をめざす」は、明治大学黒耀石研究センターの35年の研究歩みを紹介した企てで同大の旧石器研究の一端を示した。

　弥生時代の硯（石板）の存在が話題になった北九州（福岡、佐賀）以外、山陰（島根・松江ほか）の弥生時代中期～後期の遺跡からも石板の出土が知られ、弥生人識字説が浮上した。石板が硯であるか、同時期の文字資料の検出が期待された。従来、定型化された陶硯の出土は古墳時代の後半にいたって類型品が見られるが、弥生石板との年代的隔離があり、その充填資料の確認が待たれる。「石板汎用硯」は、定型硯（石・陶）あっての転用硯とは異なり、石板にその機能が集約されている。類品の時空的分布の確認が期待された。

　高松塚古墳（1972年発掘、奈良・明日香）の壁画（国宝）の修復が終了した。石室を解体し（2007年）仮説施設に移しての修復作業が13年にわたって実施された。今後、しっくい、凝灰岩石室用材の補強など多くの課題が残されている。中尾山古墳（1974年発掘、奈良・明日香）の近年の発掘結果が報告され脚光を浴びた。8角形3段築成、竜山石の切石石室を主体部とする8世紀初頭の本墳は、すでに指摘されてきた「文武天皇陵」として確実視された。同形の7世紀後半築造の牽牛子塚古墳（奈良・明日香）は、「斉明天皇陵」に比定されているが、ともに考古学的所見から「天皇陵」に相応しく、改めて伝統的祭祀と学問的事実の相克が提起された。

　古代山陽道の駅家跡（兵庫・上市）、山陰道の道路跡（鳥取・青谷横木）と東山道の道路跡（栃木・大田原）から幅9m側溝が検出された。

　城郭の考古学情報が多かったのが注目される。秀吉が没前年に造営した京都新城の石垣が京都仙洞御所から検出され桐紋付金箔瓦が出土した。幻の秀吉新城の遺構発見である。信長の岐阜城（岐阜）・小牧山城（愛知）、家康の駿府城（静岡）、明地光秀の坂本城（滋賀）のほか、盛岡城（岩手）、松倉城（岐阜）、鹿沼城（栃木）、浜松城（静岡）、吉田城（愛知）、小浜城（福井）、米子城（鳥取）、平松城（鹿児島）など、各地で中近世城跡の考古学的発掘が相次いだ。城館跡の調査に考古学の方法の重要性が指摘され、中枢部をはじめ石垣・周掘のほか周囲の関連遺構の発掘の必要が説かれるようになってきた。「城郭考古学」分野の進展は、識者の増加、遺跡の保存・活用に連動していく。

　「考古科学」の動きは、日本考古学協会の総大会の発表（本年は誌上発表）、博物館・展示・施設の企画に頻出している。東京都埋蔵文化財センターの企画展

「リケイ考古学」は好評である。宇宙から降り注ぐ「ミュー粒子」を利用した古墳の非破壊調査が話題となった。橿原考古学研究所と名古屋大学が試みている箸墓古墳（奈良・桜井）は卑弥呼（邪馬台国女王）の古墳説もある３世紀中〜後半に築造された前方後円墳で、すでに春日古墳（奈良・斑鳩）などでも試みられてきた。岡山大学では高エネルギー加速器研究機構・山梨大学と共同して造山古墳（岡山、５世紀中頃の前方後円墳）を対象とする調査が計画されていると報じられ関心を集めた。

　日本の先住民族アイヌ文化の発信の場としてウポポイ（民族共生象徴空間・北海道白老）が開館（7.12）した。民族共生・アイヌ民族・慰霊施設から構成され、日本の考古学にとって「北の文化」の象徴として注目される。考古学の視点からアイヌ史を書いた櫻井清彦（『アイヌ秘史』1960）は、「アイヌは差別と保護の矛盾の中に生きてきた」と延べ、擦文文化の研究に注目したことがあった。

　多くの博物館がコロナ禍で休館したが、国立歴史民俗博物館の企画展「性差（ジェンダー）の日本史」が開かれ、女性埴輪・木簡・文書・絵画・写真などが史料として展覧され「ジェンダー考古学」の視角が見えはじめた考古学にとって啓発された。文化庁の「発掘された日本列島」展は、ユーチューブで解説動画を流し多くの人びとから新しい手法として評判になった。

　最後に「コロナ禍」の最中、2020年度の各分野の動向を総括し、文献目録を作成された各位に厚く御礼を申し上げます。

（『考古学ジャーナル』755　2021.5）

2021（令和３）年

　新型コロナウイルス（COVID-19）感染症の蔓延は2020年と同様に日本の考古学界にも大きな影響をあたえ続けた。その渦中、年来、期待されていた「北海道・北東北の縄文遺跡群」が世界文化遺産に登録された。

　同遺跡群は、北海道（垣ノ島遺跡・北黄金貝塚・大船遺跡・入江貝塚・キウス周堤墓群・高砂貝塚）青森県（大平山元遺跡・田小屋野貝塚・二ツ森貝塚・三内丸山遺跡・小牧野遺跡・大森勝山遺跡・亀ヶ岡石器時代遺跡・是川石器時代遺跡）岩手県（御所野遺跡）秋田県（伊勢堂岱遺跡・大湯環状列石）の17遺跡で構成され、採集・漁労・狩猟を

基底とし、精神文化面にもユニークな定住生活であった縄文文化として評価された。江戸時代から多量の完形土器が発掘され注目されてきた亀ヶ岡、明治時代に知られ大正時代に木製遺物の出土で話題となった是川、アジア・太平洋戦争の終結後に逸早く発掘され、さらに国営発掘として注目された大湯環状列石、近年大形周堤を有する墓地として注目されたキウス周堤墓群、大規模な拠点集落の三内丸山、北東アジア最古の土器が出土した太平山元など、古くから現代にかけて知られてきた縄文文化の実相を彷彿とされる遺跡群であり、世界文化遺産の登録により膾炙され、保存・整備・活用されることになったのは慶事であった。

　縄文文化の研究は、1887年（明治10）にＥ・Ｓ・モースによる大森貝塚（東京）の発掘によって着手されたが、それは同時に日本における西欧流考古学の導入でもあり日本考古学の発祥となった。他方、1692年（元禄5）に徳川光圀（第2代水戸藩主）の指示により佐々宗淳（儒臣）大金重貞（庄屋）が侍塚古墳（栃木）の発掘を試み、墳丘形状・出土遺物を図化し、遺物は発掘地に再埋納、墳丘の整備を果した。発掘記録『湯津神村車塚御修理』に車（侍）塚（上・下）の図入り報告として残されている。この発掘は、大森貝塚の発掘を遡ること185年以前のことであり、日本独自の発掘の原点であった。発掘の起因となった「那須国造碑」（国宝）は、笠石神社（栃木）に伝えられているが、その境内地に「那須国古代ロマンプロジェクト実行委員会」により「日本考古学発祥の地」碑（揮毫・徳川斎正）と副碑（「日本考古学の原点－湯津上の侍塚古墳」撰文・坂詰秀一）が「侍塚発掘330年」記念として建碑され3月に除幕された。

　日本の西欧考古学「発祥」の地－大森貝塚、日本考古学「原点」の侍塚古墳の保存・顕彰・整備・活用が期待される。

　現在、日本の考古学の中枢は日本考古学協会（一般社団法人）の活動に象徴されている。春の総会・秋の大会の開催、『日本考古学年報』・『日本考古学』の刊行であり、COVID–19禍における運営の術が注目され期待されている。とくに総・大会における研究発表テーマは、日本考古学の問題意識と調査状況が端的に開示されることが多い。現在の情勢下その発表方法（オンライン－ライブ配信・オンデマンド配信）はともかく、従前同様に『研究発表要旨』が作成された。

　総会において「東アジアにおける水稲農耕定着期の関東地方」「土器の機能や用途を考える」「古代DNA解析と考古学の接点」「国家形成過程の国際比較

　研究」ほかのセッション設定、大会の分科会（集落・生業からみた地域集団の適応と変化、古代海域における人の異動、石塔から石垣へ、と文明と王権）における地域研究テーマなど、研究の現在的視点を示している。学際的なアプローチとして自然科学と考古学の接点についての研究発表は、隣接分野の研究者の耳目を欹って、さらなる学術研究の進展を促している。

　『日本考古学年報』73(2020年度版)が刊行された。71(2018年度版)よりＡ４判・横組２段・並製本（70までは創刊以来Ｂ５判・横組み１段・上製本）となり、「年度考古学界」の「動向」として総説・学際領域研究・時代別の動向（旧石器・縄文・弥生・古墳・古代・中世・近世）のほか外国の動向、埋蔵文化財保護活動に加えて日本考古学協会の記録が収められている。学際領域研究の動向は、総合的な遺跡解釈、環境変動と考古学・人類学と諸分析との融合、植物考古学、食性分析、動物考古学、材質推定と技術・流通について、簡潔に展望され、いまの状況を知ることが出来る。日本の時代別研究は、要を得た解説で、「各都道府県の動向」と対応している。外国（朝鮮半島、中国、ヨーロッパ）の動向についての紹介も収められている。

　『日本考古学』52・53、英文機関誌『*Japanese Journal of Archaeology*』vol 19、№ 1 を参看することにより日本考古学協会の活動、延いては日本考古学界の実情を理解することが可能である。

　COVID-19禍に協会の総・大会を開催した会場提供校（専修大・金沢大）とその実行委員会、そして可能ならしめた関係者各位の尽力に対して敬意の念を表し、更なる発展を願っている。

　1872年（明治5）、日本初の鉄道が東京～横浜間に開通営業されたが、本芝から高輪の海岸を経て品川にいたる約2.7kmの海上区間は築堤であった（横浜から品川の停車場にいたる間では大井地域で貝塚の一部が掘削され、後にＥ・Ｓ・モースにより大森貝塚が発見された）。この海上の高輪築堤は1870年（明治3）10月に工事が着手され２年後に完成し、当時の浮世絵にも描写され、高輪・泉岳寺詣での人達にも親しまれた築堤施設であった。その後、鉄道事業の進展により築堤周囲が埋没していったが、高輪の築堤は忘却されることなく地域の文献にも記載され、まさに既知の存在であった。その地域が開発されることになり、築堤の一部が出土したと報じられた。築堤の検出は至極当然のことであった。東日本旅客鉄道株式会社による「国家戦略特別区域計画」としての「品川開発プロジェ

クト」の策定に際して「築堤跡」の遺存をめぐる問題の検討が果されたのであ
ろうか。

　かつて、文化庁は、1996年から８ヶ年計画で近代遺跡の調査を実施し、「近
代遺跡の分野区分」を公けにした。そこに「交通・運輸・通信業」として「鉄
道」をはじめ関連施設について表示したが“築堤”例は「その他」として収め
られていたようである。

　古来、周知であった海上「築堤」は、後に埋没されるに至ったが、関連資料
に明らかに示されていた。この地域の開発策定に際して「近代遺跡」としてき
わめて重要な既知資料の検討が果されなかったことは理解に苦しむ。それは、
「近代遺跡」についての認識度が低かった可能性があり、近代を対象とする考
古学の存在を周知徹底する必要性を改めて痛感する。現在、築堤跡の一部移転
保存の論議も出されているが、全域保存と活用について大所高所からの政治的
英断が渇望される。

　「史蹟名勝天然紀念物保存法」(1919年（大正８）６月10日) に基づき1921年（大
正10）３月３日付で山陰道の出雲・石見、山陽道の播磨、東山道の美濃・下
野、東海道の相模、南海道の伊予、西海道の大隈の８国分寺跡が国の史跡と
して指定された所以により、指定100周年の記念事業が出雲・相模などで開催
された。史蹟名勝天然紀念物調査会の審議により指定された８ヶ国の国分寺
跡は、黒坂勝美 (委員)、柴田常惠 (考査員) の提案によって決定された。調査
は、内務省嘱託の柴田 (1920年（大正９）〜1928年（昭和３）) が主として従事し、
1922年（大正11）10月12日には、東海道の常陸、東山道の陸奥、東海道の伊勢・
武蔵など９ヶ国が、1923年（大正12）３月７日に東海道の遠江が1926年（大正
15）10月20日には東山道の上野の国分寺跡がそれぞれ指定された。内務省に
よって史跡に指定されたのは19ヶ国であった。国分寺跡の史跡指定は柴田の内
務省辞任の後、史跡の調査にあたった文部省の上田三平などによる提案は久し
く行われなかった。内務省時代に史跡に指定された13ヶ国の国分寺跡は、いず
れも表面調査によるものであった。なお、1930年代の諸国国分寺跡の表面状況
については堀井三友『国分寺址の研究』(1956) に委曲が示され往時を知ること
が出来る。因みに国分寺跡の考古学的発掘が実施されたのは1951年（昭和26）
の東海道の遠江国分寺跡であった。

　感染症の災禍下、日本考古学協会をはじめ多くの学会・研究会がオンライン

を活用してシンポジウムなどを開催し研究調査の状況を開示する方向を示し、各地の博物館は講演会・展示会を開催することに努力を傾注し成果を挙げた。

　それらについては、時代別・地域ごとに「発掘調査の状況」「発掘報告書の刊行」「シンポジウムと集会」「展示会の開催」に加えて「文献目録」が収められ2021年の日本の考古学界の動向が総収されている。

　多端のなか執筆下さった諸氏のご尽力に対して厚く御礼を申し上げたい。

　最後に考古学総合誌として月刊『考古学ジャーナル』が「天皇陵古墳の現在とこれから」(751)「学校教育と考古学」(752)「北海道・北東北の縄文遺跡群」(756)「考古企業の現在」(760)「ジェンダーと考古学」(762) などを特集したほか、『季刊考古学』が、特集「津波と考古学」(154)「土器研究が拓く新たな縄文社会」(155)「山寺と石造物からみた古代」(156)「高地性集落論の新しい動き」(157) を編んでいる。注目のテーマ、時宜にかなった特集は、学会 (研究会) 誌と編集の視点を異にし、考古情報提供の『文化財発掘出土情報』誌ともども、考古学の啓蒙に役立つ定期刊行物として発展を期待したいと思う。

　2021年度の動向については、本誌と併せて日本考古学協会編『日本考古学年報』74 (2021年度) の参看を願いたい。

（『考古学ジャーナル』768　2022.5）

2022（令和４）年

　日本考古学界の現況と趨勢は、一般社団法人日本考古学協会の活動に端的に示されている。第88回総会（５月28・29日、於早稲田大学）、2022年度大会（10月８〜10日、於九州大学）でのセッション・分科会における研究発表テーマを展望するとき、現今の日本考古学の研究視点と課題・問題点の那辺を知ることが出来るであろう。セッション（1「資格制度を考える」、2「縄文社会変動の深層を探る」、3「列島島北部における弥生農耕文化の変容と展開」、4「日本における弥生時代水田稲作技術の再検討」、5「ランドスケープ（景観）で考古学する」、6「海域アジアにおける文化遺産の保存と活用」、7「近現代遺跡の調査と保存活用」、8「〈縁辺〉における〈枢軸時代〉の展開（英語使用）」）、口頭発表（10編）、発表要旨ポスターセッション(26編)及び大会分科会（1「海峡を挟んだ文化・社会の相似と相違」、2「古墳時代の親族関係と地域社会」、3「律令社会の変容と東アジアとの交流」）、ポスターセッショ

ン（4編）は、公開講演会（総会−「エジプト考古学の過去・現在・未来」近藤二郎、大会−「弥生時代の始まりと実年代」宮本一夫、「展望：6−7世紀史の考古学的研究」岩永省三）。それぞれの概要は、総会・大会の『研究発表要旨』に収録され、COVID–19禍におけるオンライン同時配信の側面通弊を補完している。各テーマの設定は、開催校の実行委員会と協会の担当理事の識見により構成組織化された現況として有意義であり、「高校生ポスターセッション＜研究要旨＞」の併用実施とあわせて、会員3,855名（4.28現在）を擁する日本考古学協会の2022年度の活動実績を標榜している。そして『日本考古学年報』'14(2021年度版)『日本考古学』54・55の編集刊行、埋蔵文化財保護対策委員会による各地の重要遺跡の保存・整備に関する要望の提案など、今、日本の考古学の中枢的組織として機能していることが判然としている。

　総会セッションで取り上げられた「近現代遺跡の調査と保存・活用」は、高輪築堤跡の「確認」と「記録保存調査」を契機として保存問題が顕現されてきたことから、各地の戦争遺跡が当面している保存問題とともに設定されたと推察される。高輪築堤跡については「高輪築堤跡・保存等検討委員会」（2022年9月設置）による保存協議に基ずく具申があったが、国史跡「旧新橋停車場跡及び高輪築堤跡」として一部追加指定し、記録保存が図られることになった。高輪築堤跡をめぐって「シンポジウム：高輪築堤を考える」（4月16日、日本考古学協会、オンライン開催）、港区教育委員会の「高輪築堤跡から考える日本の鉄道−鉄道開業150周年記念−」講演会とシンポジウム（11月6日）、港区立郷土歴史館の特別展（「人物で見る日本の鉄道開業」10月〜12月）が開催され、『概説高輪築堤』（3月、港区教育委員会）なども刊行され、広く話題となった。戦争遺跡の保存問題についても提起されたが、各地の事例が看過し得ない現状に直面している警鐘が示された。

　「資格制度を考える」は、早稲田大学の「考古調査士」（公社）日本文化財保護協会の「埋蔵文化財調査士・士補」及び地方公共団体埋蔵文化財専門職員の資質能力「専門職員Ⅰ種Ⅱ種」の基準を勘案した"段階評価"をめぐる現状と課題についての発表であった。埋蔵文化財（遺跡）の発掘に関する現下の趨勢として論議の必要性を示したのである。

　元寇のモンゴル軍船が鷹島沖（長崎）で確認され「鷹島神崎遺跡」として水中の史跡として指定されて以来、水中考古学分野が俄に注目されシンポジウム

も開催されてきた。文化庁編『水中遺跡ハンドブック』の刊行は、とかく等閑視されてきた分野の発達を促すことになろう。水中考古学は、海・湖沼そして河川の水面下に常時遺存している遺跡を調査研究の対象としているが、このような遺跡は全国に存在しているであろう。地域調査が期待される分野である。

　2022年は、周年記念の事業が開かれ、平城宮跡史跡指定100年、奈良文化財研究所創立70周年、高松塚壁画発見50年、伊勢・三河（尼）・甲斐・常陸（尼）・武蔵・陸奥・備中（尼）・土佐・筑前各国分寺跡国史跡指定100年（相模・美濃・下野・播磨・出雲・石見・伊予・大隈各国分寺跡の史跡は前年に指定）などが注目された。

　武蔵国分寺跡史跡指定100周年記念の特別展が開催され（武蔵国分寺跡資料館（7.30～'23.21.2）、1922（大正11）年10月12日に指定された武蔵国分寺跡のほか8国の国分寺跡の紹介を収録した『図録』が作成された。また、記念講演会（10.22）・パネルディスカッション（武蔵国分寺跡の保存と観光活用（11.19）・シンポジウム（武蔵国分寺の造営と文字瓦（12.11））が開かれた。

　1692（元禄5）年、徳川光圀が発掘した侍塚古墳（栃木）の発掘330年を記念して「日本考古学発祥の地」特別展が大田原市なす風土記の丘湯津上資料館で開催された（10.21～11.20）。日本最初の発掘調査報告書とされる『湯津神村車塚御修理』（1692、大金重貞）などの史料も展示された。上・下侍塚古墳については、栃木県埋蔵文化財センターにより、墳丘のレーザー測量、物理探査、墳丘周辺のトレンチ調査が実施され、以降、光圀発掘の主体部の調査に及ぶことになった。

　東京大学総合研究博物館から西狄良宏編「中谷治宇二郎考古学資料図録」（標本資料報告No.130）が刊行された。コレクション5,000点の目録「中谷治宇二郎の縄文研究」（安孫子昭二）が収録されている。

　調査研究最前線を謳う文化庁ほか主催の恒例「発掘された日本列島」展が、埼玉・北海道・宮城・宮崎・奈良で開催された。旧石器時代～近代にかけての14遺跡出土の資料約360点が展示された。保存をめぐって話題となった「史跡旧新橋停車場跡及び高輪築堤跡」に関する時勢に適った資料も展観された。

　「近現代遺跡」の保存について日本考古学協会の総会研究発表で正面から取り上げられたが、国の史跡として「奄美大島要塞跡」（鹿児島）が近代日本の国防に関する重要性から選定されたことが注目される。また、後期旧石器時代の

「遠軽白滝遺跡群出土資料」が国宝指定として答申された。国指定の史跡、重要文化財から国宝に格上げ指定されることは日本の考古学界にとっても悦ばしいことと言えよう。

　他方、「佐渡島の金山」の世界文化遺産登録の推薦書がユネスコに提出されたが、政治的背景が隘路となり逡巡されていると側聞する。起因問題について諄々と理解を求める以外方法がないのであろうか。残念至極であるが、時が解決を導くことになろうか、と2024年を鶴首している。

　埋蔵文化財の発掘調査を40年にわたって対応してきた長野県埋蔵文化財センターが『45人が語る遺跡調査の40年州発掘奮戦録』(2022.10) を編んだ。高速自動車道路・新幹線などの大規模事業に伴う埋蔵文化財の発掘調査をも遂行してきた多くの人びとのひたむきな発掘録が綴られている。行文は淡淡、埋文発掘に対する情熱を感じる好著である。

　「2022年の考古学界の動向」は、例年と同様に多数の執筆者のご尽力によって、時代別（地域別）分担でＢ５判３頁のなかに、発掘調査・論文報告書・学会研究会動向・博物館情報、加えて文献目録と誠に無理算段の依頼であったにも拘わらず稿を寄せて下さり、感謝の一言に尽きる。

　最後に、永く「考古学界の動向・総論」のご執筆を頂いてきた大塚初重先生が2022年７月21日に逝去せられた。享年95。謹んで哀悼の意を表しご冥福をお祈り申し上げます。

(『考古学ジャーナル』782　2023.5)

（2）日本考古学と用語

　1958（昭和33）年４月27日、東京国立博物館において、日本考古学協会第21回総会が開催され「考古学用語に関するシンポジウム」が実施された。このシンポジウムは、1956（昭和31）年11月２日開催の第18回総会で発足した「考古学辞典編纂委員会」の活動「考古学用語統一問題」と関連した企てであった。委員会は『日本考古学辞典』編集委員会（委員長・藤田亮策、委員・後藤守一・石田茂作・大場磐雄・八幡一郎・斎藤　忠・杉原荘介・関野　雄）として、項目選定と執筆依頼者を選び、項目約7000、依頼者265名(協会員全員）を決定していった。

　シンポジウムは、後藤守一が「全般提案」、芹澤長介が「石器時代」、杉原荘介が「弥生時代」、斎藤　忠が「古墳時代」、関野　雄が「東亜関係」、江上波夫が「日本と中国との考古学用語の問題」「日本と欧米との考古学用語の問題」と「日本の考古学用語を欧米のそれに訳す場合の問題」及び「日本と欧米で、同一物・同一文化について別々の通用語があって翻譯の場合に両者をおきかえねば分りにくい場合」について、それぞれの立場で問題を提起された。後藤提案は、12項目にわたったが、新に用語・型式名を定める場合には十分に考究して学界に公表、不適当なものは百年の計を考えて適語に改める、文献史料に「名」がある場合は尊重、名所は理解し易いものを採る、江戸・明治・大正頃につくられた名称についての検討、外国での慣用語との対照の必要性などであった。芹澤提案は、縄紋か縄文か、縄文か縄文式か、プレ縄文の文化名、縄文の３分類と５分類の問題。杉原提案は、弥生式土器文化の略称の問題、畿内・北九州の土器型式の検討の必要性。斎藤提案は、古墳時代の時代・型式・古墳内部構造の名称、遺物名称の検討、不統一読み方の問題、難字使用の検討、名称に時代差が見られる「ずれ」の問題、用字の不一致。関野提案は、東亜の範囲、地名の読み方、「墳」使用の問題、遺物名称の統一。江上提案は、日中両国の遺跡・遺物の表現の不統一、日欧用語の訳語の問題、原語発音の仮名書と意訳の統一、日本の用語を外国語に訳す場合の問題。などであった。

　以上、配布メモと傍観メモにより提案者の主旨を概括した。60余年以前の資料とメモに基づいており正鵠を期し難いが、凡その雰囲気は伝えているであろう。

　用語シンポジウムは、日本考古学協会としての辞典の編集と関連していることは言うまでもない。考古学辞典の編集にあたり、項目の選定は用語の問題と深く関わっていた。

　当時、日本における考古学の辞典は、酒詰仲男・篠遠喜彦・平井尚志編『考古學辞典』（1951.9、改造社）が唯一であった。この辞典は、酒詰が「人類学先史学講座」（1938〜39）に連載した「用語解説」（１）〜（５）（「講座」３・５・８・10・11・13）を基礎としたものであった。日本ではじめての『考古學辞典』について、藤田亮策は「創業的事業には種々御不満もあり他からの注文もあることと存じますが、こう云うものが出来て初めて希望や意見が生ずるのであって小生は深甚の敬意を表します」と評価した（『貝塚』35、1951.6.25）。

　『考古學辞典』の１年前斎藤忠によって「考古学主要用語略解」が作成され
ていたが、それは『考古学の研究法』(1950.2、吉川弘文館) に「考古学関係文献
目録」と共に「附」されたものであり辞典ではなく用語の解説であった。

　その頃 (1951)、水野清一・小林行雄は「考古学辞典」の編集に着手して
おり、その後京都大学を中心とした執筆者 (15名) によって『図解考古学
辞典』(1959.6、東京創元社) が刊行された。日本考古学協会が「用語統一小
委員会 (1955年に委員会提案、後、発足)」、ついで「考古学辞典編集特別委員会
(1956.11)」が発足したとき、すでに『図解考古学辞典』の編集は進行中であっ
たと言う。

　日本考古学協会「考古学用語に関するシンポジウム」(1958.4) の提案者中に
京都大学関係者が参加することはなく、また、「『日本考古学辞典』編集委員
会」に京都大学の関係者が参画していないことも理解されよう。

　藤田亮策監修・日本考古学協会編『日本考古学辞典』(1962.12、東京堂) が刊
行されたのは、着手以来６年後であった。『図解考古学辞典』の編集・執筆者
の15名中、この辞典に執筆したのは日本考古学協会の会員11名であり、４名は
非会員であった。1957 (昭和32) 年３月現在の会員265名のすべてが１項目でも
執筆にあたる方針は貫徹されている。

　尚、『図解考古学辞典』『日本考古学辞典』の刊行後に刊行された『世界考古
学事典』(1979.2、平凡社) の編集委員12名は東京大学系７名、京都大学系５名
であり、編集の実務には東京大学関係の若手４名が従事し、協力者16名には私
立大学の関係者も参加している。

　また、江坂輝弥・芹沢長介・坂詰秀一編『日本考古学小辞典』(1983.9、
ニューサイエンス社、新版2005.5、増補改装『新日本考古学辞典』2020.10) が刊行
されている。

　その後、用語辞典と銘打った辞典が３冊刊行された。(１) 斎藤忠著『日
本考古学用語辞典』(1992.5、学生社)、(２) 大塚初重・戸沢充則編『最新日本
考古学用語辞典』(1996.6、柏書房株式会社)、(３) 山本忠尚著『[和英対照] 日
本考古学用語辞典』(2001.2、株式会社東京美術) である。(１) はＡ「軽装版」
(1998.10)、Ｂ『日本考古学用語小辞典』(2003.4) を経て、Ｃ『改訂新版日本考
古学用語辞典』(2004.9) の３種あり、Ｂ・Ｃは新しい用語を加えたもので、Ａ
は初版の縮刷版であった。Ａ・Ｃの項目末尾には参考文献が記載されている。

（2）は、明治大学の関係者43名の執筆であり、（3）は、（1）（2）とは異なり日本考古学の用語の和訳対照の辞典で「日本考古学用語に加え、必要と思われる関連分野の用語を抽出、併せて約3800語を収録し、平安時代までを主とし、一部中世および近世」を収めている。

考古学用語に関するシンポジウムの課題

（1）全体に通ずるもの

1．考古学用語の中、不適当ということに多数が賛意を表したものは、百年の計を考えて、適語に改めることを敢行しようではないか。
2．考古学用語のうち、その名称なり、それに使われていた文字が、根拠ある古文献に見えている場合は、その名、その文字が、そのものの「名」であり、そのものの「文字」であるとして使っていくべきであると思う。これを根本方針とするの可否。
3．弥生時代及びそれ以前の時代のものは、直接には古文献に見えていないと思う。そういう時代のものは、現代に使われている物との類似に求めて名をえらぶべきであると思う。
4．古墳時代や奈良時代にその形のもので、当時の文献にその名がないが、後の時代にその形のもの、或は多少の変形はあっても、とにかくそのものが用いられ、その名の明らかなものは、その名を遡らせて使うべきであると思う。それと同じことを、弥生時代及びそれ以前のものにも遡らしめてはいけないだろうか。
5．（1）に従って採られた名や文字のうち、今日以後の研究者に近づきがたいものはどうしたらよいだろう。学術用語は、日常生活の用語・文字とは性質を異にするとして、やはり採るべきものであろうと思う。
6．それと共に、古典とか、その他に確証のないものは、（2）の場合のものと（3）の場合のものと共に、平易な名、できるだけ許容漢字を多く採り、仮名書きもとろう。
7．名所も、古くから使われているものを採ろう。しかし、その際も、現代に理解し易いものを採るべきである。
8．江戸時代から明治・大正頃につくられた名称で、今日の生活では不適当のものがあり、理解に苦しむものがある。これを今日改めるの可否。明らかに誤って命名されたものは改め、当時は正しかったが、今日の若い研究者には理解が困難だからとして改めることは採らない。その可否。
9．外国語に訳した時、外国人に説明を加えないでも、わかり易いような日本名をとろう。

　３種の用語辞典には、それぞれ特色がある。（１）は、斎藤単独の執筆で4495項目以上を収録し、解説末尾に参考文献を掲げ、「引用古文献解題」「遺跡・遺物名称（名所）一覧」「テーマ別索引」「50音順索引」を付している。（２）は、約3500語を見出し語とし、配列は50音順、基本用語に適宜英訳を付け、「石器・土器型式一覧」を巻末に記載している。（３）は、日本語から英語、英語圏の研究者に日本考古学の概要を紹介する第１部、時代区分、地域区分、分類別遺物、遺跡・遺物、調査関連用語、史料の第２部よりなり、「英語索引」が付けられている。日本考古学の用語辞典として一般的に活用されるには（１）と（２）であろう。その（１）と（２）は、それぞれ編集の目的を異にしているが、（１）の執筆が単独であるのに対し、（２）は分担執筆であり、項目の選択と解説内容にも特徴があると言えよう。

　『図解考古学辞典』『日本考古学辞典』『世界考古学事典』『新日本考古学辞典』と田中琢・佐原真編集代表『日本考古学事典』（2002.5、三省堂）が、考古学の辞・事典として知られている。また、日本最初の『考古學辞典』を付加すると６種、さらに方法論と理論の解説に主眼をおいた安斎正人編『現代考古学事典』（2004.5、同成社）を加えると７種の「辞・事典」が刊行されている。これらの辞・事典を用語辞典と併用すると日本考古学についての知見をそれなりに網羅することは一応可能であろう。

　考古学の用語は総括的に真正面から取り挙げたシンポジウムは、1958年に日本考古学協会が開催して以来管見に触れていないが、用語をめぐる問題は「辞・事典」の編集と刊行により落着の気運にあるのか、将又、あえて論議の要が認められないのであろうか。

　かつて『日本史用語大辞典』（1978.8、柏書房、パーソナル版『日本史用語辞典』1979.10）の考古学分野500項目の選定を、古代・中世・3500項目、近世・近代8600項目、民俗学500項目を側聞しながら短期日に選択したことを想起している。その選定は用語であり、辞典項目の選択とは異なる視点であったからである。かかる経験もあり、その後、関連分野の京都府文化財保護基金編『文化財用語辞典』（1976.2、淡交社、改訂増補版1989.3）、藤岡謙二郎・山崎謹哉・足利健亮編『日本歴史地理用語辞典』（1981.8、柏書房）、中野玄三編著『仏教美術用語集』（1983.5、淡交社）、渡辺直経編『人類学用語辞典』（1997.11、雄山閣）などの編集視点を学んできた。

　それらを通して、考古学における用語をめぐる問題について考えを巡らしてきたが、それは、考古学の研究にとって看過し得ない必要用語を選択する視点の確認であった。

　日本考古学における用語の共通認識の確認は、古くして新しい問題であろう。

（『日本考古学史研究』9　2021.5）

（3）所謂「64体制」の以前と以後

　国（文化財保護委員会→文化庁）の埋蔵文化財に対する対応は1964年に確立された所謂「64体制」である。遺跡所在地の開発に際し、開発側と行政との事前協議を前提とする「史跡・名勝・天然記念物および埋蔵文化財包蔵地等の保護について」（1964年2月10日、文化財保護委員会事務局長発）であり、開発関係の各官庁・公社・公団に対し、文化財保護の趣旨の尊重と理解協力を依頼したもので"遺跡の破壊に対する国の方針"が示された。

　その背景には、名神高速道路・東海道新幹線・東名高速道路・中央高速道路・愛知用水路などの大規模事業の計画があり、そのため国としては、日本住宅公団（1965）、日本鉄道建設公団（1966）、日本国有鉄道（1967）、日本道路公団（1967）、建設省（1971）、本州四国連絡橋公団（1973）との間で覚書を締結して、開発に伴う発掘調査の経費負担（原因者負担）を確認した。あわせて都道府県教育委員会などでも、それに倣って開発者側の発掘経費負担の原則が確立されていった。

　それは、文化財保存全国協議会（文化財保存対策協議会・関西文化財保護協議会）、日本考古学協会などによる保存運動の高潮が反映された政策ではあったが、「次善の策」の行政方針であった。

　ただ、国としては現体制下における「次善の策」として埋文行政に百尺竿頭一歩を進めることになり、開発側と行政側との事前協議、調査経費の開発側負担、調査実施の行政委嘱を主体とする方策であった。

　所謂「64体制」は、以後における日本の考古学に大きな影響を惹起し、「学術調査」と「緊急（事前）調査」に二大別されることになり、現在にいたっている。「緊急発掘調査の実をあげるためには、専門的な知識と技術を身につけ

た調査員の確保と資質の向上」を目指して「地方公共団体の専門職員を対象とする発掘調査研修を開始」するとともに『埋蔵文化財発掘調査の手引き』(1966.11) を刊行した。また、『全国遺跡地図』(全46冊、1966〜'68) を作成して埋蔵文化財の所在地を周知していったのである。

　所謂「64体制」以前における日本考古学の遺跡発掘の方法については、濱田耕作『通論考古学』(1922) が一つの範であったが、アジア・太平洋戦争の終結後、斉藤忠『考古学の研究法』(1950)、酒詰仲男『先史発掘入門』(1950)、ついで、藤田亮策ほか『考古学の調査法』(1958)、近藤義郎ほか『考古学の基礎技術』(同) が刊行され、後に大井晴男『野外考古学』(1966) が出版された。この他、『日本考古学講座』(1 考古学研究法「野外調査」項、1955) も編まれた。

　「先史学への最短距離」は発掘、とする酒詰は、"現地研究・室内研究、記録作成・発表" の四項を立てて解説、「日本考古学の野外調査と整理研究」を藤田ほか5名が共同執筆した調査法、「考古学の基礎的技術の参考書の不足の現状から "調査技術（遺跡・遺物・発掘など）と整理研究発表" について説いた基本技術は、1950年代の後半以降、1960年代前半にかけて、考古学にロマンを求めて斯学を学んだ若い人たちの発掘行の旅嚢(りょのう)に私(ひそ)かに収められていた。発掘の現場に臨んで、それぞれが自己の思索を遺跡に出土遺物に託する際の参考として携えられたのであろう。

　所謂「64体制」の導入は、発掘面積の広範、調査経費の増大に加えて調査体制の変容となっていった。そして、あたえられた条件下での報告書 (記録保存) の作成作業と続く。

　以前の報告書は、発掘担当者の主感によりユニークさに溢れていた。多くの研究者が範としていた京都帝國大學考古學研究報告 (16冊、1917〜1943) は、主宰者濱田耕作の意が全体に横溢し、いまに至るも参考にすべき報告書である。

　それに対して、近頃の報告書 (所謂64体制以後) は、一定の型に嵌り作成されることが多い。「緊急 (事前) 調査」の制約であろうが、一つの型に拘泥することなく、調査担当者の主張が反映されてもよいのではないか。「記録保存」としての自己主張の具現が期待される。一方、綿密にして浩瀚な報告として作成され、かつ、関連分野の専門家による考察が加えられている例も少なくない。それは、まさに「記録保存」として眼を見張るのであり、以前とは比較にならない報告書となっている。

　「緊急（事前）調査」で対象となる遺跡は、発掘面積・調査経費に伴う調査の体制により千差万別であるが、報告の中味はいずれの場合においても基本に忠実であることが求められる。それは埋蔵文化財の発掘が考古学的方法によって真摯に実施されることが肝要とされるからである。

　（公社）日本文化財保護協会の「埋蔵文化財調査士」「同士補」の活躍と「社員」各社の一層の理解と支援を願う次第である。所謂「64体制」下での現状に即した展開が期待される。

参考文献

横山浩一「戦後50年の日本考古学をふりかえる」（『日本考古学の50年』1998.12）

文化庁『文化財保護法五十年史』（2001.8）

（公益社団法人）日本文化財保護協会『紀要』　4　（2020.6）

（4）考古学研究と著作権問題
－考古学史を学んでの感慨－

　考古学の発掘調査報告書・自治体史の考古学分野の執筆をめぐり、著作権の問題が処処で底流のごとく論議されていることを側聞するようになって久しい。その動きが近頃になって姦しくなってきたようである。それは考古学の社会性を考えるとき看過し得ない一つの問題であると云えよう。

　著作権については、大学〜大学院生の頃（1960年代の前半）、「史籍解題」（日本史・東洋史）で学んだ。それは「古典」の訓読文－校合（きょうごう）－は２次的著作物として著作権の対象となる、との教えであった。また、著作論文を執筆するときの「引用」は、「カギで括る」か「何字さげ」にし、自己論文の補強のための引用にのみ止どめることに留意する。「註記」の場合も同様に考えるべき、との教示であった。そこで「著作権法」（明治32年〈1899〉制定）を瞥見した思い出もある。その後、「著作権法」は全面改訂（昭和45年５月６日〈1970〉、法律第48号）され、以降も改正がなされているが「著作者達の権利を保護を図り、もって文化の発展に寄与することを目的」（第１条）とすることは変らない。

106

　「史籍解題」は、史書を中心に「文字」に関する事柄を学ぶ場だった。辞（事）典・年表・歴史地図・主要著作論文など歴史の勉学にあたり必須の事柄にわたったのである。その折、著作物についても明治時代の法の歴史のひとコマとして学んだ。そして、当然のことながら翻訳も著作権に該当することを知った。翻訳書に関心をもったのは、佐藤傳蔵訳『考古原人究話』（1922年9月刊、原生閣）の著者が「ダンヴァース」とのみ記されていることだった。濱田耕作の翻訳には原書名が記されているのと対象的であったからである。

　考古学の報告書として、京都帝國大學の考古學研究報告（1917〜1940、16冊）、東京帝國大學の人類學教室研究報告（1920〜1932、考古学関係3冊）、東亜考古學會の東方考古學叢刊（甲－1929〜1938、6冊、乙－1935〜1990、8冊）、日本古文化研究所の報告（1935〜1941、11冊）のほか、多くの関係雑誌を瞥見したが、これと云った著作権についての記載はなかった。文献史学、国文学、建築学などの分野と違って考古学は鷹揚と素直に感じたのであった。

　「６４体制」（昭和39年〈1964〉）以降、1960年代の後半から70年代にかけて、遺跡（埋蔵文化財）の発掘は急激に増加した。他方、それに伴って発掘報告書の刊行も激増し、他方、考古学関係の著作も多く出版されていった。

　発掘担当の考古学関係者は、当然その発掘報告書の執筆が課せられることになった。「６４体制」以前とは比較にならない多くの報告書の刊行が相次ぐようになった。

　それらの報告書には、考古学的記載とともに地図・実測図・写真などが掲載され、「文字」以外の「図」が加えられている。そこには、オリジナリティーが横溢した著作となり、執筆者の意が具体的に表明されている。ただ、挿図の一部には、「一部改変」「一部加筆」などと付記された報告もあり、明らかに「修正」が加えられた挿図が使用されている例が見られるようになってきた。図のどの個所（部分）に改変・改訂・加筆がなされたのか、具体的に記されることが少なく、原著者にとっては、「修正」された図が用いられたことを知るに過ぎない。原著者の了承があったならばともかく、一方的に「修正」された図の使用については疑義の対象となったのである。同様なことは、論文の挿図にも見られるように成り、「改変」「改訂」「加筆」とキャプション付加の図が多くなってきた。「著作権法」第2章著作者「権利」第10条「6　地図又は学術的な性質を有する図面、図表、模型その他の図形の著作物」に抵触しないの

であろうか。原図の作成者（著作権者）の不満の声が間間発せられている。

「一部改変」「一部改訂」「一部加筆」がなされる場合には、作成者（著作権者）の合意が求められることは当然である。

報告書に執筆者名が記載されていない例は、発行者が自治体もしくはそれに準じた組織の場合、自治体職員などが職責をもって執筆することが多いことに起因しているようである。ただ、自治体責任者などと職員との間に執筆の権利問題についての合意がなされた場合にはこの限りではないこともあろうが、内容に疑義が生じたときの責任と対応は如何なっているのであろうか。自治体史の執筆についても同様である。

今後、考古学と著作権をめぐる問題は、決して避けることの出来ない「考古学の社会性」をめぐる課題となるであろう。

考古学史を通観して日頃考えている蛸事についてのメモである。

（『日本考古学史研究』11　2024.2）

（5）コロナ禍と考古学

COVID-19（新型コロナウイルス感染症）禍の拡大は、考古学にとって発掘調査、研究、教育、情報発信、啓蒙などの各方面にわたって多くの問題を惹起している。かかる現状に対応し、それぞれの職域において思考し、当面の事態に即応する克服案が提起され、実践躬行されている現状を見聞するにつけても、その尽力に敬意を表しつつ通弊からの解放を願っている。

日本考古学協会（広報委員会）のホームページリレーコラム「コロナ禍の考古学」、春成秀爾編「感染症と考古学」（『考古学研究』67-1、2020.6）、現状レポート「コロナ禍と考古学研究・埋蔵文化財保護－その進むべき方向性の模索－」（『季刊考古学』153、2020.10〜）に寄せられている大学、博物館、文化財行政などの担当者による感懐、実情対応、展望の意見開陳は、それぞれの当事者の現状認識に基づく記述であり、オーラルヒストリーの記録として貴重である。

ペストを主題としたダニエル・デフォーの『疫病流行記』（1722）、アルベール・カミュの『ペスト』（1947）よりも、1939年8月に京都大学の「慶陵」（11世紀・遼3代帝王陵）調査隊が内モンゴルで遭遇したペスト発生時の体験記録

が生生しく迫ってくる。体験の記録は小説よりも感染症の戦慄の度合いが印象付けられる。

　新型コロナ感染症の蔓延に直面する考古学の状況は、それぞれの立場で体験と対峙策の術を当事者の感慨を含めて記録化し、将来に備えておくことも肝要である。

　大学の考古学教育は、講義・演習・実習が主な構成であり、講義・演習はオンライン授業でともかくは可能であるが、実習、とくに遺跡の発掘実習は現下においてお手上げ状態である。発掘動画の文化映画「貝塚」（埼玉・黒浜貝塚発掘）や「月の輪古墳」（岡山）が知られているが、製作目的を異にし直ちに実習教材として利用することは出来ないし、スライド（静止画像記録）の活用も同然であろう。発掘実習は、自らが現地で体験することを前提とする実験講座の特性であり、その欠漏は致命的ですらある。withコロナを目指しての対策の検討が望まれているのが現状であろう。

　然らば、日常的に発掘調査を任務としている考古企業は如何か。現在、withコロナとの状況判断のもとに、次善の策として万全を期しつつ実施されている、と側聞している。

　学会・研究会、行政・博物館における講演会などは、オンラインの活用によって展開し、恒常化しつつあり、不可欠のツールの一つとなっている。今後、遺跡の臨地見学会に関する多様な方策についても検討が重ねられるであろう。

　特集「コロナ禍における観光と考古学」は、観光考古学の分野が現在の状況に鑑みてどのように対処していくべきか、それぞれの分野が対応する現状の紹介を踏え乍ら展望して頂いたものである。

（『観光と考古学』2　2021.6）

（6）埋蔵文化財と「観光考古学」

　私の年来のささやかな願望であった「観光考古学」が、どうやら日の目を見るようになった。「○○考古学」は考古学の鬼子、と畏敬の師・角田文衞先生から揶揄論難されたにも拘らず、産業考古学に触れ（1975）、戦国考古学（1981）、水文考古学（1988）、古典考古学（1993）についての私見を披瀝して

きたのは、「考古学は遺物学と論断」（1954『古代学序説』）された先生の視点との乖離であった。

「考古学は時間と空間に限定されることなくヒトの過去を明らかにする歴史の学である」、と考えてきた私にとって、「○○考古学」は決して鬼子ではなかった。したがって仏教考古学、歴史考古学を標榜し、実践してきた。

観光考古学は2004年にはじめて問うたが、考古学を専攻する人達の間で評価は２分された。賛と否である。考古学に観光を冠するなど論外との意見もあったが、概して好意的であった。これに勢いを得て、以降、機会を得て私見を展開してきた。

2019年４月、文化財保護法及び地方教育行政の組織及び運営に関する法律の一部が改正された。地域における文化財の総合的な保存・活用、保存活用制度の見直し、地方の文化財保護行政に係る制度の見直し、となり、かつ文化財保護の事務は、教育委員会のほか地方公共団体の長が担当できるようになった。文化財に対する法の新しい展開となったのである。

「遺跡を観光資源（資本）として捉え、活用の方策について考古学を軸に関連分野とともに総合的に考えていくことを目的」としたい、と掲げた観光考古学構想は、法の一部改正によって、さらなる展望を考えることになっていった。

考古学の立場で対応している遺跡・遺構は、埋蔵文化財と法で規定されているが、遺跡・遺構は、地下に埋蔵されたモノ以外、地上に存在するモノ、水中に埋もれたモノも認められている。これらは、文化財で括ることの可能なモノの遺構である。したがって、観光考古学が対象とするモノは地上・地下、そして水中のすべての物質的資料である。埋蔵文化財（埋蔵された遺跡・遺物）のみを対象とするのは片手落ちであり、文化財を総体的に捉えることが肝要と言えよう。

法で定められた埋蔵文化財の発掘調査であっても、その地に存在する地上の文化財の調査も必要なことが多く、そこに担当者の文化財についての認識の冴えと術が発揮される。さらにヒトの歴史を考える上に必要な自然環境に関する資料調査も看過できない。行政（緊急）調査の場合であっても、その方法と対応は変わることなく実施されることが求められる。発掘調査は記録され伝えられるが、その資料を活用することが、本来的に必須である。活用の仕方は如

何。

　遺跡（遺構）は、地域にとって資本、と考える視点からすれば、埋蔵されている状態、発掘され記録化された場合、いずれもその地のヒトの歴史を示す掛け替えのない史料である。その地域の史的資本をどのように活用していくのか多種多様な対象を多くの人達に開示していく方策を考えていくことが必要となってくるであろう。

　「遺跡で計画された各種開発工事の着手前に実施する発掘調査」（2002『日本考古学事典』）は、緊急（行政）調査とされているが、着手前の現状解説、発掘中の現地説明、発掘後の結果報告、発掘資料整理後の成果と展示公開など、調査目的に沿った段階的な進捗状況の開陳次第は、調査起因主体者、地方自治体関係者の協力のもとに実施されることが期待され、望まれる。それは、調査起因者の協力によって可能となるが、対象文化財に対する理解があってこそ実施できることになる。かかる一連の手順こそ、社会と考古学との対応関係を深め、観光考古学のあり方を示唆することに連なってくる。

　観光とは、目的地の風光・景色を堪能すると同時にその地に生起したヒトの歴史を遺産を通して愛でる行為であり、考古学的素養が求められる。そこに観光考古学としての妙味を醸し出す方途の検討が期待される。

　鬼子「観光考古学」は、明日の考古学にとって正面から取り組むべき一つの分野として広く活用されていくことを願っている。埋蔵文化財（の発掘調査）と観光考古学（の活用）は、決して無縁ではないのである。

（公益社団法人日本文化財保護協会『紀要』3　2019.7）

（7）近現代を考古学する

　倒叙法により『歴史時代を掘る』（2013、同成社）を刊行して以来、現代の遺跡（遺構）調査に耳を歌てるようになった。公益社団法人日本文化財保護協会の講演会（「考古学の力・文化財の力」2018.3.1）の講演録（『紀要』2.2018.）を眼にした人たちからの声にも刺激されて倒叙記述の歴史が無為でないことを改めて認識した。考古学の概説は、多く古い時代（石器時代）から新しい時代（近代）にと説かれるのが通常であり、倒叙手法は目新しく感じられたのであろう。

　近代日本の出発点となった石炭産業の志免鉱業所（福岡）、日本海海戦と久須保水道（長崎）、日本初の鉄道敷設汐留遺跡（東京・新橋停車場）などの明治時代の遺構、さらに、築地外国人居留地（東京）、第１次世界大戦時の板束捕虜収容所（徳島）の調査などで、近現代の遺跡（遺構）を発掘し調査してきた考古学の世界の動きは日本の考古学の対象がその時代に及んでいることを具体的に示している。

　現代の遺跡については私なりの体験があった。

　毎年８月15日が巡ってくると、1945年の国民学校生の頃、疎開先で聴いた終戦玉音放送と、帰京後の小学生の頃の遊び場であった上野公園（東京）のあちこちの立木に突刺り、また散乱していた米軍投下の焼夷弾の記憶がある。焼け焦げた油脂焼夷弾は、その後、公園整備によりほどなく姿を消した。

　その焼夷弾が、1964年８月、中央高速自動車道の建設工事に伴う大原遺跡（東京・八王子）の発掘中、古墳時代竪穴住居跡の床面に直立して検出された。「ストーヴの煙突発見」の報に現場に向った私は背すじが凍った。そこではシャベルでソレを叩いている学生の姿があった。幸い床面上には焼けた面が認められ不発弾ではなかった。発掘に従事していた学生は終戦後の生まれ、焼夷弾についての知識はなかった。同様の体験は、1960年秋の桐ヶ丘遺跡（東京）でも経験していた。古墳〜古代の集落跡は、「軍都赤羽台・旧陸軍被服本廠と弾薬庫跡」と重複していたので、焼夷弾のほか武器・軍装品などが発掘された。

　この様な体験は、1987年に「現代史と考古学」（月刊『考古学ジャーナル』278）、2006年に「考古学と近現代史」（『季刊考古学』72）の編集を目論んだ原点であった。その間、茨城県玉里村史料館の特別展「近現代遺跡、発掘」（2001.12）に際して「近現代考古学を考える」講演を担当し、2004年に「日本考古学における近現代研究」（『立正大学人文科学研究所年報』41）を発表したこともあった。

　その後、2008年には慶應義塾大学日吉キャンパス（神奈川）内の旧帝国海軍（航空本部軍令部など）遺跡（日吉台一帯の戦争遺跡）地下壕（出入口関連遺跡）の保存検討、2019年には高知大学隣接地の旧陸軍歩兵第44連隊の講堂・弾薬庫（高知）の保存活用の委員会にそれぞれ参画する機会があった。前者は慶應義塾の英断により全面保存、後者は高知県教育委員会の尽力により高知県当

局が全体に保存活用することが決定された。

　これらの体験は、考古学による近現代の遺跡（遺構）調査とその保存活用に関する提言がきわめて重要であり、かつ必要であることを痛感した事例であった。

　一般社団法人日本考古学協会は、1998年に創立50周年記念『日本考古学の50年』（『日本考古学』6）を編み、旧石器時代〜中世の研究の歩みと共に「近世史への考古学的アプローチ」（坂詰秀一）を掲載した。20年を経て、2018年の創立70周年記念『日本考古学・最前線』（2018、雄山閣）では「近・現代」（櫻井準也）が登載された。この20年間、日本考古学の研究対象時代が確実に近現代に及んだことを明らかに示している。近現代の考古学については、櫻井準也『モノが語る日本の近現代生活』（2000、慶応義塾出版会）を嚆矢として関係論集を収録した『近現代考古学の射程』（2005、六一書房）『近世・近現代の考古学入門』（2007、慶応義塾大学出版会）『考古学が語る日本の近現代』（2007、同成社）などが出版され、さらにユニークな櫻井準也『ガラス瓶の考古学』（2006、六一書房）が刊行された。近現代の考古学は、このような出版物によって、研究の方法と対象と問題点が明らかにされてきた。

　いま、日本の考古学は、近現代をも研究の対象として歩んでいる。「埋蔵文化財」に視点が置かれている行政にあっても、その対象を近現代を視野に入れる段階に到達していると言えるであろう。近現代の「埋蔵文化財」の問題は、歴史の実態解明に文化財の調査研究の成果を等閑視することなく活用し、進展してきたことと同様に考えることが肝要であることを示している。

（公益社団法人）日本文化財保護協会『紀要』6　2022.3）

（8）「考古企業」への期待

　埋蔵文化財の発掘調査は、都道府県及び市町村の教育委員会が「記録保存調査の実施を主たる業務とする」公立調査組織（含　本庁直営の場合）、教育委員会に代わって「記録保存調査の業務を行う外部団体としての」法人調査組織、により実施されている。一方「開発事業に伴って増加する記録保存調査をより迅速・効率的に対応するために利用されてきた」民間調査組織がある（文化庁2014）。

　民間調査組織は、公立調査組織・法人調査組織の要請に基づき、発掘調査の下請けなどとして協力するのが常態である。地方公共団体（教育委員会など）の指導のもとに発掘調査とその記録化、出土遺物の整理、報告書の作成にいたる一連の作業を分担している。その場合、指導・監督することが任務の教育委員会などの担当職員（学芸員など）の適切な指示を前提とし、原則として過誤の責務は不可抗力を除いて問わないものの、発掘調査に際しての誤認は避けられないことが無いとは言えない。

　埋蔵文化財の発掘調査は、贅言するまでもなく、考古学的な発掘調査である。「遺跡の発掘は遺跡の破壊」と捉える考古学のセオリー（濱田耕作1922）を墨守することは当然である。指導監督者・発掘担当者の指導力・調査力が問われる所以である。

　民間調査組織にあっても、公立・法人調査組織と同様に卓越した「調査力」（発掘調査における考古学的セオリーの理解とその遵守展開、発掘報告書作成の責務と刊行）を具備する担当者を擁することが不可欠であり、「調査力」具備者に対し相応の待遇が必要であることは言うまでもない。言わずもがな、その組織は、経営体であり「企業」として存在していると理解することが出来る。「企業」としての経営には、人材確保が必要でありその確保にあたり任務遂行上の対応条件の整備が求められよう。そこには「企業」としてのランニングコストの設定が必要である。

　埋蔵文化財の発掘を主目的とする企業は、広義の「文化財企業」であるが、狭義に「考古企業」として慣用する方が判り易いであろう。「考古企業」においては、発掘調査を主体とする業務を受注する場合、それに関連する必要な業務を分担受注し（測量作業・撮影など）、発掘検出の自然資料の採取と分析の専門分野の場合（鉱・動・植物などの遺存体）など、「百科学者」（濱田1922　大山柏1944ほか）の見識が要求される考古学者と変るところが無い。

　発掘調査を主とする企業は、対象遺跡に応じての受注を受けて発注の指示のもとに実施する。

　所謂「64体制」（坂詰秀一2020.21）以前に考古学を志した者にとって、考古学を生活の糧とすることは夢想であり、大学で考古学を学んでも将来は教員（小・中・高校）に就職するのが精一杯の時勢であった。しかし、1960年代の後半〜'90年代にかけて、大学で考古学を学び、その専門を生かせる途が拡大さ

れてきた。それは、地方公共団体、その外郭組織、また、任意の組織など、我儘を言わなければ糊口に不足はなくなってきた。その結果、問題も生じたが、考古学を学ぶ夢も育まれ、他方、時と機会を得て海外調査の参加も可能となり門戸の広がりも多様になってきた。2000年代に入り、一頃、考古学を目指す大学への進学数が減少してきたが、現今、考古学専攻生の就職口も広くなってきた。

かつて濱田耕作『考古学入門』（講談社学術文庫 17 1976、1941）で考古学にロマンを感じた世代は去ったが、新しい考古学の世界に誘う菊池徹夫『はじめての考古学』（朝日学生新聞社 あさがく選書４、2013）などで学び、考古学に関心をもつ若い人達が増えてくることを願っている。

「考古企業」も新しい考古学専攻者の活躍の場となることが期待される。

（『考古学ジャーナル』744　2022.10）

（9）追 悼

1　追悼　竹内　誠先生

武蔵野文化協会顧問・竹内誠先生が、令和２年（2020）９月６日に逝去された。享年86。

先生は、昭和８年（1933）10月29日に東京市日本橋区人形町に出生。東京都立上野高等学校を卒業の後、東京教育大学文学部史学科（日本史学専攻）卒。同大学院文学研究科修士課程・博士課程を修了。大学院の博士課程に在学時以降は徳川林政史研究所の研究員を務められた。ついで、昭和42年（1967）４月から信州大学教育学部・人文学部の助教授・教授に就任され、昭和52年（1977）12月には文学博士（東京教育大学）を取得、昭和54年（1979）４月から東京学芸大学教育学部教授として平成９年（1997）３月の停年退官まで勤務された。同年４月から平成16年（2004）３月まで立正大学文学部史学科教授、平成10年（1998）〜28年（2016）には江戸東京博物館の館長を務められた。

日本近世史・江戸社会史を専攻された先生は、寛政時代の研究に斬新な視点を提示して田沼意次の金融政策を評価し、また、元禄時代の世相を学芸そして市井を通して論じた。その対象は研究の方法論とともに江戸豪商の実態究明に

展開していったが、真骨頂は"江戸っ子"学者の江戸人に対する限りない親しみに発する研究の深化とその成果の咀嚼的な解説と見ることが出来よう。それは江戸以来の東京の地名に対する一入の歴史的感興、江戸蔬菜の関心など多岐に及んでいった。

　江戸東京博物館の吹き抜けに設けられた江戸時代の日本橋・芝居小屋の展示は、先生の発案であり、来館者にとって、まさに江戸の情景を感得することの出来る装置である。この一事を見ても知られるように、先生の才覚は、歴史事実を視覚を通して理解する方法の具現であり、それは博物館経営の商才に連動していった。ＮＨＫ大河ドラマの時代考証の実績はＮＨＫ放送文化賞の受賞（平成27年３月）となり、国技館の正面溜席の最前列東詰で土俵を睥睨する立ち会い維持員の姿は、日本相撲協会教習所講師の眼差しとして膾炙されていた。

　私にとっての先生は、立正大学時代の７年間と「寛永寺谷中徳川家近世墓所調査団」に参画したときの印象が深い。研究室で大学院生を懇切丁寧に指導を重ねる教育者、調査団の会議で徳川恒孝氏（徳川宗家第18代当主）・浦井正明師（寛永寺貫首）とご一緒に鋭い眼差しで調査方法の質疑を交々提言された学者としての先生、さらに、武蔵野文化協会の顧問として総会記念の講演会で日頃の蘊蓄を平易に物語って下さった先生。そして、ある時、国技館の溜席で得難い体験の機会を頂いたことなど、走馬灯のように浮かぶ。

　『武蔵野事典』の出版に際し「いま武蔵野はおもしろい」との推薦のキャッチ・フレーズを寄せて下さった先生の温容を偲んでいる。

（『武蔵野』96-1　2021.4.10）

2　大塚初重先生　追悼の辞

　日本考古学の語り部として、考古学者をはじめ多くの人びとに考古学研究の過去と現状を説かれ続けた先生とお別れして、早や、１年の歳月を閲しました。

　浄土の先生は、苦楽を共にされた最愛の奥様と穢土の回想をあれこれ語りあっておられることと思います。

　終生、明治大学の考古学と共に過ごされた先生は、恩師の後藤守一先生、杉

　原荘介先生、そして戸澤充則先生、小林三郎先生と栄光の明大考古をめぐって飽くことなく談じておられることでしょう。

　先生は、昭和20年８月15日、アジア・太平洋戦争の終結後、再出発を歩みはじめた新生日本考古学の若手第一研究者群の先頭に立って活躍されました。

　新日本建設の試金石とされた登呂遺跡（静岡県）の発掘に参加され、また、日本考古学界の中枢となる日本考古学協会の発足を目撃されたお一人でした。登呂遺跡の日にち、日本考古学協会の発足日の状況のお話しは、体験者、目撃者として臨場感の溢れる語りでした。

　先生は、日本の私立大学として最初の考古学講座が設置された明治大学の第１回卒業生でした。明大考古の不朽の業績として知られる岩宿遺跡（群馬県）の発掘をはじめ明大考古の全国の発掘現場には常に先生の姿がありました。

　戦後、日本の私立大学の考古学は、明治大学を軸に展開しましたが、その成果は考古学陳列館に展観され、全国の考古学者の明大詣でとなりました。

　陳列館の館長に就任された先生は、考古学博物館と名称を変更され、講演会・公開講座を開設され、日本の大学博物館としてはじめての「友の会」を設立し、大学博物館を社会に開かれた、広く市民と共に歩む方向を樹立されました。

　古墳時代の研究を専攻された先生は、大学２年生のとき、杉原先生のご下命により、後藤先生に代わって能満寺古墳（千葉県）の発掘報告を執筆されました。その後、多くの古墳の発掘調査を実施されましたが、なかでも金銅冠が出土した三昧塚古墳（茨城県）、銅製水瓶出土の綿貫観音山古墳（群馬県）は、朝鮮半島・中国大陸の出土品と類同の次第が観取された稀有の例でありました。また、大室積石塚古墳（長野県）の調査は、後藤先生の問題提起のもと果敢に挑まれました。さらに虎塚古墳（茨城県）の壁画の発見は、虎塚壁画古墳として先生の古墳発掘の歴史において燦然と輝く成果となりました。未開口石室墳の発掘調査にあたり保存科学分野との周到な協力を確立されたことは、以降の保存と活用・史跡整備の手本となりました。

　先生は、東国の古墳研究にあたり常に畿内－大和政権との関連に注目されてこられました。ご著書のタイトル『東国の古墳と大和政権』に明示されています。

　広い視野に立脚した研究は、前方後方墳の先駆的研究として周知されていま

す。「前方後方墳の研究」は明治大学の文学博士の第一号となりました。

　先生は、日本考古学協会の会長として運営に挺身され、日本の考古学界の舵取りとして尽力される一方、各地の史跡整備とその充実・発展に力を注がれました。また、日本学術会議の会員として十余年にわたり、わが国の学術進展に寄与されました。さらに、山梨県立考古博物館館長・山梨県立埋蔵文化財センター所長として十余年、地域の考古学の発展・充実に尽力されました。

　明治大学の理事、文学部長、人文科学研究所長、そして博物館長を歴任せられ、明治大学リベラルアカデミーの生涯学習講座において「スマイル」と「大塚節」により多くの市民に親しまれてきました。

　そして“活動する博物館”“市民の考古学”を目指した先生の実践は生涯にわたって続けられました。

　先生は、平成17年4月29日「瑞宝中綬章」叙勲の栄に輝かれました。

　いま、日本の多くの学界では、学術研究のオーラルヒストリーの重要性が注目されています。

　先生は、多数の著作と共に講演・講座を通して考古学を伝導されました。

　80歳を迎えられたとき「考古学の研究は自然科学の発展によって研究方法の新機軸の分析方法が導入されようとも、結局は人間の精神構造の解明が基本であり、考古学の永遠の命題である」と喝破されました。

　「考古学は人間学」と説かれてきた先生の真骨頂を示す提言でありました。

　不肖、先生に対面しお教えを頂いたのは、昭和28年の秋でした。爾来、60有余年にわたりご教導ご親交を賜ってまいりました。その間、明治大学で「考古学特説」のご下命を頂き、大学における考古学の研究と教育のあるべき姿をご教示頂きました。日本考古学協会の委員として6年間、考古学界の旧来の陋習の改革に真摯に対峙された先生の毅然とした態度と眼差しが忘れられません。

　近い将来、先生と蓮の台に座して、私なりにご教導を賜ってきた過ぎし日の穢土の日日のことどもについてお話を申し上げたいと思っております。

　大塚初重先生、永い間有り難うご座居ました。

　　　　令和5年7月22日

（『考古学ジャーナル』789　2023.11）

3　追悼　戸田哲也氏

　埋蔵文化財の恒常的発掘体制を具備した先駆的な民間調査機関として株式会社玉川文化財研究所を設立し、文化財行政に対する協力と支援を目的とする会社を総括した公益社団法人日本文化財保護協会の発足と組織化・運営に率先尽力した戸田哲也氏が2022年5月20日他界された。享年74。

　戸田氏は、文化財企業のベンチャーマンとして知られる一方、その真骨頂は先史考古学者としての令名を博した研究者であり、研究者と企業家の双眸具備の人であった。

　1947年に北海道に生まれ、玉川大学教育学部に学び（1970.3卒）、成城大学大学院（修士・博士課程、1976.3修了）において山内清男・佐藤達夫の指導を受け先史考古学とくに縄文時代の研究を深めた。玉川大学の頃、浅川利一の薫陶のもと縄文時代の田端環状積石遺跡（町田市）の発掘調査に主体的に関係し、縄文時代の研究に関心をもち、以降、縄文時代の研究に邁進していくことになった。なかでも田端遺跡の発掘成果に触発された縄文時代の宗教的意識の究明に格別の関心を持続して研究を進め、併せて関東地方を中心とする縄文時代の土器群の細別による編年研究を山内の型式研究を基底に据えて研究を展開した。それは中期の土器群を対象とした細別型式論に顕著であったし関連した縄文施文の観察分析について所見を公にするところがあった。宗教意識については積石遺跡と石棒についての研究を進めていた。縄文時代観は、名著の誉れ高い『縄文』（1991・光文社文庫）に片鱗が要説されたが、次なる縄文論に期待が寄せられていただけに惜しまれる。しかし、鈴木保彦などと立上げた縄文時代文化研究会（1989.5設立）の機関誌『縄文時代』（1990-5創刊）が縄文時代研究の中核として発展を続けているのは冥利に尽きることであろう。他方、大学の教育面にも積極的に意を注ぎ玉川大学のほか明星大学・立正大学にも出講した。

　このような研究そして教育活動と共に、とくに注目されたのが、玉川文化財研究所の設立（1980.12）であった。行政の要請に応じて埋蔵文化財の発掘調査に積極的に参画し、とかく白眼視されていた民間調査機関の有用性について決然として体現し、必要性を説き、ベンチャービジネスとして定着させた。その姿勢は常に企業としての運営面のみではなく、学術面に裏付けられ、旧石器時代〜近現代の考古学を専門とする所員を擁した研究所として研究論集『神奈川

を掘る』（2015 創刊）に、改めて発掘調査の成果を研究論文として漸次公刊する方向を示したのである。

　さらに民間の文化財企業（会社）の参加による日本文化財保護協会の設立の原動力となり、埋蔵文化財調査士の制定、考古検定の実施など忘却することが出来ない活躍であった。

　想えば、1980年代の後半、東京・南八王子地区遺跡の調査を共にしたときに、民間調査機関の必要性について意欲的に物語っていた面影が彷彿と思い出される。そして、日本文化財保護協会が任意団体（2005.4）、一般社団法人（2009.6.1）、公益社団法人（2010.4.1）と衣更えしていったその都度、忽忙の間に抱負を語っていた。何時も颯爽として、考古学を論じ事業について滔滔として爽やかに弁じていた勇壮好漢の士の他界を追慕している。

（『考古学ジャーナル』771　2022.8）

4　関　好延さんを偲んで

　関　好延さんと初めてお会いしたのは1959年の夏。埼玉県鶴巻窯跡群の発掘で大川（清）飯場で汗をながしていた。早大卒業後、文明堂印刷を継承し家業に精を出しながら好（考）古の友人たちと親交を重ねていた。1981年の夏、東京考古談話会の発足に伴い、機関誌（『東京考古』と『東京の遺跡』）を刊行することになり、その頃、大学の図録と発掘報告の印刷を依頼していた関さんに「有時払いの催促なし」の条件（？）で印刷をお願いした。爾来、現在まで後継の紀武さん共ども東京考古談話会では条件通り協力を頂いてきた。後楯のない地域の研究会が間断なく活動をつづけられたのも文明堂印刷のおかげである。

　私としても半世紀に亘る親炙を思い懐旧の念一入である。いずれ、好延さん自慢の『Lumbini』（釈尊生誕地の発掘報告 2005）によりルンビニー遺跡が世界文化遺産に登録されたこと、大名墓所の報告書（5冊）が学界で評価されたこと、などを蓮の台で語り合いたいと祈念している。

（『東京の遺跡』126　2023.11）

Ⅳ　八十路を辿る

（1）私の立正考古学人生

　1963年4月、立正大学文学部専任講師に採用され、以降、2006年3月に定年退職するまで43年間、立正大学で考古学担当の教員として奉職した。任用以前に5年間、副・助手を務めたので合算すれば48年間になるが、1948～ '60年に立正中学・高等学校・立正大学・同大学院で学んだので、それを加えると計58年間、「大崎の谷山ヶ丘」に通ったことになる。

　このように私の人生は「立正と伴」にあったと言える。立正中学～大学に入学したのは両親の希望。副手を兼ねた大学院の入学は私の希望（有髙巖先生（東洋史教授）の副手任用は大学院で石田茂作先生の指導を受けることが条件）。助手採用は有髙先生のご下命。講師採用は有髙先生と伊木寿一先生（日本史教授）の推薦によるものであった。但し、専任講師の任用に際して石田茂作先生から「研究を続けたいなら博物館がよい。大学は教育が主で研究は従であることを知るのが肝要」とお言葉をいただいたことは忘れられない。

　専任講師に採用され、担当したのは「一般教養・歴史」。主題を何にしたらよいのか判断に迷ったが「日本文化史」と定めた。石田先生が立正大学での講義題目を「仏教文化史」とすればよい、とのご示唆を島地大等先生から得て定めたことを拝聴していた、のにあやかったのである。どうにか2年間の担当任務をすませて3年目以降「考古学演習」「考古学実習」の担当にして頂いた。

　演習はともかく、実習には参った。久保常晴先生（考古学教授）から「野外－発掘、室内－遺物実測ほか」をとの指示を得たからである。発掘経費は無く、遺物もほとんど無い。これには途方にくれた。遺物（石器・土器類）は私の収集品（高校生の頃からの採集）によって辛うじて格好をつけたが（現在、立正大の博物館に寄贈）、発掘はどうするか、夏季休暇に実施するにはどうしたらよいか、思案の末、助手時代から手掛けていた古代窯跡の発掘と定めた。その後、文部省科学研究費の交付研究と連動して埼玉・東京・山形・長野のほか、北は青森、南は福岡の須恵器・瓦窯跡を発掘した。また、受講生の希望により旧石器～近

世の諸遺跡（貝塚・古墳・集落跡など）を実習の対象とし発掘を実施してきた。

　一方、中村瑞隆先生（仏教学部教授）主宰のネパールの釈尊の遺跡の発掘に参画した。日蓮宗寺院・新聞社・企業などの協力を求めて調査経費捻出に東奔西走した10年間の思い出が去来する。

　日頃の発掘行が祟ってか、文学部長・常任理事、果ては学長職に狩り出される始末、管理職生活は18年に及んだ。石田先生の「大学は教育」のお言葉に「学内行政」が加わった。ただ、その間、考古学関係の雑誌・講座・辞典などの編集に参画し、多くの卒業生に執筆の機会を確保することが出来たのは幸いであった。

　考古学の「研究」は無為に過ぎたが、立正大考古の「教育」の一端は不十分ながら担うことが出来たのではないか。しかし、こればかりは、後の世の評価に委ねざるを得ない。

立正大学博物館第15回特別展「立正の考古学」（2001.3.15〜30）

立正大学博物館
（熊谷キャンパス内　2002.4　開館）

（2）カピラ城跡を探る
－ティラウラコット発掘余話－

1　発　端

　1966年5月、法華経文化研究所前の廊下で中村瑞隆先生（仏教学部教授）から「釈尊の遺跡を発掘しませんか、釈尊の遺跡は四大仏跡（生誕の地・ルンビニー、開悟の地・ボードガヤー、初転法輪の地・サールナート、涅槃の地・クシナガラ）は明らかにされていますが、生育出家の故城・カピラヴァスツの遺跡は特定されていません。カピラ城跡の調査は立正大学にとって相応しい研究課題でしょう」と声を掛けられた。先生はデリー大学（インド）の留学中（1963.12～'65.3）、常に「カピラ城跡発掘」を抱懐し、帰学後、野村耀昌教授（仏教学部）の意をえて考古学専攻の私に打診されたのである。仏教考古学に関心をもってはいたものの、釈尊の遺跡についての知識はなく「後日改めて」とご返事して怱怱に席を立った。

　そして早速に図書館に籠り関係文献を博捜した結果、岡　教邃「迦毘羅衛城址考」（『大崎学報』46、1917.5）と平等通昭「迦毘羅城及び毘舎離城趾について」（『佛誕＝千五百年紀念學會『紀要』1935.12）の存在を見出した。岡は、1916年11月、平等は、1933年12にそれぞれ迦毘羅城跡の所在地を踏査し問題点を検討していた。関連する釈尊の遺跡関係の文献も瞥見し幾何かの知見をえることも出来た。

　あくる日、生半可な知識で参上したが、大村肇教授（文学部地理学科）の同席があり、一気にカピラ城跡の探索について話題が沸騰した。インドの土地勘はもとより、遺跡については僅かの文献情報しかもたない者として当惑し、「現地を知りませんので」と発言したところ中村先生は「カピラ城跡の調査に関心をもっている心友の協力を得て、仏教・考古・地理で現地の予備調査を行いましょう」と立ち所に方向が検討された。そこで考古学の久保常晴教授（文学部史学科）に相談したところ、即座に「無謀な計画、ただし、個人としての参画は容認」するとのことであった。

　カピラ城跡の比定探策は、中村先生の主唱のもと、大村先生と松井大周師（中村先生の心友）、そして私の4名で実施することになり1966年12月に出発し

た。外国それもインド・ネパールの釈尊の遺跡を対象とする旅は、まさに匹夫の勇の感慨であった。

2　予備調査

　釈尊の故城－カピラ城跡の所在地については、1870年代のA・カニンガム（インド考古調査局の長官として仏跡調査）のインド・ナガル説、1890年代のA・フューラーのネパール・サガルハワー説、P・C・ムカルジーのネパール・ティラウラコット説、1917年の岡　教邃のネパール・バルクルコート説などが発表され、中でも発掘が実施されたサガルハワー説とティラウラコット説が注目されていた。これらの諸説と共にカピラ城跡の所在地調査に関連して、1898年にW・C・ペッペが釈迦と関連する銘文を刻した舎利壺を発掘したインド・ピプラハワーの塔跡．1896年に確認された釈尊生誕地を示すネパール・ルンビニーのアショーカ王石柱、1895年に発見されたネパール・ニグリハワーのアショーカ王石柱の存在が注目された。また、中国僧・法顕（『法顕伝』5世紀）と玄奘（『大唐西域記』7世紀）の巡礼記録に記載されている諸遺跡との対応が課題であった。このような考古学的資料と文献史料を対比検討して予備調査に臨むことになった。

　とくに、釈尊生誕地ルンビニーとカピラ城跡の推定地として発掘されたサガルハワー及びティラウラコットを中心とする地域を調査目的と定めたが、その地の現状については、ネパール考古調査局に赴いて情報を入手することにしたのである。

　インド・カルカッタ圣由で空路ネパール・カトマンドゥに到着し、直ちに考古調査局を訪問してタライ地方、とくにルンビニーについての情報を求めた。幸い局にはインド考古調査局派遣のアドバイザーN・R・バナルジー博士及びネパール考古調査局の担当官（T・ミシュラー）が在庁し親しく諸般の教示を得ることが出来た。その情報をもとにカトマンドゥから空路西方のバイラワーに向い、バイラワーからルンビニー圣由でタウリハワーに至った。ほぼ1日をかけての行程であった。

　インドとネパールの国境の町タウリハワーを拠点に、ティラウラコットとサガルハワー、アショーカ王石柱（ニグリハワーとゴーティハワー）を踏査した。限

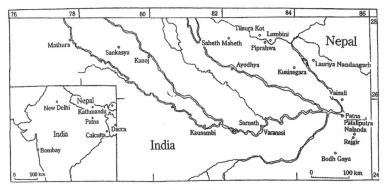

釈迦の遺跡分布図

　られた時間ではあったが、ティラウラコットは長方形に１〜２ｍの壁が周囲に
認められたが、サガルハワーは顕著な壁の存在は認められなかった。1898年に
Ｐ・Ｃ・ムケルジーが発掘したティラウラコットこそカピラ城跡に相応しいと
実感したのである。城跡の内に８以上の遺丘、３以上の池、東西南北に門跡が
認められ、遺丘・門跡には建築用材の煉瓦等の堆積がいまに認められた。城跡
は大部分が密林であった。ただＰ・Ｃ・ムケルジー発掘の地点には夥しい土器
などが散乱していた。ルンビニーには、1930年代のネパール政府整備の痕跡と
アショーカ石柱を観察することが出来た。

　ティラウラコットの現状を見た中村先生は「ここを発掘したい」と決断され
た。遺跡の状況を観察した私は「発掘調査に逡巡した」。インドの遺跡発掘の
未体験、しかも大規模な城跡が対象である。大村先生は「大丈夫、手助けす
る」と。

　現地からバイラワー空港まで牛車に揺られた１日、バイラワーから空路カ
トマンドゥに戻る間、熟考に熟考を重ねたが、「ネパール政府よりティラウラ
コットの発掘は却下されるだろう」と考えて楽になった。

　それが、豈図らんや、ネパール考古調査局と共同で、との条件であるが、許
可されたのである。ネパール考古調査局長（Ｒ・Ｓ・タパ）の理解とインド考古
調査局のアドバイザーの助言であった。中村先生は欣喜雀躍、大村先生も同
調、松井師は喜びながらも「これから大変」と思案顔であった。私は喜びなが
ら呆然であった。「発掘の経費は、体制は、大学当局の許可は…」と次ぎ次ぎ
と不安が去来した。それを察した中村先生は「大学の許可、調査経費は自分が

対応する。発掘については一任」とのことであった。不安を隠せない私に対してさらに「発掘調査の団長は久保先生に、私と大村先生は副団長でどうですか」と囁かれた。

3　発掘調査

　1967年１月、発掘の内諾を得た中村先生は、大学理事側と協議を重ね石橋湛山学長・久保田正文学監、そして及川眞學理事長の合意を得ることが出来た。さらに、日蓮宗当局が後援を許諾した。次いで報道関係の後援は、読売新聞社と日本テレビ、加えて経済的支援は十数社から得られた。すべて中村先生の差配であり、私は諾諾と従った。肝心の発掘調査団の編成には苦労したが、関俊彦（文学部助手）さんが協力して整った。日蓮宗寄贈の四輪駆動車をはじめ物資一切（４トン積みトラック約２台分）を発送した後、1967年10月19日に大学主催の壮行会（於 芝白金迎賓館）が行われた。中村元東大教授、ネパール在日大使、片山日幹日蓮宗宗務総長ほかの出席を得て、及川理事長、久保田学監（石橋学長のメッセージ）の挨拶があった。中村東大教授の「歴史にのこる大事業。相当なものが出土すると期待するが、何も出て来なかったとしてもカピラはここでないという実証になる。それはひとつの成果である」とのお言葉をいまも記憶している。

　そして11月８日に出発した。

　インド（カルカッタ）での発掘器材の通関は日本領事館の協力により11月27日に通過し、政治的暴動頻発のカルカッタから四輪駆動車と大型トラック２台の編成でネパールに向かった。途中、２つの州境を経て国境のショハラトガールに髙村弘毅（文学部講師）さんの陣頭指揮のもと12月２日に無事に到着しネパール入りが果された。その間、11月13日には、片山師（日蓮宗宗務総長）のもと発掘鍬入れ式がネパール政府の代表（考古調査局ほか）の見守るなかで実施され、第１次発掘調査が開始された。

　発掘に先行して、ティラウラコット全域の実測図が髙村さんの尽力で完成した。東西約450㍍、南北約500㍍の範囲に１㍍～２㍍の練瓦壁を囲らし、東西南北に門を有し、内に３つの池をもつ城跡であることが、改めて明らかになった。城跡の内側には、８以上の遺丘の存在が認められた。

126

　発掘は、城跡のほぼ中央の第Ⅶ号遺丘を対象とした。その結果、クシャーナ期（A. D. 60～204頃）～シュンガ期（B. C. 187～75）、さらにマウリヤ期（B. C. 317～187頃）と考えられる土器などが出土し、とくにクシャーナ期とシュンガ期かと想定される建物跡が多く検出された。

　第１次発掘（1967. 10～'68. 5）に続き、第２次（'68. 9～'69. 2）～第８次（'77. 10～'78. 3）の発掘が実施された。第Ⅶ号遺丘と第Ⅱ号遺丘の調査が行われ、多数の建物跡・井戸の遺構、多量の土器をはじめテラコッタ（土製品）のほか生活用具・装飾品・銭貨などが発掘された。遺構の年代は土器によれば北方黒色磨研土器（N・B・P）など釈尊の時代に遡るものが検出されたことが注目された。また、ブラフミー文字（推定B. C. 2）でSa-Ka-na-syaと書かれたテラコッタ（径約2㌢）、2, 253枚の一括埋蔵銭貨（クシャーナ期）、青銅孔雀（高さ10㌢）の出土がとくに注目された。

　ティラウラコットの10余年の調査は、インド・ネパール両国の釈尊に関する遺跡の調査を刺激し、1971年に入りインド考古調査局によるピプラハワー（1899年に舎利壺発掘）とガンワリヤの発掘、1970年代の後半にネパール考古調査局のルンビニーの発掘、1992～95年の日本調査隊（全日本仏教会）のルンビニー修復発掘と続き、1890～1900年にかけてのタライ地方の発掘調査が再び活発に実施されるにいたった。

4　発掘調査の成果

　第１次発掘の結果については、1968年６～７月に小田急百貨店（東京・新宿）で開催された「ネパール王国の秘宝展」（主催 ネパール王国政府・読売新聞社、後援 外務省・立正大学）に際して「調査の記録」を報告し、1995年６～７月に「ネパール仏教遺跡展」（立正大学大崎校舎陳列室）において出土遺物などを公開した。1977年11月には古代オリエント博物館（東京・池袋）の「海外発掘展－日本隊による海外調査のあゆみ－」に「ネパール、立正大発掘ティラウラコット」として発掘写真と出土遺物を展示した。

　発掘の成果は、『TILAURA KOT－ネパール王国タライ地方における城塞遺跡の発掘調査報告－Ⅰ・Ⅱ』（1978・2000）として刊行した。

　ティラウラコットの発掘は、ルンビニーの世界遺産登録（1997年）となり、

カピラ城跡の比定遺跡をめぐる問題となった。インド考古調査局が実施したピプラハワーとガンワリヤの発掘は、城跡ではなく僧院の遺跡であることが明らかになった。

　カピラ城は、ネパールのティラウラコットが、インドのピプラハワーか、両国の政治的思惑が絡んで微妙である。ただ、立正大学の考古学的調査が「釈尊の故郷」をめぐる科学的解明に一石を投じたことは明らかである。考古学に限らず科学の世界には、研究の継続性が求められる。釈尊の生育出家の故城－カピラ城の位置をめぐる問題についても例外ではないであろう。

　ティラウラコットの発掘は、中村瑞隆先生の英知と信仰による乾坤一擲の試みであったが、それを支え協力した立正大学の理事長・学長をはじめ多くの関係者と学外の識者の協力によって実現した快挙であった。

　中村先生が『ほんとうの道「法華経」』（仏教を読む④集英社、1984.7）で披瀝された次の文章を紹介しておきたいと思う。

　　わたしが立正大学の発掘隊とともにネパールのティラウラコットの発掘に当ったのは、そこが、釈尊が太子時代を過ごされたカピラ城跡と推定するに十分な根拠があり、学術調査によってそのことを明らかにしたいという情熱からであったことはいうまでもありません。しかし、わたしの心をさらに大きく駆り立てたものは、釈尊がお育ちになられた地にじかに触れてみたいという、釈尊へのやみがたいあこがれだったのです。…釈尊の滅後二千数百年を経た今日、東方の島国からやってきたわたしたちが、こうしてカピラ城を訪れている不思議の因縁を、わたしは思わずにいられませんでした。このとき、わたしは、たしかに釈尊に出会ったのです。

参考文献

立正大学ネパール考古学調査報告『ティラウラコット－ネパール王国タライ地方における城塞遺跡の発掘調査報告－』Ⅰ・Ⅱ（1978・2000）

中村瑞隆『釈迦の故城を探る－推定カピラ城跡の発掘－』（2000.7、雄山閣）

坂詰秀一編『釈迦の故郷を掘る－ティラウラコット発掘の記録－』（2015.5、北隆館）
　立正大学ロースタギャラリー特別展示室・開室記念特別展
　　　　　　　　　　　　　　　　　　『立正大学海外仏跡調査展図録』）2021.12）

（3）来し方 八十路の考古回想

　1936年（昭和11）１月、東京の葛飾で生まれ、同年以降、谷中（下谷区）の仏刹（寛永〜寛文に創建された日蓮宗・松栄山福相寺）で育った私は、立正中学・高校を経て立正大学（文学部史学科）・大学院（文学研究科国史学専攻）を卒業、その後、縁あって立正大学で定年まで教職を勤めた。立正生活（1948〜2006）は58年に及んだ。

　仏刹を継承することなく、中高の頃から憧憬し考古の道程を只管に歩んで八十路の馬齢にいたった。考古学を組織的系統的に学ぶことなく、ただ、向学を志したが、その間、僥倖にも多くの碩学に邂逅し、教導・訓育を賜ることが出来た。しかし、愚鈍菲才のため遂に考古学を究めること当わず、考古の道を齧ったに過ぎなかった。したがって「私の考古学史」ではなく「私の考古」の歩みについての禿筆であり寛容を願いたい。

学ぶ　勤める

　中学高校で歴史と地理を島袋源七先生に学んだ。先生は沖縄・山原の人、『山原の土俗』（爐邊叢書、1929）により知られる民俗学者であった（立正大学専門部地歴科卒）。1921年に折口信夫、1932年に濱田耕作の沖縄研究旅行を嚮導したやんばらみで、折口の「琉球神道論」濱田の「沖縄の旅」（『ドルメン』2-9、1932）の立役者であった。授業は何時も教科書を離れ、神話伝説・民俗・遺跡遺物が中心で、一方、地歴部の顧問でもあった。その頃、新聞には登呂の発掘、岩宿の発見などが報道され、書店には考古学の解説書が積まれていたこともあり、勢い考古の分野に興味が湧いた。休日には足繁く神田界隈の古書店を巡り考古の本を扱っている書店主と昵懇になった。そこで入手した遺跡の地名表（吉田格『東京近郊石器時代遺蹟案内』と赤星直忠『先史時代の三浦半島』1950など）を頼りに徘徊し、遺物を採集した。その頃、集中して歩いた鶴見川の中流（神奈川）は遺物の宝庫であった。中学校の建設に伴い発見された古墳時代の集落跡を眼にして発掘し土師器を出土する竪穴住居跡を完掘した。通学校の近く居木橋貝塚を発掘し、縄文時代前期（諸磯B式）の竪穴住居群を発掘したこともあった。

　大学は、両親の希望で立正大学（仏教学部ではなく文学部史学科）に進学した。考古学の専攻課程はなく、国史学を中心に東洋史・仏教史を学んだ。考古学の授業は、文学部（考古学）と仏教学部（仏教文化史）に各1科目が開設されていたが、学生中心の立正大学考古学会（1932年発足機関誌・『銅鐸』1932年創刊）の集いに出席したほか、高校生の頃から教えを受けていた江坂輝彌先生の研究室（慶應義塾大学）に出向き、日本考古学会（東京国立博物館）・東京考古学会（明治大学）・國學院大学考古学会の例会などに出席して学ぶことが多かった。江坂先生の紹介で東京大学人類学教室で山内清男先生に拝眉し、教室の図書室で勉強する果報にも恵まれた。

　葬制に関心をもち、清野謙次博士の調査研究（『日本民族生成論』1946ほか）を参考に縄文時代の葬法についての学部卒業論文を書くことが出来たのは東大人類の図書室での文献調査の結果であった。

　大学院への進学は、東洋史の有髙巌先生の指示で「立正大学の大学院で石田茂作博士から仏教考古学の研究指導を受ける」ことになった。蓋し、立正大学で考古学を学ぶには、仏教分野が至当とのご判断であった。修士課程の2年間、史学科の副手を務めたが、国史演習の教材づくりなどに追われた。課程の終了を間近かに有髙先生から「無給の副手から有給の助手に任ずる」とのお達しで、大学院の石田先生の講義に引続き出席が許された。助手の任務は、教務の補助、学生の相談役であったが、どうにか遂行することが出来た。任期の終了近く（助手任期は1期2年、2期目に入っていた3年目）、「明年から史学科の専任講師として採用するからその心算で」とのお話しがあったが、即答することを避けて、石田先生に事の次第をご報告に参上した。「研究を続けるには大学より博物館がよい。昔の大学ならともかく、現在の私立大学－とくに立正大学は研究に適さない。大学の教員になるなら学生の教育が主で、研究は従と考えるように」とのご教示であった。その後、暫し思案の末、菲才の私にとって研究三昧より、大学で後輩と共に細々と考古学を勉強していくことが至当と決断した。有髙先生は、日本史の伊木寿一先生（古文書学）と相談の上、教養『歴史』の担当を命じられた。決断に際し、学部生の頃から万般にわたってご教導を賜ってきた東洋史の鎌田重雄先生（秦漢政治史）と日本史の平田俊春先生（日本古典研究）のご高見を忘れることが出来ない。

　鎌田先生の「大学教師7則」（1.自分の書いた論文を集めて単行書として刊行する

こと。2.専門分野の編著を編むこと　3.学生を決
して差別しないこと　4.学内行政を厭わないこと
5.専任校以外の大学で専門分野の講義を担当する機
会を進んでつくること　6.出版社の仕事（講座・雑
誌などの編集）に積極的に参画すること　7.多くの
大学の人達と親しく交流し、研究室の相互訪問を行
うこと）、平田先生の「年表作成の要諦」「雑
誌編集の極意」についての実践ご指導は、と
くに肝に銘じたのである。

石田茂作先生
（信濃国分寺跡、1962年2月）

　専任講師に就任して3年目、史学科に考古
学専攻が設置され、「考古学演習」と「考古
学実習」を担当することになった。演習はと
もかく実習には苦慮した。実習に伴う予算は
ゼロ、如何にしたらよいかと案じたが、文部省の科学研究費の交付を受けて進
めてきた古代窯跡の発掘調査をテーマとし、また、学生諸君の希望に応じて縄
文時代の貝塚、弥生時代の集落跡、古墳時代の古墳群・横穴墓群などの発掘を
小規模であったが実施した。それは助教授に就任しても同様で必要経費の捻出
には四苦八苦の連続だった。それは、大学院の史学専攻－歴史考古学分野－設
置まで続いた。演習（『常陸風土記』）と連動して実施した浮島前浦（茨城・縄文時
代晩期、古墳時代集落遺跡）の実習発掘は、製塩の遺跡は発見されなかったが、祭
祀遺跡を検出することが出来た会心の発掘であった。

発掘する

　大学の「考古学実習」などで、主として発掘したのは、旧石器時代（北海
道・報徳、神奈川・箱根）、縄文時代（埼玉・石神貝塚、神奈川・新作貝塚、神奈川・狩
野配石遺跡、埼玉・五明敷石集落遺跡、千葉・藤崎堀込貝塚）、弥生時代（千葉・寒風集
落遺跡、東京・前野町集落遺跡）、古墳時代（千葉・塚原古墳群、埼玉・野原古墳群、東
京・梵天山横穴墓群、神奈川・白井坂埴輪窯跡、茨城・前浦祭祀遺跡、千葉・天南廟山祭祀
遺跡）、古代（埼玉・南比企窯跡群－亀ノ原・新沼・虫草山・山田－・東金子窯跡群－新
久・八坂前・谷津池、南多摩窯跡群－天沼、山形－荒沢・町沢田窯跡、長野－御牧ノ上・八

重原窯跡、群馬－金山、上小友窯跡、栃木－乙女不動原窯跡、広島－青水窯跡、福岡－牛頸窯跡群、青森－五所ヶ原窯跡群、千葉－横宿廃堂跡）、中・近世（神奈川・箱根三所権現跡・駒ヶ岳頂上、東京・仙台坂遺跡）の遺跡と海外（ネパール・ティラウラコット城塞跡）の遺跡であった。他に久保常晴先生の担当による東京・多摩地域の山崎・本町田遺跡などの大規模な縄文～弥生時代の集落遺跡の発掘もあり、それらにも参加した。

　これらの発掘のなかでも私なりに研究の対象としてきたのは古代の窯跡であった。その調査研究の端緒は、武蔵国分寺の瓦窯跡の造瓦に伴う須恵器の年代把握が目的だった。1950年代の中頃、東日本において須恵器利用の火葬骨蔵器の年代は「奈良～平安時代」とされていた。古代葬制を研究テーマの一として火葬骨蔵器の集成を意図していたが、東国の須恵器編年が試みられていないため「奈良」か「平安」か分明ではなかった。そこで、年代を定める資料として国分寺の造瓦窯跡と周囲に存在する須恵器の窯跡の調査を試みることにした。

　武蔵国分寺の瓦窯跡は、埼玉の比企丘陵と東京の多摩地域に存在することが知られていた。先学の知見をもとに踏査し、比企丘陵の南に集中する亀井村の窯跡群に着目すると同時に窯跡の分布調査を実施した。その結果、比企丘陵の南部に存在することが明らかにされ「南比企窯跡群」（1957～61年の分布調査の結果『南比企窯業遺跡群』1961として発表。以来、同呼称が使用されるようになった）と名付けた。調査に際し窯跡・集落跡・工房跡に加えて墳墓の分布状態に着目し、西方地域（亀ノ原窯跡、1958）中央地域（新沼瓦窯跡、1958）東方地域（虫草山窯跡、1960、赤沼山田窯跡、1961、奥田宮ノ前窯跡、1961）の窯跡の発掘を実施した。発掘は、２～数基を対象とし、武蔵国分寺の瓦窯（新沼）と同時代～平安時代の須恵器窯を検出した。国分寺の創建期の瓦塼と須恵器の知見が得られたのである。次に文献史料との対比が可能と考えられた東金子(埼玉)窯跡群の調査を計画した。『続日本後紀』承和十二（845）年三月の「武蔵國言、國分寺七層塔一基、以去承知　二年為神火燒、干今未構立也、前男衾郡大領外從八位上壬生吉志福正囲云、奉為聖朝欲造彼塔、望請言上、殊蒙処分者、依請許之」との記載、国分寺塔跡の発掘結果（創建時の瓦と再建時の瓦を検出、滝口宏『武蔵国分寺図譜』1966）などを勘案したからである。

　東金子窯跡群（新久・八坂前・谷津池など）の中で、国分寺の再建瓦窯と考えら

れてきた窯跡を発掘し（1963〜80）、その実態を明らかにすることが出来た（坂詰編『武蔵新久窯跡』1973、『武蔵八坂前窯跡』1980ほか）。関連して南多摩窯跡群中の天沼窯跡を発掘し（1979）同窯跡群形成の初期窯を知ることが可能となった（『武蔵天沼窯跡』1981）。これら一連の調査により古代武蔵国には四大窯跡群とでも称呼すべき窯跡－南比企・東金子・南多摩と末野（埼玉）－の存在を把握するにいたった（『国分寺市史』上巻、1986ほか）。窯跡調査の目論見であった東国須恵器の編年について朧気ながら分かってきたのである。

　文化財保護委員会が実施した秋田城跡の「国営発掘」に調査員として1961〜62年（第3・4次）に参加する機会に恵まれて以来、日本海側の古代城柵跡について関心を懐いた。太平洋側の多賀城跡（宮城）胆沢城跡（岩手）などの調査と対比して拂田柵跡（秋田）城輪柵跡（山形）の調査はかつて文部省により調査報告（1928）されていたが、二柵跡の比定城柵名が明瞭でなかった。この二柵跡の踏査を試みたところ須恵器片が多く見出され、とくに城輪柵の須恵器は平野山麓・山谷窯跡から斎された製品と考えられ、窯跡が集中して存在していることを確認した。後に城輪柵跡は発掘調査の結果、出羽国庁跡に比定された。他方、1929年に発見された木柵をめぐらし門柱を有する大山柵跡（山形・鶴岡）は、阿部正己氏によって注目されたが（1932）その後、再調査されることがなかった。また、1959年に報告された荒沢窯跡（山形・鶴岡）は、大山柵跡出土の須恵器と同類であった。大山柵跡と荒沢窯跡との関係を把握すると共に日本海側における須恵器窯跡の構造確認を主目的として1962〜63年にかけて荒沢窯跡3基、田川町沢田窯跡2基、金山で住居跡1基を発掘した。次年度（1964）に

は、荒沢窯跡の第3次発掘、大山柵跡の一部発掘を計画したが、新潟地震（1964年6月16日、M7.5）のため中止となり、以降、継続調査の機会を得ることが出来なかったのは残念であった。

　1963〜71年にかけて信濃国分寺跡（長野・上田）の発掘が実施され調査員として参加した。

齋藤　忠先生と
（先生宅応接間　2011年1月3日）

僧・尼寺跡が発掘調査の結果明らかにされ、僧寺跡の北方丘陵の麓から平窯構造の瓦窯跡（再建、修理の造瓦窯跡）が発掘された。国分寺と千曲川を隔てた御牧ヶ原の台地上の「スガマの原」（吉澤好謙『信濃地名考』1764〜69に「須賀間の原」）に八重原窯跡群の存在が報告（神津猛1929・34）され、須恵器窯跡群のなかに瓦の出土にも触れられていた。御牧ヶ原の地（望月町北御牧）は、平安時代に勅旨牧－望月牧がおかれた地にあたり、成立の上限は9世紀以前、後に左馬寮の荘園となった地域である。国分寺の創建期の瓦窯跡の存在探索と平安時代における須恵器の編年資料を得ること、加えて望月牧における須恵器窯のあり方を考えることを目的として、1962〜63年にかけて北御牧の下之城と中八重原で発掘を実施した。その結果、北御牧で2基、中八重原で2基の窯跡を調査することが出来た。八重原の1基は瓦窯跡、ほかの3基は須恵器窯跡であった。北御牧窯跡は2基ともに火山灰層を掘り下げて築窯されていた。御牧ヶ原台地の火山灰は、浅間山の噴火によって堆積された可能性があり、『日本書紀』天武天皇14年（685）における噴火に際して堆積されたと考えられた（山口鎌次博士教示）。中八重原の窯跡の場合も同然であった。御牧ヶ原における須恵器窯跡の発掘は、千曲川流域における平安時代の須恵器編年資料として活用されることになった（『長野県史』考古資料編、1982）。

　以上のほか、1964年に上野国分寺造瓦の金山瓦窯跡2基（群馬・藤岡、『上野・金山瓦窯跡』1966）、上野・須恵器の編年資料として上小友窯跡1基（群馬・桐生、「上野・上小友窯跡」1868）、下野薬師寺瓦窯跡の確認発掘（栃木・小山）、1965年に備後の古墳時代須恵器窯跡1基（広島・世羅）、1968〜73年にかけて北限の須恵器窯跡〈前田野目・持子沢〉4基（青森・五所河原、『津軽・前田野目窯跡』1968）、1972・76年に北九州における須恵器編年の研究上に重要な位置を占める牛頸窯跡群の平田窯跡4基（福岡・大野城、『筑前・平田窯跡』1974ほか）、小田浦窯跡4基、（『牛頸小田浦窯跡群』1993）の発掘調査を実施し、それぞれ相応の結果を得ることが出来た。

　海外の発掘として、ネパールで釈迦（Gautama Buddha、B. C463〜383、中村元説）の故郷Kapilavastuの発掘調査（1967〜77）を実施した。それは1966年12月〜67年1月にかけて中村瑞隆教授に随伴してネパールにおける釈迦関係の遺跡（生誕の地Lumbiniと出家故城推定地Tilaura-kotなど）を踏査したのが発端であった。目的は、タライ（Tarai）のKapilavastu（釈迦族の故地）におけ

る城跡の現状調査であった。釈迦出家の故城「カピラ城跡」の比定遺跡については、19世紀末から20世紀初頭にかけて調査が実施され検討されたが、ネパールのTilaura-kotか、インドのPiprāhwāか、諸説が提出され確定していなかった。

　釈尊の四大仏跡（生誕の地Lumbini、開悟の地Bodhgaya、初転法輪の地Sarnath、入滅の地Kushinagara）は定まっていたが、出家の故城（カピラ城跡）については諸説があり、仏教界の懸案事項の一つであった。

　仏教考古学の分野に関心をもっていた私にとって釈迦の故郷の遺跡の現状は頗る興味があった。それにしてもカピラ城跡の有力比定地であったTilaura-kotの調査など夢想だにしていなかったが、踏査の結果、発掘が実現したのはまさに喫驚であった。経緯、事情はともかくKapilavastuの考古学的調査に参画する僥倖を得ることになった。そして、1901年にP. C. Mukhrjiが「カピラ城跡」に比定したネパール・タライのTilaura-kotの発掘調査が実現した。遺跡全域の実測図の作成から着手し、東西約450m南北約500mの壁（土塁・煉瓦）に囲まれ、内部に8遺丘と2貯水池が存在していることが改めて判明した。そして北壁には1962年にインド考古局のD. Mitraが発掘した南北トレンチ（32m×3m）の痕が見出された。最下層（8A・8B）より北方黒色磨研土器が赤・灰色土器と伴出し「B. C. 3～2世紀を上限とする時代」が報告されていた。

　釈迦時代の遺構は、内部の8遺丘の発掘により確認されるかどうか期待された。どの遺丘を発掘するか、その判断を求められた私は、中央部の貯水池痕に接した面積の大きな低い遺丘（第7号丘）を選定した。低い遺丘を選んだのは建物の経年重複の頻度の度合いを考慮したのである。

　しかし、本音は限られた日程内での発掘で相応の結果を得たいと考えたからである。対象とした第7号遺丘の発掘は、以降も継続し、Maurya（P・G・W、N・B・P出土）→Sunga→Kushanaの各時代にわたる土器が検出されたことにより、重複して発掘された建物跡の築造年代についても、おおよその年代観が把握された。さらに並行して行われた第2号遺丘の発掘は、Sunga→Kushanaの時代にわたる建物跡が検出された。「カピラ城跡」比定地Tilaura-kotの発掘は、B. C. 8～7世紀よりA. D. 1～2世紀にわたる土器の出土により、年代的に釈迦とそれ以降の時代の城塞跡と考えることが可能となった。報告書は『TILAURA KOT』Ⅰ・Ⅱ（1978・2000）として刊行したが、私として悔いを

残したのは諸般の事情により
出土土器群をHastinapura遺跡
（北インド）出土の土器（とくにⅢ
期及びⅣ期）と対比検討するこ
とが適わなかったことであった
（『釈迦の故郷を掘る』2015）。

角田文衞先生と
（（財）古代学協会理事会、1992年9月）

　釈迦生誕地Lumbiniの調査と
発掘報告書の刊行に参画する機
会もあった。Lumbiniは1896年
にA・FuhrerによってAśoka王石柱（B.C. 3世紀）が発見され、碑文により生誕
地として確定された。その遺跡上に建立されていたマヤ堂の解体に伴う調査
（1992〜95、全日本仏教会）によって「標石」（marker Stone）が発見され、1997年
に世界文化遺産に登録された。『Lumbini　*The Archaeological Survey Report* 1992
〜1995』（2005）は、その報告書である。釈迦（出家以前）の遺跡〈生誕地と生育
出家城〉の発掘調査に参画し、その報告書の編集と執筆を分担することが出来
た。1960年の後半から1970年代前半、そして1990年代の前半にかけての海外の
発掘調査は背伸びの体験であった。

　1990年代末から2000年の前半にかけて、近世大名墓所の修築・移築に伴う発
掘調査に参画した。池上本門寺（東京）の米沢藩上杉家、熊本藩細川家、鳥取
藩池田家の墓所移築調査は、上部施設と下部構造の発掘を計画的に実施し、結
果は詳細な2冊の報告書を刊行した。以降の、関連調査に際しての示例とし
た。上部施設（墓標・墓壇ほか）と下部構造（石室構造などの被葬者埋葬施設）の実
態把握は考古学的調査にとって不可欠であることを具体的に提示した。2007年
に着手した徳川将軍家裏方墓所（東京・寛永寺）、島原藩深溝松平忠雄墓所（愛
知・本光寺）、2009年の彦根藩井伊直弼墓所（東京・豪徳寺）、そして2018〜20年に
実施された赤穂藩浅野長矩・夫人墓所（東京・泉岳寺）の修築解体調査も考古学
的方法によって実施された。とくに徳川将軍家裏方墓所の全域解体・移築の調
査は、近世大名墓所の構築の実体が明瞭に把握された例としてきわめて重要で
あり、得難い体験であった。

考える

　大学の教員に就任するにあたり、石田茂作先生から「学生の教育が主で研究は従」と論されたこと、鎌田重雄先生の「大学教師７則」（前記）は、私なりに永く遵守してきた心算である。

　ただ、考古学における時代区分論の検討は、「歴史考古学」をめぐっての私なりの理解となり（『歴史考古学の視角と実践』1990ほか）。個々の小論となった（『歴史考古学研究』Ⅰ・Ⅱ、1969・82ほか）。また、「仏教考古学」は「仏教文化史」研究の方法でありその一道程との議論については私見を披瀝したこともあった（『仏教考古学の構想』2000、ほか）。

　他方、諸分野の考古学を考えるにあたり、機会を得て先学との座談・対談を通して親しく馨咳に接し、教示啓発を頂いてきた。麻生優・網干善教・石野博信・稲村坦元・岩崎卓也・江坂輝彌・大場磐雄・大塚初重・岡本勇・乙益重隆・木下良・倉田芳郎・小出義治・小林達雄・齋藤忠・櫻井清彦・鈴木公雄・滝口宏・千々和実・角田文衞・中川成夫・森郁夫・森浩一・八幡一郎・横山浩一・和島誠一など多数の先生方であった。（『日本考古学の潮流』1990、『先学に学ぶ日本考古学』2008ほか）。そして「中世考古学」「戦国考古学」「近世考古学」「近・現代考古学」「産業考古学」についての認識を深め、「古典考古学」「水来考古学」、さらに「観光考古学」について私なりに考え、意見を開陳したこともあった。

　1960年に古代窯跡群の調査視点として窯構造各部の名称統一・窯関係集落・工房のあり方・墳墓の地域的分布の把握を提言し、ついで窯構造の分類の必要性と分類私案に関する予察的見解を示したが、それを全国的な視野で総括する機会を失した。1980年代に入り中世備蓄銭に着目し、研究の必要性を提案した（編『出土渡来銭』1986）。従来とかく等閑視されてきた渡来銭の重要性と備蓄銭と称されてきた一括出土銭に対する検討の必要についての私見を披瀝したことがあったが、多角的に究明することなく問題提起に終わった。仏教考古学の分野では、各地の古代寺院跡の調査研究の傾向が、塔・金堂・講堂など伽藍の中心部に視点がおかれている状況より、仏法僧地の周辺部－俗地（仮称）の保存の必要性についての私見を提起したのは、1970年代の終わり頃であった。また、日本における埋経の起源、源流の地として中国説のほか朝鮮半島に注目す

べきことを半島出土の資料から考え、経塚の源流を半島をも視野に入るべきと
ことを提唱した。さらに、従来不分明であった仏足跡信仰の流伝について仏教
伝播地域のあり方を各地域で仏足石を調査して把握した。また、同じ頃、近世
の墓標の調査に際し、塔形（五輪塔・宝篋印塔など）と非塔形に大別し、非塔形
の形態分類についての試案を示すと共に墓標の一観面と多観面に留意し、墓標
の時代的推移とその意味について考える必要を指摘した。

「研究には先学の業績の理解」が不可欠、と教導されてきたこともあり、必然
的に「学史」の重要性を教壇上から説き、自らも研究テーマの一つとして実践
してきた（『太平洋戦争と考古学』1997、『考古耽読抄』2017ほか）。

編　む

　雑誌の編集に関係したのは『歴史考古』（1957～71）『歴史教育』（月刊、1953～
70、日本書院）に始まり、月刊『考古学ジャーナル』（1966年創刊、ニューサイエン
ス社）『季刊考古学』（1982年創刊、雄山閣）に及んだ。とくに後2誌は創刊にあた
り関与したので愛着がある。創刊以来、2誌が57・41年間にわたっての継続刊
行は、日本の考古学界の発展にとって微々たる存在であったにしても、読者・
出版者の好意と尽力の賜物と密かに感謝の念をもっている。

　レファレンス類の編集に参与する機会にも恵まれた。『日本考古学選集』（25
巻、1971～86、築地書館）の発案は芹澤長介先生で、江坂輝彌先生と私が加わり、
後に齋藤忠先生の参画を得ての編集であった。収録先学者の選定の決定、各巻
ごとの編集と解説担当について論議が重ねられた時々を回想しつつ、学史研究
の難事を知ることになった。『新版仏教考古学講座』（7巻、1975～97、雄山閣）は
石田茂作先生の監修でスムーズに運んだ。その間、旧版『佛教考古學講座』15巻、
1936・37、雄山閣）を4巻（墳墓・経塚、塔婆、仏法具（上・下）に新編集し、刊行した
（1970・71）。巻ごとにシンポジウムの「月報」を挿入した。櫻井清彦先生と共編
した『論争学説　日本考古学』（7巻、1986～89、雄山閣）は、ユニークな企画と
して評判を博したが、執筆諸氏の尽力の賜物で完成することが出来た。また、
森郁夫さんとの共編『日本歴史考古学を学ぶ』（3巻、1983～86、有斐閣）は、最
新の研究成果を収録、また、私が編集した『歴史考古学の問題点』（1990、近藤
出版社）はハンディな解説書として迎えられた。

　辞(事)典の編集も経験した。江坂・芹澤先生との共編『日本考古学小辞典』
(1983、改訂増補『新日本考古学辞典』2020、ニューサイエンス社)は版を重ねて刊行さ
れた。「新版仏教考古学講座」の完結に際して企画された『仏教考古学事典』
(2003、雄山閣)の刊行には20数年の歳月を要した。

　『日本歴史地図』原始・古代編、上・下、別巻(1982・83、柏書房)は、日本考
古地図を目指した企画であった。編集に参画したので、既刊の「日本歴史地
図」類を悉皆検討し、その結果、日本最初の歴史地図『沿革考證日本讀史地
圖』(河田羆・吉田東伍・高橋健自編、1897)の企画は高橋健自であることを知った
(『考古鶏肋抄』2011)。原始・古代編は、上巻(先土器(旧石器)時代、〜古墳／古代)
下巻(古墳／古代)別巻(考古遺跡遺物地名表)より構成され、B5判－地図950余
頁、地名表750頁の大冊となり価格も高く設定されたため個人向きではなかっ
たのは残念であった。

　文献目録として『日本考古学文献解題』Ⅰ・Ⅱ(1983・85ニューサイエンス社、
合冊増補【日本考古学文献ガイド】2010)を作成した。1889〜1944年間に刊行され
た97冊について解題した。なお、1945〜65年間の480余冊の解題も試みた(『転
換期の日本考古学』2021、雄山閣)。

　このほか、研究者の参考になるであろう『板碑の総合研究』(2巻、1983.柏書
房)、『礫石経の世界』(1984、立正大学)、『出土仏具の世界』(1999、立正大学)を
編んだ。

　雑誌の編集参画をはじめ、レファレンス類の編集に多くの時間が費やされ、
関連文献の博捜にはじまり、編集会議の資料作成、会議後の総括などに追われ
たが、しかしそれらの経験は、大学における任務の遂行にあたって有用であっ
た。

　以上、来し方80余年を回想してきたが、しみじみと諸師の高恩と有縁交誼の
皆様に感謝しつつ擱筆したいと思う。

　私の考古史は、古稀の時に『私の考古遍歴』『立正大生活半世紀』(2007)喜
寿に際して『考古遍歴鳴謝録』(2013)傘寿に『鳴謝の考古学－立正　釈尊　佛教
考古－』(2016)を纏めた。

(『季刊考古学』164　2023.7)

（4）私の高校考古

　東京・品川に所在する立正中学から高校、そして大学〜大学院に学んだ私は、卒業後、立正大学に勤務し、定年（2006）まで生活の基盤は立正大学学園にあった。1580（天正8）年に淵源し、1924（大正13）年立正大学（旧制）として発足した大学との所縁は、日蓮宗僧籍の父（元専門学校講師）の希望による進学であった。高校（1951〜'54）在学時に考古の魅力に取付かれ、以降、考古の路を歩むことになった。

　中学〜高校生の頃、島袋源七（『山原土俗』1929などを書いた民俗学者）に歴史を学んだことが切っ掛けとなって遺跡遺物に関心をもった。その頃、登呂（1947〜'50）岩宿（'49）吉胡貝塚（'51）などの発掘が新聞紙上に報じられ、考古学の入門書類が書店の店頭を賑わし、各地で高校のクラブ活動が活発化し（慶應義塾高校、都立国立高校、学習院高等部、長野・青稜高校、静岡・藤枝高校、三重・員弁高校、京都・平安高校など）、刺激されて『立正考古』（立正高校考古学部、'52）を創刊した。当時の座右書は、後藤守一（『私たちの考古学』先史・古墳時代 '47）甲野勇（「図解先史考古学入門」'47、『縄文土器のはなし』'53）吉田格（『東京近郊石器時代遺跡案内』'50、『石器時代の文化』'52）齋藤忠（『考古学の研究法』'50）小林行雄（『日本考古学概説』'51）などであったが、一方『貝塚』紙の発行を待望んでいた。吉田地名表などにより東京・神奈川・埼玉の遺跡行脚をし遺物を採集した。

　'52年から鶴見川中流域の踏査を繰り返し、高津眞亮の教示と『貝塚』情報（28. '50.10）により遺跡分布図を作成（『立正考古』6. '53.12）、中学校の工事により破壊進行中の古墳時代集落跡を発掘（'53.4.岡本勇の指導『立正考古』5. '53.6など）した。この発掘で初めて平板を用いて竪穴住居跡を実測した。

　'53年に高校に隣接する縄文時代前期の居木橋貝塚を発掘（'53.8）、諸磯期の竪穴住居跡を完掘した。貝塚発掘に際し酒詰伸男の著書（『貝塚のはなし』'48、『先史発掘入門』'51）で学び、水糸による住居跡の実測を試みた。出土遺物は、縄文時代早期末〜後期中葉の土器（完形品2点ほか多数の土器片）石器と骨角器であったが、中仕切りの有脚土器とクジラ骨の棒状骨器があり八幡一郎（東京国立博物館）に鑑定を求め、土器型式は江坂輝彌（慶應義塾大学）の指導を得て整理を進めた。また、千鳥窪貝塚（東京）、加瀬第3号墳（神奈川）長熊廃寺跡（千葉）などの発掘に参加して具に学んだ。一方、遺跡の分布調査を試みて地名表

を作成（『立正考古』別冊、'54.10）した。そして、'53年に日本考古学会に入会した。『考古學雑誌』の寄贈図書欄に『立正考古』が掲載され、各地の高校考古学クラブと交流することが出来たのは望外であった。当時、高校の考古学の活動は各地で活発であった。慶應義塾高校の分布調査（霞ヶ浦周辺ほか）と発掘（神奈川・下組東貝塚など、清水潤三・園　凌然指導）、学習院高等科史学部の発掘（千葉・誉田貝塚ほか。酒詰・岡田茂弘指導）、広島県府中高校地歴部の広島県古墳分布調査（豊　元国指導）などのほか九州各地の高校の考古学クラブの活動が話題となり、成果は学校祭で展示されると共に部・会報に掲載された。その頃、各地の情報は『貝塚』「学界點描」に報告されていたが、高校の活動（'50－都立葛飾十一高校地歴部、福島県相馬高校郷土研究部）についても紹介されることが多かった。しかし、文化財保護法の公布（'50.5.30成立、8.29施行）以降、高校主体の遺跡発掘は制限されていった。

　居木橋貝塚の発掘（前出・'53）の後、大学進学を目前に難解放置していた濱田耕作『通論考古學』（'22初版、'47改装初版－'52.12.30購入）を齋藤の『考古学の研究法』（前出）を片手に繙読した。そして濱田の「考古學とは何ぞや」に感興した。「考古を学ぼう」と決意し大学（事情により立正大学）に進学したが紆余曲折、独学に近かったが懇切な多くの先生と知友に恵まれ、憧憬の外国の発掘（ネパール・ルンビニーほか）にも参画することが出来た。

　夢想の考古路の果報は、高校考古が端緒であった。

（『考古学ジャーナル』763　2023.6）

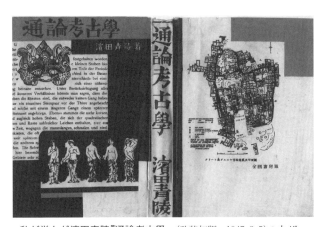

私が学んだ濱田青陵『通論考古學』（改装初版　1947.8.5）のカバー

古典礼賛
浜田耕作『通論考古学』
学問としての考古学を考えさせられる必読書

　　いま、日本で考古学は最も脚光を浴び、進んでいる学問だという。新聞、テレビに連日登場し、沢山の著作物が書店を飾る。このような現象をみるとき、確かに半面はそうだろうと頷く。しかし、あとの半面は本当だろうかと考えてしまう。こんなとき、いつも手にするのが七十余年まえに書かれたこの本である。

　　はじめて読んだのは高校３年のときだった。大学受験を控え、考古学に進むか、地理学に進むか、悩んでいたころ、この本を手にして目標が定まった。序論の「考古学とは何ぞや」に魅せられたのである。その格調高い文章、考古学についての明快な宣言。そして、考古学を勉強するために文学部史学科を選んだ。

　爾来、この本はみえかくれに身辺にある。考古学は史学の補助学といわれて繙き、研究の視点を確認するために繙読する。

　考古学について必要最低限の知識を簡潔に纏めたこの本は、まさに日本考古学の古典。「調査」の説明は流石に古くなったが、そのほかは熟読玩味に値する。

　「考古学を勉強する者には必読の本」と学生諸君に紹介しながら、さて、考古学者の道徳的義務については何と書いてあったかと考えこむ。

　たしかに日本の考古学の資料は爆発的に増えている。だが、日本の考古学は学問として進んでいるのか。この本のもつ意味は重い。

（『読売新聞』1996.5.19）

初版（1922.7.15）中扉

改装8版（1929.3.10）ケース

（5）「考古ボーイ」の頃

　元号が大正から昭和と改まった昭和２（1927）年は、岩波文庫が創刊、巷間にモボ・モガの語が流行した。モボはモダンボーイ、モガはモダンガールの通称である。それを捩って「考古ボーイ」が登場した。東の江坂輝彌・芹澤長介・吉田　格、西の坪井清足・岡崎　敬の面面と乙益重隆など國學院グループである。渾名の名付け親は一説によれば杉原荘介という。「考古ボーイ」達は、後に日本の考古学界を席巻する活躍をしたことは学史上に燦然としている。

　元祖「考古ボーイ」に潜んで太平洋戦争の終結後に考古学界に羽ばたいた昭和前半（1927〜40年頃）生れの「第２次考古ボーイ」が育った。旧制中学校が改組され、中学校３年〜高校３年の新制度となった前後、全国各地で考古学ブームが公然と生起したが、文化財保護法が公布（1950.8.29）され高校クラブの発掘は下火となり衰退した。「第２次考古ボーイ」の多くは大学に進学していった。恰も明治大学に私立大学として初めての考古学専攻講座が開設された（1950年４月）。大学の考古学と言えば、伝統ある京都大学・東京大学であり、帝国大学の時代は中国大陸と朝鮮半島における遺跡の発掘調査と研究が主であった。日本の考古学は主流ではなかった。そこに私立の明治大学が日本考古学を掲げて登場、登呂・岩宿さらに夏島貝塚の発掘をはじめ目覚ましい活躍を続けることになった。負けじと私立大学考古学の雄・國學院大学も続き、日本の考古学は私立大学の時代となり、全国から志望者が各大学に応募するようになった。

　その頃の、立正大学は、昭和前半に考古学会を組織し(1932)、機関誌『銅鐸』を刊行した意気は見られず、専任教員の不在もあって、伝統こそあれ停滞状態であった。「考古ボーイ」の一人吉田　格、そして河口貞徳（鹿児島）藤田定市（福島）薗田芳雄（群馬）など全国各地で業績を挙げ考古学界に雄飛していた立正の卒業生の学舎は忘却され、僅かに非常勤の久保常晴（東京女子高校）が石田茂作（東京国立博物館）の指導のもとに孤塁を墨守していたに過ぎなかった。大学進学を間近かに明大の考古学陳列館を見学した私は、杉原から「立正か、むかし久保君がいたね」との言葉を耳にした。中学時代から常に小脇にかかえていた斉藤忠『考古学の研究法』（1950.1）―考古学関係著書目録―に久保の著作は一冊もなかった。しかし、杉原の一言は、立正大の考古学の伝統を知る

ことになった。

　「第２次考古ボーイ」の端しくれの高校生の頃、鶴見川（神奈川）流域をフィールドとし、東京・神奈川・埼玉に地名表（吉田　格編と東大人類学教室編）を手に遺跡を徘徊して土器・石器を採集する一方、居木橋貝塚（東京・品川）を発掘（久保の指導）し、千鳥窪貝塚（東京・大田）・加瀬第３号墳（神奈川・川崎）・長熊廃寺跡（千葉佐倉）などの発掘に参加した。立正高校考古学部の雑誌『立正考古』を創刊し（1952.7）、日本考古学会に入会、神田の古書店街を歩いて考古学の文献を漁る日日が続いた。

　事情により立正大学史学科に入学、考古学を学ぶ心算が（1953）、週１コマのみの考古学の授業、名のみの担当教員１名に失望し、高校以来教えを受けていた江坂研究室（慶應義塾大学）詣でと、国会図書館（その頃は上野公園内）に籠った。立正大史学科の研究室には考古学書の架蔵なく、図書館に東亜考古学の浩瀚な報告書と唯一揃っていた『考古学雑誌』を紐解くのが立正での日課であった。そこで、勢い日本考古学会・東京考古学会（明大）・國學院大学考古学会などの例会に足を向け、紹介を得て東大理学部人類学教室の図書室を利用させて頂いての独学（？）であった。

　他大学は専任の教員が居て、概説・演習（方法論・学史など）・特講・実習が開設されているのが羨ましかった。卒業論文の文献調査には東大人類・慶應義塾大考古でお世話になった。

　現在の立正大考古と図書館の考古学関係の文献の充実は他の大学と比肩しても充実している。開設授業のコマも多く、専任教員も複数配置されているので直接の指導を受けることが出来る。何と恵まれていることか、と羨望している。

　かつての「第２次考古ボーイ」の大学在学時の感慨である。

（『立正考古通信』40　2022.11）

（6）職業としての考古学

　1958年３月、立正大学文学部史学科を卒業し、家職を継ぐか、教職の途を選ぶか心事考えた。中学〜高校の頃、そして大学入学後も独善的に学んできた考古学に憧れがあった。個人的に教えを受けてきた考古学の先生は、考古学を続けるのなら大学院に進学すべきだと諭して下さったが、その頃の立正大には考

古学を専攻する課程は無く、国史学専攻であった。当時、私淑していた鎌田重雄先生（東洋史の非常勤講師）から煩悶していた私のことを聞いた有高巖先生（史学科主任教授）は、史学科の副手（無給、但し日本育英会の給費生に推薦しよう）に任命するから大学院に進み「石田茂作先生に師事すること」、と提言してくださった。大学院の国史学専攻に在席しながら、品川区立大崎中学校・日本音楽学校の講師を勤めながら修士課程を修了した。ただ、修士論文は、史学科の教務（副手の勤め）、非常勤講師に追われ、大学の卒業論文を改題したとんだものだったが、主査（伊木寿一教授）の目溢しもあってパスした。

　修士課程を終える頃、また有高先生に呼ばれた。「４月から有給の助手に任じる」ので、以降、「必ず石田先生の指導を受けること」と申し渡された。重ねてのご高配に感激したが、給料は僅か（当時の国立大学の助手給与の半分弱）、そのためもあって都立新宿高校の非常勤講師を兼務することになった。助手にして頂いたが生活は覚束無い。矢張り家職と二本立てか、と考えたが、石田先生の一言「わしは立正で20年以上教壇に立ってきたが、皆、卒業すると考古学を辞める。教師をしながら続けているのは久保常晴君のみ」。そこで教職に進もう、と決心することになった。しかし、助手の任用は２年、再任も可能だが確実ではない。高校の教師を目指して『世界歴史事典』（史料編とも全冊、平凡社刊）など座右の文献を揃えることに尽力した。その頃、考古学で生活をしていくには、博物館（国立３館、私立若干）か大学（考古学専攻は国立大・私立大ともに２～３校）であったが、それは不可能であった。

　1963年の春、またまた有高先生より「４月から史学科の専任講師にする。給与は低いが助手よりいいだろう」とお話し頂いた。助手３年目、あと１年で失職の直前であった。フィヒテの『学者の使命／学者の本質』やマックス・ウェーバーの『職業としての学問』などを読んで思案にふけったのもこの頃であったことを思い出している。"考古学で生活は無理"との両親の忠言を耳に教職生活一本で進むことにしたが、立正大学の給料は僅か（他の私立大学教員の平均給料の半分）、これにはマイッタが、どうにか不惑近くまで糊口をしのいだ。まあー、ほかの大学より低いものの生活の目途がついたのは助教授に任じられた頃であった。

　八十路をほそぼそと辿っている現在、広義（埋蔵文化財関係）の考古学の世界は、まさに今昔の感がある。大学・大学院の頃、都内の大学生・院生は挙って

"考古学で生活は無理"と教師を主に他の仕事に就くのが普通であった。私の助手は「ラッキー」（国立大学考古学担当教授）と肩を叩かれたことを思い出す。

　いま、日本考古学協会の会員（4,091）中、大学・研究機関所属12〜13％、博物館・資料館所属10％に対して自治体（文化財行政・埋蔵文化財調査関係など）の所属は60％に近い。一方、文化庁の資料によれば正規・有期の関係職員数は6,000人弱である。"考古学で生計を立てる"ことは夢想ではなくなった。しかし、大学で考古学を専攻し、卒業の後、専攻分野に進む人が少なくなったと伝聞している。かつての「考古ボーイ」の減少であろうか。はたまた、大学の考古学に嫌気がさして将来の進路を忌諱するのか。以前、考古学の世界を目指し、教師稼業に精を出して任務を果たしながら、考古の途を歩んできた一人として感慨無量である。

　考古学の世界では、いま、埋蔵文化財（遺跡）の発掘調査が公のみでなく、民間においても調査組織が参画するようになった。かかる傾向は今後とも進展が期待されている。それは「職業として考古学」が、自治体職員の数的拡大ともども醸成されていることを示している。考古の諸分野に立正考古の若人が輩出することを願っている。

（『立正考古通信』30　2017.12）

（7）「宗教考古学」彷徨録

　1960年代の中頃、「宗教考古学会」結成の動きがあった。1966年（昭和41）1月21日に開催された日本歴史考古学会の1月例会（於國學院大學）後の新年会の開会に際し、例会講演を担当した大場磐雄から「宗教考古学会」を結成することになった、と挨拶があった。大場の構想は、会長（石田茂作）副会長（大場磐雄・久保常晴）、事務所は大場研究室、例会・総会の開催、機関誌の発行であった。

　その頃、日本歴史考古学会は、例会場を國學院大學・早稲田大学・立正大学と回り持ちであったが、毎年1月は國大で大場が干支に絡んだテーマを講じることになっていた。1966年（昭和41）は丙午で「上代馬形考」が演題であった。「跳ねる」意があったらしい。

　しかし、その構想は具体化することなく、何時か消えた。日本歴史考古学会[1]

は、歴史考古学研究会（内藤政恒会長）が発展的に名称が変更された会で、運営
の主体は、仏教考古学と神道考古学の研究者であり、発会以来、例会の発表
は、仏教と神道関係の考古学に関係する演題が常態であった。勢い散会後の懇
親会の話題も仏教と神道に集中していたが、1965年（昭和40）に立正大学で開
催された例会（6回）後の懇親会で、日本オリエント学会が創立10周年記念事
業としてパレスチナのテル・ゼロールに発掘調査隊を派遣されたことが紹介さ
れ、日本人による聖書考古学の分野の発掘が着手されたことが注目された。

　仏教・神道のほか、キリスト教関係（聖書考古学）の調査研究の動向も注目す
ることが必要との論議が高揚したこともあり、「宗教の考古学」について広範
に考える気運が醸成されつつあった。歴史考古の分野で日本のキリスト教（キ
リシタン）について考える必要があろう、との意見交換がされていたのである。

　このような学的環境のなかでの見聞は、私にとって「宗教」そして「宗教の
考古学」に関心をもつようになっていった。仏教分野のみでなく宗教全般につ
いて考える切っ掛けとなったのは、「宗教考古学会」構想であった。

　宗教の考古学に関する文献を渉猟し、辿り着いたのが、宇野圓空の『宗教民
族学』(1929)『宗教學』(1931) であり、J, Fineganの*The Archaeology of World
Religions, Princeton:Princeton University Press,* (1952) であった。宇野の「創唱
的宗教」の指摘は刺激的であり、J, Fineganの諸宗教の分類「原始・ゾロアス
ター教、ヒンズー教、ジャイナ教、仏教、儒教、道教、神道、回教、シャーク
教」キリスト教は魅力的であった。

　宇野の見解は、岸本英夫『宗教学』(1961) による"自然宗教と創唱宗教の二
類型"で改めて認識を深め、さらに「宗教文化財」（宗教材）の指摘を学ぶこと
になった。岸本の世界宗教観は『世界の宗教』（編・1965）で学んだ。（先史・
未開、古代、ユダヤ教の宗教、回教〈イスラム〉インド人の宗教、仏教、中国
人の宗教、日本人の宗教）。

　このように宗教について小口偉一『宗教社会学』(1955) 小口・堀一郎監修
『宗教学辞典』(1973)、後に、弘文堂『日本宗教事典』(1973) ほかを常に参照し
ながら学んだ。

　とくに、乙益重隆・網干善教・坂詰秀一「座談会・宗教考古学のイメージを
語る」（『季刊考古学』2、1983）は、「宗教考古学の意味、宗教考古学の内容、神
道考古学と仏教考古学、民俗宗教、キリスト教考古学、宗教考古学の展望」

を話題とした有用な場であった。また、「特集・宗教を考古学する」(『季刊考古学』59、1997)で概括した「考古学と信仰」は、「宗教遺跡17の謎」(『歴史読本』臨時増刊、1977.9)の前半で記述した総論的内容ともども、それぞれの時点において宗教関係の考古学についての私見の概要を披瀝したものであった。

　個別的な宗教・信仰についての私見については、『歴史と宗教の考古学』⁽²⁾(2000)に収録した神道・仏教分野の小論、仏教については『仏教の考古学』上・下(2021)所収の小論、祭祀遺跡の調査（天南廟山・荘台・箱根駒ヶ岳山頂・浮島）についての報告(『歴史考古学の構想と展開』1979)、キリシタン考古学についての小論(『歴史考古学の視角と実践』1996)を書いてきた。

　神道関係については、海辺の砂丘の方形土坑から、口縁部・底部が故意に打ち欠かれた古墳時代中期の土器（壺・小型丸底坩・高坏など）と共に球形穿孔土錘、尖根型鉄鏃、滑石製模造品（有孔円板・剣型品・小型勾玉）が出土した浮島遺跡（茨城・桜川）。舌状に突出した洪積台地の限られた範囲から手捏の粗造土器（怨・壺・甕・高坏）と舟形土器製品が出土した天南廟山遺跡（千葉・佐倉）の発掘調査が記憶に鮮明である。浮島は、海辺の祭祀、天南廟山は、洪積台地突出部から古墳時代後期の天手抉を主体とし祭祀遺跡であった。また、明瞭な遺構を検出することが出来なかった荘台遺跡（千葉・君津）よりは滑石製剣型品と有孔円板と小型玉の出土を確認した。荘台は平坦な丘陵上の遺跡であった。古墳時代中・後期の祭祀遺跡の発掘は、神道考古学の研究を視野に入れていたこともあり、類例遺跡についての知見を学ぶことになった。天南廟山の発掘に際して現場を視察された大場磐雄と亀井正道の教示は有用であった。箱根の駒ヶ岳山頂遺跡の磐座群周囲の発掘に際しても登頂して教示を頂いた。駒ヶ岳の噴火口に接して存在する五個の安山岩巨石の周囲から近世かわらけと古銭（宋銭・寛永通宝）そして鉄釘片が出土し、磐座に接して一宇の存在が考えられた。『新編相模風土記稿』に見える馬降石・馬乗石の名称由来ともども注目され、灯明皿の出土は、駒形権現の存在を物語っていた。山の祭祀遺跡（修験道遺跡）を発掘した例である。かかる体験は、神道考古学について小論を執筆することになった(『歴史と宗教の考古学』)。

　日本のキリシタン考古学については、1970～80年代に永松実・小林昭彦の東導・教導を得て長崎・大分両県下の関係遺跡と博物館を見学した。学生の頃、竹内直良からキリスト教の歴史を学んだこと、日本における聖書考古学

の研究について関心を以て関係文献を渉猟したことを思い出しながらの見学であった。日本のキリスト教（キリシタン）についての論文を執筆したこともあり（『歴史考古学の視角と実践』前出所収、『考古学ジャーナル』600、2010）関連して、かつて江上波夫が発掘した内蒙古のオロン・スム（東アジア最古の景教教会跡、1935など）についての関心をもったのも、キリスト教考古学について注目していたからである。

　道教・儒教の考古学的遺跡の有り様についての情報と文献についても注意してきた。日本の道観、八角形建物に関しての知見は、中国の見学行に際しても注目することになり、日本の道教関係の遺跡と遺物の出土について人並に着目するようになったことを思い出している。道教についての酒井忠夫の教示も忘れられない。儒教に関して天武・持統期の儀礼遺構の検出は、ともかく、近世大名家の葬墓制にみられる儒葬祭儀礼、儒教と仏教との習合の事例など、今後の儒の考古学は注目される。近頃の松原典明の主張は、修験道の考古学とともに考古学の分野における発展が期待される。

　このように「宗教の考古学」について彷徨を回想して来ると、考古学の研究者には三つの型があることが察せられる。（一）は、考古学にとって王道―研究対象の遺跡を発掘調査し研究を進める型。（二）は、対象とする遺跡・遺構・遺物を自ら観察し研究する型。（三）は、文献（報告書）により机上で考える型、である。私は（一）を希望しながら対象資料を限定しなかったこと、（二）は欲張って種々の分野を考えてきたこと、（三）は（一）（二）に関係する僅かの文献で考えてきたことから全て中途半端だったこと、を改めて反省している。蓋し能力の限界であり「宗教の考古学」の周辺を彷徨したのみであった。

（註１）「宗教考古学」については、塩野博「昭和41年の日本考古学界」（『歴史教育』15-3、1962.3）に「大場磐雄・久保常晴両氏を中心として宗教考古学会の発会準備となされた」と紹介された。
（註２）縄文時代の信仰については、「縄文時代の信仰」（『歴史教育』9-3、1961）、縄文時代の石信仰については、「縄文時代配石遺構管見」（『考古学ジャーナル』170、1979)、縄文時代の葬制の一端については「日本石器時代墳墓の類型的研究」（『日本考古学研究』1961）、古墳時代の墓造営については「古

149

代人の死後感」（『大法輪』47-10、1980）などで触れたことがある。

（註3）道教については、酒井忠夫ほか『道教』1・2（1983）、福永光司ほか『日本の道教遺跡』（1987）などで学んできたが、所詮は手が届かなかった。

（註4）近世大名家の葬墓制にみられる儒葬祭儀礼、儒教と仏教との習合について松原典明は、「近世大名墓から読み解く祖先祭祀」（『宗教と儀礼の東アジア』勉誠出版、2017）で、近世大名家の墓所造営において、遺骸は、儒教的祭祀儀礼で治められ、墓の上部に仏教的な塔が造立される点に着目し、祖先祭祀実践上で儒教と仏教が習合していることを指摘した。

（註5）宗教考古学を目指すには、目標とする宗教についての理解が不可欠である。万般に及ぶのは無理。対象とする個別宗教について充分な理解を果たすことが肝要であろう。私は「仏教考古学」に僅かの知見を求めたのが精一杯であった。

宗教の考古学は、広く浅くより、狭く深く、が理想であったと考えている。

（『石造文化財』15・16合併　2024.1）

コラム6

石造文化財調査研究所

　石造文化財調査研究所（代表・松原典明）の前身は、「仏教石造文化財研究所」（2001発足）、2011年に「仏教」を外し「調査」を加えて現在の研究所として活動が開始された。発足の当初、池上・本門寺境内の近世大名家墓所の移築調査を実施していたが、次第に全国の調査研究を対象とし、東京に本部、地方に5支部（東海・近畿・中国・四国・九州）を設置し機関誌『石造文化財』を刊行している。

　近世大名墓所の調査を実施し、研究報告書の出版に加え、「近世大名墓の新視点」シリーズを編集刊行（雄山閣刊）している、ユニークな研究所である。

　石造文化財を考古学の視点と方法で調査を実施し、着々と成果を挙げている。

（8）頽齢渇望録

　2023年1月、八十路に入りななの歳月を重ねた。恩師の石田茂作先生（83歳）久保常晴先生（71歳）より齢を重ねたが、齋藤　忠先生（105歳）角田文衛先生（95歳）には及ばない。月1回の慣例通院の担当医から「加齢ですから・・」と宣言されるようになって久しい。

　そんな時、帰宅して机に向かうと、恩師のこと、お世話頂いてきた多くの人士、半世紀にわたり勤めてきた立正大学－とくに立正考古をめぐる多くの人達のことが頻りに回想される。大学で共に学んだ多くの卒業生（なかには故人となった人も）の面影が去来する。

　立正大学の考古学は、原田淑人先生（考古学－1924年）、石田茂作先生（仏教文化史・仏教考古学－1924～'74年）により開始進展され、継承の久保常晴先生（考古学－1947～'77年）によって仏教考古学分野に特色を有する学風が形成された。後、縁あって3代目の考古学担当教員に任用された私は、50余年にわたり勤め上げてきた。今となっては誠に心許無い仕儀もあったが、相応の悔悟反省に多く苛まれることが多い。

　私なりに愁眉の事柄、それは、私が充分になし得なかった反省を込めながらの綴りで、後に続く俊秀により発展させて頂きたいと願っていることが多いからである。

　大学院在学中から助手の頃、多くの大学で学ぶ人達を羨望していた。その一は、開設講義（方法論・学史、演習、実習）であった。講義の内容を話して貰う程にその念が強かった。その二は、指導の教員から多くの出版物（講座・辞事典・雑誌掲載論文ほか）に執筆を指示され、依頼されていることであった。この二つの事は、研究会の終了後に集う会の時、諸大学の若手教員・大学院生から、依頼された原稿の執筆に際しての、意見交換を混じえたディスカッションの時には、独り聴き役であった。将来、万一それらの出版物に係ることがあれば、立正大の若い人達に執筆を依頼することが出来ればと考えてきた。また、講義の開設に力を尽くしたいとの願望をもった。この点については、不十分乍ら目的を果すことが出来た。自身編集の辞（事）典項目などの分担執筆、雑誌論文の依頼などである。立正大出身者がどうしてと訝しがられたが、「適材適所」と応じるのが常であったことを思い出す。

　諸大学の博物館、博物館相当施設の見学に際して、立正大に博物館の無い引け目を感じていた。後に、吉田格コレクション・眞鍋コレクションに加えて久保先生の樺太資料、さらに同窓と共に発掘してきた古代窯跡出土資料などが核になった立正大学博物館を開設することが出来た。特色ある資料をもとに、その研究を通して、さらに新資料を加えての発展が期待されたのである。考古学に特化することなく総合博物館を目指す、と大言壮語した開館であった。

　海外調査は、願望の一つであったが、仏教学部の中村瑞隆先生の決断と力量によって実現した。釈迦の故郷に関する城跡（カピラ城跡）の発掘である。よもや実現は不可能と誰しも思っていた発掘の実現であった。釈迦出家の故城の所在は不明であった。それに敢然として挑んだ中村先生により「立正大学百年の計」が実現した。そして発掘資料の一部は日ネ親善として立正大に寄贈され、博物館に陳列されている。この発掘にあたり久保先生が初代の団長となった。中村先生のご配慮であった。その後、関連して釈迦生誕の地ルンビニー遺跡も立正大学関係者によって発掘され、1997年に世界文化遺産に登録された。中村先生が立正考古に寄せられたご好意が実を結んだのである。

　近頃、求められるままに「来し方、八十路の考古回想」（『季刊考古学』164、2023.8）を綴った私は、考古プロパーの読者各位に改めて立正大考古の活動を紹介させて頂いた。私が若い頃に体験し、そのうち若干は進展させることが出来た、ことどもを？、より展開させて頂くことを願っている。後継の教員、そして立正大で考古学を学ぶ多くの人達に期待する頽齢者の渇望録のメモである。

（『立正考古通信』42　2023.10）

（9）節節の感慨

1　ポスト定年の日日

　2006（平成18）年4月1日は、48年間にわたり営々と励んできた立正大学行きから解放された日であった。講義はともかく教授会をはじめ大学院研究科委員会、学科会議など、専任教員に課せられたノルマとしての義務がなくなった。4月の入学式とガイダンス、3月の卒業式と研究科修了式、そして入学試験問題の作成と入学試験に関する業務がなくなったことに一入開放感を覚えた。また、管理職時代の一年を通じて忙殺された日々を想起すれば、まさに今昔の感がある。

　いま、改めて想えば、生来懈怠人間の私が、よくも盛んに沢山の仕事を不充分ながらもコナシてきたものである、とわれ乍ら感心するばかりである。それにしても多くの先輩の、同情ある理解のもとに万般にわたって協力を惜しまなかった沢山の教職員各位、さらに同窓の皆さんのお蔭と深く感謝しているこの頃である。

　一方、緊張感がただよった充実感のあった「演習」、楽しかった「実習」、準備に追われた「概説」など、一連の講義の日日、を懐旧するときは一抹の寂しさが去来することを禁じえない。もっとも講義は、本年も、大学院（「歴史考古学特講」）に出向しているので、さして淋しさはなく、週3日が1日になっただけであり、講義の前日は準備にアクセクしていることは変わらない。

　早くも4年の年月が流れ去った2004年4月1日、この日は、2つの博物館館長任命を受けた日である。1つは新設の立正大学博物館、2つは、品川区立品川歴史館である。立正大の方は、2006年3月定年によって辞任となったが、品川歴史館は本年も引き続き勤めている。品川歴史館は初代館長の児玉幸多先生の後任であり、発足当初から専門委員を拝命していた所以による。週一日（原則として木曜日）出勤しているので、以前とさして変わらない。親切な副館長と学芸員、そして職員の皆さんと和気あいあいと仕事に励んでいることもあって楽しい一日である。

　このように4月以降、立正大学と品川歴史館に各1日出勤しているので、定年を迎えた気持ちはさらさら起こらない毎日である。加えて府中市と国分寺市

の文化財関係の委員と遺跡調査会の団長を勤めていることもあって遺跡の発掘現場に足を向けることも多い。伊東市史編集委員長の仕事は、同窓の金子浩之さん（立正大学考古学の卒業生）が担当係長として活躍しているので、ときどき伊東市に出向く機会もあり、さらに、東京都水道局玉川上水保存管理計画策定委員会（座長代理）にも出席するなど、結構多忙な日日を過ごしている。そして、その合間を縫って歌舞伎座や宝生能楽堂に通うことも少なくない。

　他方、日常的には、書斎の修理（ついに床が抜けてしまった）とそれに伴う整理に追われている。40余年間、全く手を加えることなく山積みしてきた本は、自宅の書斎と近くの仕事場に満ちているのでその点検と整理が大仕事となって生活を圧迫している。整理を進めるごとに、なんと「イラナイ」資料類が多いことかと嘆息する。池上 悟教授から「どんなモノでもよいから捨てないで」と言われているが、処分しなければならないものがなんと多いことか。しかし、ゴミの山から重要な資料を見いだして欣喜雀躍することもある。若い頃にメモした「研究テーマ」や「執筆予定」、そして「編集会議資料」「各種審議会資料」のほか、全国の「遺跡パンフと絵葉書」など、よくもまあ一溜めこんだものと感心し呆れ返ることが多い。ただそのなかの収穫は、かつて立正考古の発掘調査を報じる各地の新聞スクラップが出現（？）したことである。このスクラップは、整理していずれ機会を得、記録としてまとめておきたいと考えている。さしずめ『立正大生活半世紀』（2006年3月刊）の続編として『新聞・写真で見る立正考古と半世紀』としてでも題する冊子を印刷しようか、とも夢想している。

　講義の準備のメモの類も結構ある。とくに仏教考古学の資料は多い。以前朝日カルチャー（新宿）で3ヶ月にわたって話しをした「歴史考古学」のメモも出てきた。こんなメモを活用して年来の『仏教考古学概論』をそろそろまとめたいと考えはじめている。さらに『太平洋戦争と考古学』（1997年4月刊）を核にした『日本考古学史を歩く』（仮）の執筆にも着手したい、と欲張った構想をたてている。

　ポスト定年の2006年度は、以上の次第で早くも残り僅かとなってしまった。2007年度も引き続き仕事と雑用に追われることになろうが、折角にあたえられた自分なりの自由時間を活用したいもの、と念願しているこの頃である。

（『立正考古通信』12　2007.1）

2　ポスト定年の考古学

　『立正考古通信』No. 12（2007. 1. 31）に「ポスト定年の日日」を書いた。定年後にどんな生活を送っているのかと、同窓の便り、を頂いたことに由縁している。その後、「喜寿」（No, 22、2013. 10. 15）「傘寿」（No. 26、2018. 12. 3）に際会しての感懐、毎年の「過日抄」メモを烏滸がましくも記載してきた。後日、これらの文に改めて眼を通す機会があるが、過ぎし日の時時が彷彿と去来するのを禁じえない。

　各地の同窓との懐旧の会合、同窓肝煎りの講演会の情況、考古関係の会で思いがけずに出会った同窓など、かつての大学時代の思い出が走馬灯のように浮かんでくる。

　私にとって『立正考古通信』は、ともに立正大学で学んだ同窓との紐帯として機能しているが、創刊号（1995. 2. 1）を発行するにあたって「同窓の近況を知ることは、学生時代にともに学んだ友へのたんなるノスタルジアだけでなく、現在そして未来に向けての人生観と研究の方向性を確立していくための情報交換として有用に作用すること」を願うと「創刊の辞」に認めたことを想起している。

　かかる目的は、池上悟会長に引き継がれ、旧にも増して装丁と編集の方針が端然とし、会員に配布されていることご同慶の至りである。求められるままに“近況”を綴ってきたが、執筆の都度、多くの同窓の近況を思い浮かべることが茶飯事となっている。なかでも生活環境の変容と研究成果の総括としての著作の発表は、大きな関心事である。埋蔵文化財・博物館行政など考古学と密接に関係してきた仕事が定年を迎えて、新たなる方向に転換されたのを機に心機一転して日頃の研鑽を纏められた著作の列行は、欣快そのものである。

　私の「ポスト定年の考古学」は、「八十路の考古学」（No. 28、2014. 11. 30）、毎年の「過日抄」に報告してきたが、近頃、多くの同窓がその便りを紐解きながら、この10年の間、如何に過してきたか、改めて回想する頼りである。

　定年の後、品川区立品川歴史館の館長を勤め乍ら週１日、大学に出掛け大学院に出講していたが、相応の講義を果たせなくなったこともあり４年後に退任した（2013. 3）。これで立正生活46年間にピリオドを打った（No. 16、2010. 7. 31）。やっと永年の責任から解放されたが、正直一抹の淋しさもあった。しかし、品

川歴史館の週1日の出勤は、それを紛らわしていたが、在任10年は永い、と自分なりに判断して9年目（2011.3）に辞任させて貰った。

　晴れて教育と館務の仕事から卒業し、晴耕雨読？の境地になった・・・。

　しかし、従前からの東京の市（国分寺・府中・東大和、その後、東大和のほかは重任）と区（品川）の文化財保護審議委員、公益財団法人（小原白梅育英基金・高梨学術奨励基金）と公益社団法人（日本文化財保護協会）の理事・評議員及び会長のほか、引き続き市史（伊東・府中）の編さん、遺跡調査会（国分寺・府中）と史跡調査（富士宮〈富士山史跡〉・幸田〈愛知・本光寺〉）などえの参画は、武蔵野文化協会の運営ともども、外出の機会が多い。

　執筆中の「文献解題」（昭和20〜30年代）の脱稿はあと一息、「ポスト太平洋戦争と考古学」（仮）は遅々として進捗しない。中途の「仏教考古学」「生病老死の考古学」の脱稿は、何時になることやら、と拒椀している。講演会などの準備に手間暇の必要な誘いは折角のご好意であるが失礼し、時間の必要な書評・紹介文の執筆はお許しを願っている。

　寧日の日日、同窓からの便りは楽しい。近況を知り、労作に眼を通し、過ぎし日のキャンパスに思いを馳せる一時は、まさに至福。とくにポスト定年の同窓の健勝と研究成果の総括を願っている近頃であるが、同時に現役バリバリの各地同窓の活躍ぶりを大いに期待し、日頃の研究成果を楽しみにしている。『立正考古通信』で「会費納入会員一覧」を見るたびに、卒業後も「立正の考古学」に遥か思いを寄せて下さる同窓がなんと多いことか。感謝の一言につきる。一堂に会して懐旧を語る機会は東京での総会であろうか、次は、会長の賀寿の祝いの席か、それまでは私なりに摂生していきたいと思っている。

（『立正考古通信』32　2018.12）

3 「喜寿」を迎えて

　2013（平成25）年1月26日、喜寿を迎えた。2006（平成18）年1月に古稀を迎え、3月11日に「古稀祝賀会」を開催して頂いた。そして3月31日に58年間にわたり学び勤務して通った立正大学を辞した。それから早くも7年を閲したことになる。若い頃、お世話になった諸先生の喜寿のお祝いの席に参じたことはあったが、まさか、自身が喜寿を迎えるなぞ思惟したこともなかった。

この7年間を想起するとき2011.3.11に東日本大震災に際会し、その夜、大学で一夜を過ごしたことが忘れられない（『立正考古通信』20）。他方、平成22年度「地域文化功労者表彰」（2010.11.9）、平成24年度春の叙勲「瑞宝中綬章」（2012.5.31）の拝領、立正大学として5回目の日本考古学協会第78回総会開催、が記憶に鮮明である。加えて「喜寿祝賀会」（2013.3.23）を開催して頂いたことを鳴謝しているし、また、立正大学蘊奥賞を頂いたこと（2007.3）、立正大学考古学フォーラム「近世大名家墓所調査の状況と課題」（2010.10.10）が開催されたことも印象に残っている。

　古稀から喜寿の間に発掘に関係した報告書の編さん刊行に関与したが、単著として①『日本考古学文献ガイド』（2010.4）、②『考古鶏肋抄』（2011.5）、③『歴史時代を掘る』（2013.5）、監修分担執筆として④『近世大名墓所要覧』（2010.10）、⑤『石造文化財への招待』（2011.6）、⑥『観光考古学』（2012.5）と、⑦『考古文化財（埋蔵関係）便覧』（2012年版、2013年度）が出版された。単著の①は『日本考古学文献解題』Ⅰ・Ⅱの増補版、②は『私の考古遍歴』の続編、③は『東京新聞』連載の歴史考古学関係ニュース（展望歴史考古学）を主に他に関係した遺跡についての私見を付加したものである。④は近年注目を受けている近世大名家墓所の調査の動向と参考資料、⑤は石造文化財の現地調査の参考書を意図したもの、⑥は、ここ数年間提唱してきた観光考古学の方法をめぐっての問題提起を目的として編集したものであった。以上、それぞれ私としては意を尽くしたものであるが、果たして参考になるや否や、読者の感想をお聞きしたいと思っている。

　近頃、野外調査として私なりに関心を懐いているのは、A・近世大名墓所、B・富士山の考古学と、従前からの武蔵古代国府と国分寺である。Aは、墓標などの上部施設の調査に主眼がおかれている現状に対し、下部構造の発掘調査こそ必要と、実際の発掘事例を中心に主張してきた。池上本門寺・上野寛永寺・世田谷豪徳寺・三河本光寺の発掘調査に参画してきた見聞による認識である。それぞれの報告書に私見を披瀝している。Bは世界文化遺産「富士山」の登録についての山梨・静岡で計画された遺跡の発掘と保存活用に関する考古学の参画である。富士山の世界遺産一覧表記載は、2013年6月26日付で実現した。報告書が刊行され、富士山の考古学的調査の方向性が定められた。発掘に臨み、出土品に触れ、文献史料を瞥見してきた一人として、今後の考古学的調

査の展開を願っている。Ｃは、40年近く参画してきた武蔵国分寺跡・武蔵国府跡と東山道武蔵路跡をめぐる調査であるが、とくに国分寺跡の発掘所見による私なりの新しい問題点の提起、武蔵国府の形成以前の国司館跡の発見による国府研究の展開について考える必要が浮上してきた。発掘による新知見は、今後とも古代武蔵の歴史的背景研究にとって不可欠であり、考古学の役割はますます重要になってくるであろう。このところＡ・Ｂ・Ｃに関する研究の成果を整理し、私見をまとめたいと思っている。

　武蔵野文化協会の会活動は熱心な理事の皆さんに囲まれ日頃の活動のほか『武蔵野』誌の特集号の企画、100号記念の企画に参画していることは楽しい。近く、武蔵野と富士山の特集が刊行される。

　こんな近況であるが、ネパール発掘の私なりの総括本の作成にも着手しているので、惚けを忌避すべく、濱田耕作・鳥居龍蔵・石田茂作・角田文衞など先覚の著作集を改めて播いている。

（『立正考古通信』22　2013.10）

4　八十路の考古学

　平成28(2016) 年２月６日、アルカディア市ヶ谷・私学会館で「傘寿祝賀会」を開催して頂いてから、早くも10ヶ月の歳月が流れた。端なくも傘寿を迎えることが出来た感懐は『立正考古通信』26 (2015.12.3) に記したが、その実感は２月６日に高揚した。

　無慮200人を超える同窓をはじめ、敬慕の諸師、敬愛して已まない人士など、多くの有縁の皆様のご厚情をひしひしと感じた一日であった。

　すでに、還暦・古稀・喜寿それぞれの節目に、また東京都功労者表彰 (1997.10)、立正大学学長就任 (1998.8)、地域文化功労者表彰 (2010.11)、瑞寶中授章叙勲 (2012.4) などに際して、身に余る懇切な祝宴を張って頂いたことは今生の幸甚の至りであった。はたしてそれに適う来歴であったかと、その都度、自省のもとに念慮したことを想起する。

　八十路を歩みはじめ、改めて先師の生前に思いふける近頃である。
石田茂作先生 (1894.11.20〜1977.8.1) は、80歳の誕生日を迎えられたとき『随筆二つの感謝』(1974.12) の結章で「人の一生は大きな自然の懐の中で育ま

れ、生かされ、働かされ、死なされるだけで、智者も愚者も、貧しき者も富む
ものも同じ仮り寝の夢の生涯である。願くばこの上も神仏の加護により臨終正
念にして憂いなく、仏の本願に乗じて極楽に往生せしめ給わらんことを」と結
ばれた。82歳。久保常晴先生（1907.3.23〜1978.12.27）は、『続佛教考古學研究』
（1977.3）の「私と考古学と研究室」の結びに「私の（仏教考古学）足跡（の）対
象は多くの人の忌む板碑・墓碑・骨蔵器・仏具など、学問的には空白の世界
で（あった）、こうした生き方もあるいは極楽への足がかりにでもなろうか」と
記された。73歳。齋藤忠先生（1908.8.28〜2013.7.2）は、百歳の生誕日に「既往
のながい自分史をかえりみつつ、とくに学界にあっての多岐な活動を思い、ま
た平らかに重ねる」、「今回の本（「著作選集」続1、2007.11）の外箱は、私自ら考
案したものであり、ひそかに今後のさらなる長寿を祈り、亀の文様を取り入れ
た」と記し、「さらに研究生活を続けながら、考古学の今後を見つめていきた
い」（東京新聞、2000.10.31）と心境を吐露された。104歳。角田文衞先生（1913.4.9
〜2008.5.14）は、「満89歳の春、日本において最高齢者の男性として心臓弁膜症
の手術をするか否か、医者も迷い、その選択を本人に求められた時、自らは、
生涯現役で人生を送りたい、不都合な躰を引きずってまで生きていたくない、
と迷うことなく決心された」と言う。辞世の歌「人類の世の末期を見ずに化野
の露と消ゆるは我が願いなり」（『角田文衞博士追悼録』2009、西井芳子氏）。95歳。

　先師の学芸を学び、菲才を自覚しながら八十路を迎えることが出来たのは、
偏に同窓各位の厚誼の賜物であった。その微意報告「私の考古遍歴」の第4冊
目として、目下、「考古耽読抄」の作成にあたっている。大学院在学中の1961
年から2015年の間に書き綴った論文評・書評・新刊紹介、230篇を収録した冊
子である。本冊によって私なりの考古読書歴の軌跡の報告とし、大学在任中に
「演習」で時時に触れた著作を改めて想起して下されば、と願っている。「私の
考古遍歴」の構想は5冊まで、ほかに2〜3冊は上梓したい、と思っているが
果たしてどうなるか。八十路を迎えての考古学は、未完の著作の完成を目標
に、先師の生涯を教範としながら消光していきたいと思慮している近頃であ
る。

（『立正考古通信』28　2016.11）

5 「傘寿」を迎える

いつしか、80回目の誕辰を余日に迎えるころとなった。世に言う「傘寿」の歳であるが、近頃は、行雲流水、時の流れに身を委ねている。3年ほど前の私のインタビュー記事「生病老死の旅路」（『読売新聞』2012.1.16）の見出しは「その時は仕方がない」、結尾は「なるようにしかならない」であり、それは「諦観ではなく意欲」（辻本芳孝記者）であろうと総括して下さった（『考古遍歴鳴謝録』2013、369頁）。光栄至極、もっと前向きに、との叱咤激励の言と勝手に推察させて頂いたことがある。

思い起こせば、石田茂作先生が「八十回誕生の日」に「人の人生は大きな自然の懐の中で育まれ、生かされ、働かされ、死なされるだけで、智者も愚者も、貧しき者も富むものも同じ仮り寝の夢の生涯」と淡々と述懐せられた（『随筆二つの感謝』1974）。80歳に間があった私はさして気にとめることなく、先生の心境と感じたことくらいであった。

ただ、その後、72歳で穢土を旅立たれた久保常晴先生が「私の学問の範囲」は「多くの人の忌む」墓塔などであったが、「極楽への足がかり」（『続仏教考古学研究』1977、383頁）と回顧されたことがあった。

篤信の仏教考古学者として令名を馳せた2人の恩師の足下にも及ばない私にとって、せめてもの引継ぎの仕事として『仏教考古学事典』(2003)、『板碑の総合研究』(1983)、『礫石経の世界』(1994)、『出土仏具の世界』(1999)、などを多くの同窓の協力で編んだ。また、『仏教考古学の構想』(2000)、などに仏教の考古学観を披瀝した。さらに、立正大学にとって稀有の調査事業となった釈尊の故郷の調査に参画した記録として『釈迦の故郷を掘る』(2015)をまとめた。

他方、歴史考古学の分野では、古代窯跡の発掘を全国的に実施する一方、東日本の須恵器の編年にも手を染めたこともあった。中世の一括出土銭問題の必要性を喚起し、近世の大名墓所の考古学的調査の重要性を提起してきたことも忘れられない。古代地域官衙・国分寺跡の発掘調査に参画し、中世やぐらの分布圏を検討、古典を考古学的視点で考える方法などについて関心を示した。

考古学の立場から地域史の編さん事業に関わり、箱根町（神奈川）、野沢温泉村（長野）、伊東市（静岡）史、東京の品川・台東両区、国分寺・日野・東大

和・府中の各市と川崎市の市史を分担してきた。

　かつて、鎌田重雄先生（日本大学教授・立正大学講師）は、大学の教師として必要不可欠のことを縷縷お教え下さった。１つは自分の書いた論文を単行書として刊行すること、２は専門分野の編著を編むこと、３は学生を決して差別しないこと、４は学内行政を厭わないこと、５は専任校以外の大学で専門分野の講義を担当する機会を進んでつくること。６は出版社の仕事（講座・雑誌などの編集）に積極的に参画すること、７は諸大学の人達と親しく交流し、研究室の相互訪問を行うこと、の「鎌田７則」であった。この７則は、森克己・平田俊春先生、そして小嶋鉦作先生も同感必修を説かれたことを思い出す。「鎌田７則」が果たして出来たかどうか、厳しく、優しかった先生の俤をしのんでいる此頃である。

　立正大学に学び、そして考古学を勉強してきた私は、それぞれの場でお会いし、お教えを受けてきた多くの先生方のお蔭で、どうにか現在にいたったことを実感している。同時に縁あって知己を得た同窓の人達、考古学の縁で親しく交誼して下さる同学の人達、文化財行政の仕事を通しての親交の人達など、往時も現在も、沢山の人達に支えられ、教えられての来た道であったことを回想している。

　いま、私は、これらの縁を想起しながら、２冊の本を書いている。１は『考古渉猟抄』、２は『鳴謝の考古人生』である。１は『考古鶏肋抄』の続編、２は恩師の思い出と私の歩みを綴った小冊子。80歳を迎える日までには完成させたいと尽力している。

（『立正考古通信』26　2015.12）

6　立正大学特別栄誉教授の感懐

　平成31（2019）年３月27日、齊藤昇（立正大学第33代）学長から「立正大学特別栄誉教授」の称号を授与された。「立正大学特別栄誉教授規定」（規定第289号）に基づく授与である。

　現に仏教学の渡邊寶陽先生が著作論文の執筆者紹介に立正大学特別栄誉教授と記されていることは承知してきたが、まさか、その授与が愚鈍菲才の老生の身に及ぶとは晴天の霹靂であった。

　大学在職中に特別栄誉教授の規定がなかったことにもよるが、なにしろその存在すら知らなかったからである。「称号授与式」の当日「規定」を一瞥して驚いた。「諮問委員会」から「全学協議会」の議を経て、と記されている。称号の該当者は、（1）ノーベル賞受賞者、文化勲章受章者、文化功労者、日本学士院賞受賞者、紫綬褒章受章者、（2）その他これらに準ずる賞または顕彰を受けた者で規定の目的に照らして相応しいもの、の2種とされている。当然ながら（2）項に準拠したもの、にあたるのであろう。したがって（2）項の検討のもとに全学協議会で決定されたのであろう。

　それにしても（2）項の片鱗に掠るのは、「東京都功労者表彰」（^{平成9年}₁₉₉₇・東京都知事）、「文化財保護表彰」（^{平成12年}₂₀₀₀・文部大臣）、「地域文化功労表彰」（^{平成22年}₂₀₁₀・文部科学大臣）と「瑞寶中綬章」（^{平成24年}₂₀₁₂・内閣総理大臣）であろうか、などと推考しているうちに式が開始された。

　学長・理事長，理事・評議員，幹部教職員の出席のもと，池上悟副学長の授与経過報告と紹介をこそばゆく聴き、齊藤学長の「称号記」授与、引き続き祝辞があり、そして望月兼雄理事長の祝辞と、まさに恐惶の一刻であった。

　「称号記」には、「学術研究」と「社会貢献に寄与」と記されていた。「研究」は汗顔モノで論外と認識しているが、「社会貢献」は、近頃も関係している各自治体の文化財保護審議会の委員、公益財・社団法人の理事、評議員、顧問、会長として参画、国指定史跡の保存活用検討委員会の委員に任じられていること、自治体史の編さんに関与していること、地域史活動のボランティアに参画していることなどを評価して下さった所以であろうか、と私かに類推したのである。

　「特別栄誉教授」の称号は、「立正大学名誉教授として‥本学の評価を高め」と記載されている。「名誉教授の称号」は定年の年（^{平成18年}₂₀₀₆）に贈られたので、すでに14年を経ている。その間、果してそれに値する仕事をしてきたのかと忸怩の心境である。

　仏教の大学として、釈迦出家の故城カピラ城跡の探究に精を出し一定の成果を収めたこと、釈迦生誕地の世界遺産の認定に寄与したことは、仏教学部の中村瑞隆先生のご高見と尽力によって成就されたことであり、先生遷化の後『釈迦の故郷を掘る』（^{平成27年}₂₀₁₅）と題して、一応の総括を果させて頂いたくらいであった。

　彼是、考えてくると、この度の「称号」は立正大学で共に考古学を学んできた多数の同窓が全国の自治体・研究団体で活躍している状況に鑑みて、大学が私に授与して下さったのであろう、と思っている。令和元（2019）年5月19日に開催された祝賀会（於　渋谷・神南軒）は、その披露と私なりの感懐を披歴させて頂く場であった。

（『立正考古通信』34　2019.6）

7　考古学史の重要性

　意想外に苦慮し手古摺った『転換期の日本考古学－1945～1965文献解題－』を、やっと上梓した（2021.7、雄山閣）。前篇（Ⅰ日本「植民地」考古学の潮流，Ⅱ転換期の日本考古学－1945～1965－）と後篇（転換期の考古文献）に大別し、「カラー4頁、索引（書名・著者）を収め、B5判で310頁に仕上げた。アジア・太平洋戦争の終結時（1945）から「64体制」の間（1965）、20年間に日本国内外で出版された考古学関係の単行書、約480冊を解題した小著である。

　既刊の『日本考古学文献解題』Ⅰ・Ⅱ（1983・'85）の続編Ⅲとして刊行する予定を変更し、解題の当該年間の動向とその背景の小文を付加したものとなったが、立正大学ほかで担当した日本考古学史の側面の通観メモが元となっている。

　立正大学で担当した「考古学特講」と「考古学演習」のテーマは、年次ごとに主題をそれぞれ定めたが、常に「学史」に配慮した心算である。それは指導を受けた石田茂作先生・斎藤忠先生・角田文衞先生が学史の重要性について常日頃お教えくださったことに起因している。石田先生の法隆寺再建非再建論など、斎藤先生の日本考古学史論、角田先生の「概説は平面体な概論、学史は立体的な概論」、そして久保常晴先生の事物名称論ほかの教えであったことが思い出される。

　大学・大学院生の頃、論文の作成にあたり、文献調査のため東京大学人類学教室に日参して図書室の蔵書を利用させて頂いた。とくに、山内清男先生から縄文土器の編年研究史、渡辺直経先生からE・S・モースの大森貝塚報告書がフロリダの貝塚報告書と酷似していることなど、文献を手にしてお教え頂いたこともある。他方、江坂輝弥先生のご自宅で多くの文献を机上に親しく考古学

全般についてお教えを頂いたこともあった。

　学史の勉強は、文献（単著と雑誌類）のほか、諸先生、諸先輩に直接お教え下さることが重要であることを知った。

　そんな経験から、「特講」「演習」の授業を担当するにあたって、「学史」を学ぶことの重要性について紹介してきた。

　「演習」でとくに思い出すテーマは、1970年代の前半に「1930年代の日本考古学」を取り上げた頃のことである。

　1930年代の日本考古学界の動きを著書と論文・報告書から検討してみよう、と言うテーマであった。その頃の受講生の故米澤容一さん（1952〜2011）が、卒業論文（東遠地方における横穴墓の研究）とは異なるテーマで卒業後、「蘭嶼の考古学的調査研究」で立派な業績を重ね内外の関係学界で注目された。その切っかけは3年生の「演習」で『史前学雑誌』（1929〜43）の悉皆読破により蘭嶼（紅頭嶼）研究の鹿野忠雄論文に出会ったことにあった。米澤さんは卒業後、蘭嶼に足繁く通い、多くの論文・報告を発表し、『蘭嶼とヤミと考古学』（2010.12、六一書房）を上梓して将来を嘱望されたが、事故により急逝された。誠に残念至極であった。また、私が担当した卒業論文には、当該テーマの「研究史」を必ず纏めることを勧めたので、卒業後、それを発展させた人が多いことを見聞することも屢屢であった。

　自身も「学史」を重要視し、前揚「文献解題」のほか、『太平洋戦争と考古学』（1997.4、吉川弘文館）を執筆し、日本の考古学史の研究を進め、また、機会を得て「学史」について考えてきた。「学問を学ぶにはその学問の歴史から」とはよく言われるが、考古学においてとくにその感が深い。それは考古学の場合、対象資料が遺跡であり遺物であり、それが時間と空間を超えて全国（対象によっては全世界）に遺存し、調査され、報告されているからである。多くの資料は諸雑誌に報告されている。したがって既刊の雑誌のバックナンバーの悉皆読破が勉学への導入となっている。

　「学史」を知ることによって自己の研究テーマを進め、発展し、総括することが可能であろう。以上、若い人達、とくに学生諸君の勉学の方向についての老婆心を記した。

（『立正考古通信』39　2021.12）

(10)　「傘寿」を過ぎし日々－過日録抄－

1　平成乙未過日録抄

　平成乙未（平成27、2015）歳の初月は、『釈迦の故郷を掘る』の校正で過ぎた。昨甲午の霜月から到着しはじめたＡ４判の500頁を超える校正刷である。校正は梅月に及び末日に校了となった。前篇「釈迦の故郷を掘る」後篇「ティラウラコットの新装編修版」、カラー図版32、本文と図版の合計569頁の大冊が完成し、５月に北隆館から発行された。前篇は６章からなる私見、後篇は既刊の報告書２冊の増補改訂である。ネパール釈尊関係遺蹟の調査を計画・実行した中村瑞隆先生の「いげん遺言」による報告書の続修版がようやく出来た。先生の13回忌にお約束を果たしたが、奇しくもご生誕百年の年であった。

　本年は、日本ネパール国交樹立60周年にあたり、立正大学推進のグローバル化の一つとして交流プロジェクトが計画され、10月31日に特別講演会「釈迦の故郷を掘る－ティラウラコット遺跡発掘調査－」を担当した。特別展示（ティラウラコット遺跡出土品とパネル）もなされ、改めて多くの皆さんに立正考古の活動の一端が紹介された。

　講演は、武蔵野文化協会の公開講演会「武蔵野の板碑」で「武蔵野の板碑研究」について演じ（２月22日、埼玉県立歴史と民俗の博物館）、また、（公財）たましん地域文化財団『多摩のあゆみ』創刊40周年記念講演会「多摩の古代を掘る」（立川アイム）を担当した。

　４月に公益社団法人・日本文化財保護協会の会長を依嘱された。協会は「文化財保護に携わる民間調整組織」で「わが国文化芸術の振興に寄与することを目的」としている（定款第３条）。法人参加社の多くには立正大の卒業生も多く勤務している。会の会報（平成27年度）『飛天』に「会長就任にあたって」「民間調査組織と調整力」を書き、収録された座談会「埋蔵文化財と民間調査組織」の司会を務めた。

　創刊（1966.10）以来関係してきた月刊『考古学ジャーナル』の特集（８月号、No.673・江坂輝彌先生追悼、10月号、No.676・埋蔵文化財行政の対応）を２冊企画した。本年２月８日に逝去された江坂先生は、高校生時代からの考古学の恩師であった。埋文行政は、文化庁の埋文行政の体制構築の構成についての報告を

視野に入れたものであった。また５月（No.670増刊）の「2014年の考古学界の動向」には久しぶりに「総論」を書いた。

　昨１年間参画してきた府中市史編さん協議会は「府中市史編さん方針」を策定し、本年度から府中市編さん審議会となり「市条例規定の市附属機関」として発足することになった。協議会と同じく審議会の委員（委員長）として参画することになり、2024年度の市政施行70周年を目途に全10巻の10年計画である。『品川区史』が予定通り完成し、進行中の『伊東市史』の完結の目処近くになったが、新たに『府中市史』が加わった。予定通りに進めば完成時には90歳、如何になることか。仏（神）のみが知るであろう。

　史跡富士山整備委員会、島原藩主深溝松平家墓所整備委員会、国史跡武蔵国府跡保存整備活用検討会、３つの文化財保護審議会（品川区・国分寺市・府中市）と公益社団法人（日本文化財保護協会）、３つの公益財団法人（小原白梅育英基金・高梨学術奨励基金・たましん地域文化財）、と公益社団法人（日本文化財保護協会）、武蔵野文化協会、２つの遺跡調査会（府中市・国分寺市）の参画は、前年通り継続している。とくに武蔵野文化協会創立100年記念の『武蔵野事典』の編集は、いよいよ佳境に入った。また、日本考古学史学会の『会報』No.１が発行された。機関誌『日本考古学史研究』ともども研究者にとって朗報であろう。関係の一人として喜びにたえない。

　明年はいよいよ傘寿、それに「私の考古遍歴３」をまとめたい、と思っている。

（『立正考古通信』27　2016.4）

２　平成丙申過日録抄

　平成丙申（平成28、2016）年２月６日、「傘寿祝賀会」を開催して頂いた（アルカディア市ヶ谷・私学会館）。還暦・古稀・喜寿それぞれの節目をはじめ、機会ごとに祝賀の宴を企画実施して頂いてきたが、この度は傘寿を迎えての光栄であった。この企てを漏洩した時、如何にしてそのご厚情にお応えすべきか苦慮したが、一に鈍重菲才の私を蒸育しご教導賜ってきた恩師の諸先生、二に今日に至るまで交誼、勉学に協同して下さってきた同学と多数の同窓の皆さん方に対して私なりに80年の来たし道をご報告したいと思い立った。

　そこでこの際、『鳴謝の考古人生』と「私の考古遍歴3」を纏めたいと考えたのである。前年の秋口から着手し、どうにか2月6日に間に合った。『鳴謝の考古人生』には、石田茂作、久保常晴両先生をはじめお世話になった諸先生の思い出を中心にして「考古人生を顧みる」文を収め、「考古遍歴3」は『考古渉猟抄』と題し、ささやかな研究の歩みを記した。まさに、諸先生と同学・同窓各位との親炙の次第の回想録として作成したのである。

　2月27日には、府中市の文化財関係の人達による「傘寿の祝いの会」(府中・歌行灯) を開いて頂き、副市長・教育長も臨席して下さったのは恐縮であった。8月20日には、武蔵野文化協会主催の「坂詰会長の傘寿と長老会員の長寿を祝う会」(国分寺プリンセスライラ) が開催された。日頃、それぞれお世話になっているメンバーによる企てであり、皆さんのご厚情は感謝の一語に尽きる会であった。

　傘寿を迎えての講演担当など片腹痛い、と自ら認識しているが、我流の惚け延引の一つの方策として、課せられた演題に対する思惟と展開の資料整理は、それなりに老化防止に役立つだろう、との思いから、ご好意に甘えることもある。

　1月30日に横浜市歴史博物館の"開館21周年記念特別講演会"として「横浜考古学史話」について話した。横浜は、高校生の頃から鶴見川の中流域を中心に踏査した地であり、後に港北ニュータウンとなり、多くの重要な遺跡が発掘された。考古に導いて下さった岡本勇先生の現地指導に思いを馳せながら務めさせて頂いた。

　2月27日には、"府中市遺蹟調査会40周年記念事業"の講演「武蔵国府跡を求めて40年」と題し、昭和50年に開始された武蔵国府跡の発掘調査談義(府中グリーンプラザ・けやきホール)。着手から40年、国庁跡をほぼ確定するにいたった経過を中心に武蔵国府跡の発掘回想を話した。

　7月18日には、"武蔵野文化協会創立100周年記念講演会"が大國魂神社参集殿 (府中) で開催され、「武蔵野の考古学100年」について話した。鳥居龍蔵博士を中心に発足した武蔵野会 (1916) と会誌「武蔵野』(1918 創刊) を記念した企てであった。

　9月20日には、"雄山閣百周年記念考古学シンポジウム"「考古学100年－学際研究のいま－」が江戸東京博物館で開催され、基調講演「日本考古学における学際研究の回顧－縄文文化研究と関連諸科学との対応－」を務めた。パネル

ディスカッション「学史と考古学のこれから」にも参加して学史について発言した。

　一方、「『民族文化』と『あんとろぽす』」（日本考古学史研究４）、「武蔵国府跡発掘40年－発掘と軌跡の思い出－」（武蔵野考古、41・42）、「廃（排）仏毀釈と考古学」（石造文化財８）、「現代の考古学と埋蔵文化財」（考古学ジャーナル690）（公社）日本文化財保護協会の『飛天』（平成28年会報）に「所感」の小文を寄せた。また座談会「民間企業の埋蔵文化財の調査」（考古学ジャーナル690）に参加し、私なりの所見を披歴した。

　また、立正大学考古学会主催の「池上悟会長副学長就任祝賀会」（立正大学食堂スエヒロ）に出席し、同時に久しぶりに同窓と久闊を叙すことが出来た。

　本年度も、３つの文化財保護審議会（国分寺市・品川区・府中市）、４つの国指定遺跡の保存整備委員会（武蔵国府跡・武蔵国分寺跡・富士山・島原藩主深溝松平家墓所）、４つの公益財団法人（小原白梅育英基金・高梨学術奨励基金・たましん地域文化・古代学協会）公益社団法人（日本文化財保護協会）、２つの市史（伊東・府中）、２つの調査会（国分寺市・府中市）及び日本考古学史学会（代表）、武蔵野文化協会（会長）に参画した。『考古学ジャーナル』編集顧問、石造文化財研究所顧問も前年通りであった。

　以上、多くの皆さん方のご芳情により寧日に消光している近況です。そして明年には「私の考古遍歴４」を作成してお届けしたいと思っています。

（『立正考古通信』29　2017.4）

3　平成丁酉過日録抄

　平成丁酉（平成29・2017）は、誠に慌しい年であった。『考古耽読抄』（私の考古遍歴４）の編集と刊行に３月まで寧日がなかった。1961（昭和36）年から2016（平成28）年の間に、新聞・雑誌に執筆した書評・新刊紹介230篇を収録した読書歴である。その大半は、大学の「考古学演習」時にコピーして紹介した文である。多くは求められるままに書いた文であるが、私の意により掲載したものも含んでおり、ときどきの学界の動きを反映した著作もある。

　かつて還暦に際して『読書の考古学』（1996）を纏めたことがあったが、『考古耽読抄』は私の書評・新刊紹介文の総集となった。書評・新刊紹介は、多く

の文芸評論家、若干の歴史学者にとっては、自己の読書歴の軌跡として一冊に纏める風潮も見られるが、考古の分野でかく纏めた先学の前例は見当たらない。私にとってはかつて教室での演習時の思い出の一齣である。巻末に「私の考古書評」を加えたのは書評の執筆が大学で学んだ師の影響であることを告白した短文である。

　本年は、前年度から予定されていた講演が多く、「中世考古学を考える」「大森貝塚を考える」「多摩の考古学123年と小金井」「富士山と考古学」「斎藤忠と日本考古学史」「熊野神社古墳の保存と活用」「鎌倉の観光考古学」「富士山信仰の歴史を語る」「近世大名墓所の調査と活用」「伊東市史史料編と考古・文化財」と10回担当した。いずれの会場にも同窓の顔が見え、なかには卒業以来はじめての再会もあった。講演は一過性であるが、その準備に追われ、結構大変だった。「講義を思い出した」「口調が懐かしかった」など同窓の囁きを耳にすると、引き受けた甲斐があった、と独り北祥曳笑んだことも多かった。

　他方、本年は、鳥居龍蔵博士が創設した武蔵野会（現・協会）と『武蔵野』創刊の100周年にあたり、記念展（武蔵野研究100年、11月28日～12月10日、たましん歴史美術館）と記念号（第92巻第1号356号）の開催と編集に参画し、また（公社）日本文化財保護協会の年誌『飛天』に「紀要」を併載することになり「『紀要』創刊にあたり」を執筆した。『考古学ジャーナル』は、記念号2冊（No. 700「日本考古学の現状と展望」No. 704「埋蔵文化財調査と民間企業」）の編集と刊行意図についての小文を書いた。『日本考古学史研究』第5号に「閑却の日本考古学史のこと」「窯業史談話会のこと」、『石造文化財』9に「近世大名墓所の調査と保全」を執筆した。2000年代のはじめに出発した『伊東市史』の史料編の全6冊（各B5・800頁）が「考古・文化財」で完結し、明年から通史編が配本されることになり、委員長として安堵した。一方、「府中市史」の事業も順調に継続し、こちらの方もホッとしている。

　本年度も、従前からの3つの文化財保護審議会、4つの国指定遺跡保存整備委員会、4つの公益財団法人、1つの公益社団法人、2つの遺跡調査会、2つの市史編集委員会、3つの学会・研究会に参画し、周囲の皆様にご迷惑をおかけしながらも老化の防止に努めているが、老健もそろそろ限界、私なりに懸案の総括に専念したいと思っている。

（『立正考古通信』31　2018.4）

4　平成戊戌過日目録抄

　平成戊戌（平成30・2018）は、気忙しく過ぎ去った一年であった。武蔵野文化協会の創立100周年の記念展「武蔵野研究100年－鳥居龍蔵と井下清－」（5月14日～5月26日、日比谷公園内・緑と水の市民カレッジ）を開催し、昨年（11月28日～12月10日、たましん歴史美術館）の多摩地域に続き都内地域での展示であった。100年の伝統を踏まえた会ではあるが、2回に亘る"武蔵野研究"は識者の注目を浴びた。10余名のボランティアの尽力の賜物であった。立正大学博物館の所蔵資料（旧石器と埴輪）の展示は一際注目された。『多摩のあゆみ』（たましん地域文化財団）の「特集"武蔵野"研究100年」が会場で配付され好評であった。これで会長就任13年目の任務を全うすることができた。残すは『武蔵野事典』（2019完成予定）の出版であり、どうにか100周年記念事業の目鼻がついてきた。

　小林達雄氏との対談が活字となり、小林「縄文の思考」、坂詰「地中の歴史を掘る」の講演記録と共に（公社）日本文化財保護協会の『紀要』2に掲載された。立正考古卒の同窓が多数勤務している会社も加盟している協会の機関誌である。協会のお手伝をはじめて早くも14年目、果たしてお役にたっているやらと反省頻りである。

　この2つの会の定期会合に出席しながら、このところ「府中市史」の編集のお手伝い、品川区・国分寺・府中市の文化財保護審議会、史跡富士山整備委員会・島原藩主深溝松平家墓所保存整備委員会・浅野長矩及び夫人墓保存修理委員会のほか、武蔵国府・国分寺跡の保存整備委員会などへの出席と毎月何回か出掛けている。

　動くことはいいことだから、辞めないで続けて欲しい、と煽られているものの、このところ億劫になってきた。何時まで続くことやら。

　池上悟さん肝煎りの『日本考古学史研究』が第6号を刊行した。「明治時代の考古学を思う」とのエッセイを寄せたが、各地で考古学の道を歩んでいる同窓の参画と執筆が期待される。地域の考古学史については『考古学ジャーナル』が連載を開始した。多くの同窓が執筆されていることは頼もしい。

　昨年来、やっと執筆をはじめた「昭和20～30年の考古学出版文献」は、約2分の1（130冊位）を脱稿した。本文篇ともども『転換期の日本考古学－ポスト太平洋戦争と考古学－』（仮）は、平成31年には出版できそうである。あ

わせて『太平洋戦争と考古学』(1997初版) のハングル版がThinking n Paper Publishing house（Seoul, Korea）から出版されることになった。

　「立正大学英文叢書」 2 に掲載されるThe Greater East Asia Co-Presperity Sphere and Archaeology in Japanの校正もどうにか終了した。この「叢書」 1 には池上さんのThe Development of Rock-Cut Tombs in the Japanese Archipelagoが掲載されている (2018.3)。立正大考古の海外への発信となることを期待している。

　座談会「埋蔵文化財の活用と観光考古学」(『考古学ジャーナル』718) に参画し、観光考古学の分野にも発言してきた年であった。

(『立正考古通信』33　2019.4)

5　平成己寅過日録抄

　平成己寅（平成31＝令和元・2019）は、欣幸にも八十路の半ばを迎えることが出来たが、さらに当年は、私にとって節目の年であった。それは、 1 に立正大学（齊藤昇学長）から「立正大学特別栄誉教授」の称号を授与され、 2 に日本考古学協会（谷川章雄会長）から「名誉会員」の資格を授与されたからである。共に菲才の私にとって身に余る光栄であり、瑞宝中綬章叙勲 (2012.4) 共共、恐悦至極の次第であった。その感懐については披瀝の一文（『立正考古通信』34、2019.6) に尽きるが、感銘はいまも昂揚している。

　予てから提唱してきた「観光考古学」が組織化され観光考古学会が発足（ 5 月10日一ツ橋学士会館）したことは、年来の宿望であった。 9 月16日にシンポジウム「葛飾柴又の文化遺産と観光」(柴又・題経寺鳳翔会館) が開催され、基調講演（「葛飾柴又の観光と観光考古学」）を担当する機会を得たのは光栄であった。

　2024年に市制70周年を迎える府中市の周年記念事業『府中市史』の編集に参画（市史編さん審議会会長・編集委員会会長）している所以もあり高野律雄市長との対談（「武蔵国府から府中市へ」）が新府中市史研究『武蔵府中を考える』の第 1 号 (2019.3) に掲載された。武蔵国府跡の発掘調査に関係して43年間の軌跡を踏まえての対談であった。武蔵国庁跡の確認・武蔵府中熊野神社古墳（上円下方墳）の発掘成果は、共に国の史跡として指定され、国府域の発掘はいまも続いている。「伊東市史」は、通史編『伊東の歴史Ⅰ・Ⅱ』(2019.3) が刊行され、近現

代（Ⅲ）を残すのみとなった。

　行政関係の文化財保護審議委員会（品川・国分寺・府中）には引続き出席、公益財・社団法人（小原白梅育英基金・高梨学術奨励基金・日本文化財保護協会と古代學協会）にも従前通り参画してきた。

　遺跡関係として府中市・国分寺市の遺跡調査会、史跡富士山整備委員会・島原藩主深溝松平家墓所保存整備委員会（愛知県幸田町）・浅野長矩墓及び夫人墓保存修理委員会（東京・港、泉岳寺）は継続しているが、本年から普済寺国宝石幢保存検討委員会（東京・立川）に関係することになった。古代の国府・国分寺、中世の六面石幢、近世の大名墓所の調査と時代的に幅広い遺跡の調査保存事業であるが、本年は、さらに現代の遺構・遺跡の保存に参画することになった。高知県教育委員会の旧陸軍歩兵第44連隊跡地保存活用検討委員会である。不敏乍ら委員長を仰せ付けられ6〜11月にかけて4回の会議に出席した。以前、慶應義塾大学（日吉台）の旧海軍航空本部等地下壕調査（2010）の諮問委員会（座長）に参画したことを思い出しながら務め、どうにか責を果たした。

　講演は、日本考古学協会設立70周年記念（岩宿博物館と共催）の「日本の考古学研究と岩宿遺跡」（岩宿大学2019）に「戦後の考古学研究の歩みと歴史学」を行った。久しぶりの岩宿行であったが懐かしい同窓と再会した。立正大同窓会山梨支部の総会講演（6.22）日蓮宗北部の講演会（3.29）は、富士山史跡と仏跡について話した。

　武蔵野文化協会設立100周年記念の『武蔵野事典』の編集は大詰め、明年には刊行する見透しで一息ついた。

　「立正大学英文叢書」2の "The Greater East Asia Co-presperity Sphere and Archaeology in Japan" が3月に刊行された。「2018年の考古学界の動向」（『考古学ジャーナル』727）「観光考古学と埋蔵文化財」（同732）「釈迦の生誕地の印石」（『石造文化財』Ⅱ）「忘却の或る考古学研究者」（『日本考古学史研究』7）を執筆し、座談会「観光考古学の課題」（『考古学ジャーナル』732）に出席した。特に『日本考古学史研究』に寄せた一文は、かなり反響があった。

　『日本考古学の転換期』（仮・雄山閣）は明年に持ち越すことになり不甲斐ない次第。老化現象が顕著になってきた。「私の考古遍歴」5も未完成。7回目の庚子の明年を期することになった。

（『立正考古通信』35　2020.4)

6　令和庚子過日録抄

　2020（令和２）年より新型コロナ感染症（COVID-19）がついに日本を巻き込み、４月７日に「緊急事態宣言」が発令（５月６日）された。そのため２月下旬から４月中旬にかけて行政関係の会議など（文化財保護委員会・遺跡保存整備委員会・遺跡調査会ほか）はすべて延期または中止となった。同様に公益財（社）団法人の会合（理事会・評議委員会）、学会関係の会合などすべてにわたって中止の連絡が相次いだ。

　その最中、４月16日にアクシデントに見舞われた。自宅前の公道で足が縺れて転倒。掛かり付けの病院でレントゲン診断の結果、左腕が骨折し、手術が必要とされたが、手術可能の病院（立川病院）の都合で自宅待機、４月20日入院、21日手術となった。その結果、左上腕骨近位端骨折で閉鎖循環式全身麻酔による観血的手術をうけた。手術は約６時間、３つに骨折した箇所は、固定用内副子（プレート、スクリュー）と人工骨により整形固定された。私にとってはじめての怪我そして手術、入院となった。手術のあくる日（４月22日）よりリハビリテーション科のお世話になり、それは４月30日まで続いた。手術担当医に無理を言って同日に退院し、以降は超音波骨折治療器と通いのリハビリが９月16日まで続いた。国内はもとより外国の調査行でも怪我らしい怪我なく過ごしてきただけに生涯はじめての手術入院であった。

　昨年以降の運動不足に加えて加齢により足が縺れたものと思われた。さらに退院後の８月に入って右足に変形性膝関節症が発症し、右膝関節穿刺を受けた。八十路も半ば、これも致し方なしの2020年であった。COVID-19禍の影響と勝手に判断し注意することにした。手術の結果、挙がらぬ筈の左腕は、手術前の医師の予想に反して元に復しつつあり、担当の清水俊志先生（現・慶應大信濃町病院）にただ感謝である。

　入院前に「日本考古学における学際研究の回顧」（付・日本考古学における学際研究の回顧年表）が掲載された『縄文文化と学際研究のいま』（『季刊考古学』別冊31）が届いた。2016年９月に行われた「考古学100年　学際研究のいま」の収録であり、久しぶりに縄文関係学史の勉強結果であった。８月には『観光と考古学』誌の創刊号が刊行された。2019年５月に発足した観光考古学会の機関誌で、年来の望みの達成であった。『武蔵野事典』（９月）、『新日本考

古学辞典』（10月）が出版され宿願が叶った。『武蔵野』創刊百周年記念事業の完成を告げた「事典」の出版。『日本考古学小辞典』（初版1983）の改装増補の3版の出版、ともに出版となって安堵であった。何冊かの事・辞典の編集に関わってきたが、執筆者と関係者に感謝であった。（公社）日本文化財保護協会の法人出発10周年の『飛天』と同会の『紀要』4に挨拶文と展望の短文、『日本考古学史研究』8、『石造文化財』12に各巻頭言として小論を寄せたほか、『考古学ジャーナル』746の「特集日本考古学と発掘」に巻頭小文を寄稿し、座談会にも出席した記録が掲載された。ほかに『近世大名墓の考古学』（7月）に「近世大名家墓所調査の意義」を書いた。

　COVID-19禍中、予定された原稿は一先ず執筆することが出来たのは、関係各位の協力であり、また、お見舞各位の励ましのお蔭であった。

　行政・公益財団・保存修復委員会・遺跡調査会・市史などの会合は中止と延期であったが、予てから進めていた『転換期の考古学－1946～1935－』は、後半の文献解題（410冊、230頁分）は校了、前半の動向は脱稿することが出来た。2021年にはやっと出版に漕ぎ着けそうである。

　2021年がCOVID-19禍の蔓延が続くことなく、安寧の年になることを祈念しつつ、私にとってアクシデントに見舞われた年の過日録抄の筆を置きたいと思う。

（『立正考古通信』37　2012.4）

7　令和辛丑過日録抄

　2021（令和3）年は、前年以来の新型コロナ感染症（COVID-19）禍で明けた。前年4月の左上腕骨近位端骨折の災禍もあり、行政・財団・学会の諸会合は殆ど欠席、まことに憂鬱な1年であったが、「日本考古学発祥の地」の記念碑の建立に参画した由縁により、除幕式に参加することができたのは大慶であった。

　1962（元禄5）年、徳川光圀（第2代水戸藩主）により発掘された「侍塚古墳」の330年記念として、栃木県大田原市湯津上の「国宝・那須国造碑」を祀る笠石神社の境内に主碑（「日本考古学発祥の地」－揮毫・15代当主徳川斉正氏）に添えて、副碑（「日本考古学の原点－湯津上の侍塚古墳」－撰文・坂詰秀一）が建てられ

た。縁あって副碑の撰文を担当させて頂いたことは光栄であった。3月28日に現地で、徳川斉正氏、津久井富雄大田原市長ほか関係の皆様と除幕に臨み、式後「撰文に寄せて」と題する講話の機会を得て光圀公の調査と発掘後の対応の意義、そして日本考古学の曙とこの度の建碑についての私見を参会の塙静夫さんをはじめ栃木県考古学会の重鎮、副碑撰文の高配を頂いた上野修一さん（湯津上資料館館長）など考古学の専門家、そして主催（那須国古代ロマンプロジェクト実行委員会）の皆様に弁じた。撰文は「日本考古学の原点」とし主碑の「発祥」と対応解説したことなどについて説明した。そして『考古学ジャーナル』（No.758、2021.9）で「侍塚古墳発掘330年」を特集することができたのは喜ばしいことであった。

　普済寺（立川市）の国宝石幢保存検討委員会が、修理作業の現場で11月12日に開催され、あわせて建設中の新保存庫の新築工事現場の視察も行われて、ともに順調であることを知ることが出来た。

　諸会議は、中止・延期が多かったがオンライン会議も開催されたこともあり、時勢を感じた1年であった。

　展覧会は、東京国立博物館の「最澄と天台宗のすべて」の内覧会に出席した（10月11日）。伝教大師1200年大遠忌記念の特別展は見応えがあり久しぶりに渇をいやした。

　年来の『転換期の日本考古学』（1945〜'60文献解題）が上梓（7月25日〈株〉雄山閣）された。B5判332頁で巻頭にカラー4頁の図版を入れた。これで一息ついたが、引き続いて『仏教の考古学』（上・下、各190頁、11月25日〈株〉雄山閣）も刊行することが出来て安堵した。『浅野長矩墓及び夫人保存修理事業報告書』（「総括」3月）、『国分寺市被災古瓦博等修理事業報告書』（「結語」11月、発行日は平成30年3月23日付）が完成したこと、『考古学ジャーナル』の特集「考古企業の現在」の座談会に紙上参加し「「考古企業」を考える」一文を書いたのも前年来の懸案であった。

　また『日本考古学史研究』（9、5月）に「日本考古学と用語」についての短文を寄せ、『武蔵野』（361、4月）の鼎談「『武蔵野事典』刊行の意義と活用」（樋渡達也・加藤功氏と）に参加、『武蔵野考古』（43・44、11月）に「鳥居龍蔵と縄文土器」、『観光考古学』（2、6月）に「コロナ禍と考古学」を書いた。前掲『考古学ジャーナル』の特集「侍塚」に「日本考古学の原点」を書いて副碑撰文の意

味するところを書いた。日本文化財保護協会『紀要』（3, 8月）の「埋蔵文化財発掘報告書－3つの視点から－」は、発掘報告書の今と昔についての感想についてであった。

　立正大学の創立150周年記念として「ロータスギャラリー」の特別展示室が設けられた。開室記念の「立正大学海外仏跡調査展」（2021.12.7～'22.6.28）が開催され、『図録』に「カピラ城跡を探る－ティラウラコット発掘余話－」を書く機会があたえられた。私なりにすでに『釈迦の故郷を探る－ティラウラコット発掘の記録－』（2015、北隆館）の一書で一応総括を果たしたが、「発掘余話」と題して発掘着手のウラ話しを披露した。

　COVID-19禍に翻弄された1年であったが、どうにか私なりの瑣事を果たすことが出来た。残されている（仮）『日本植民地の考古学』ほか2～3の出版物の完遂を夢見ながら息災を願っている近頃である。

（『立正考古通信』39　2022. 4）

8　令和壬寅過日録抄

　2022（令和4年正月は、新型コロナ感染症（COVID-19）禍の沈静の兆しを感じることなく、越年迎春の旧習を懸隔して迎えた。

　本年は、立正大学の淵源校が1872（明治5）年に開校されて以来150周年目の節目にあたり、開校記念式典が6月15日に石橋湛山記念講堂で開催された。記念事業として設置されたロータスギャラリー・特別展示室で開催した「立正大学海外仏跡調査展」（2021.12.7～2022.6.29）は、立正大学博物館（2002.4.1開館）の関連展示ともども考古学の分野においても話題となった。立正大学の旧来からの特色であった仏教関係の文物調査と研究が広く喧伝されたのは慶事であった。

　武蔵国分寺跡が、国の史跡として指定された（1922－大正11－年）100年目の節目にあたり、国分寺市では記念式典に続き、10月22日に記念講演会が開催された。縁あって招聘された私は「武蔵国分寺跡によせる心」と題し、江戸時代以降、史跡の実現、その間、及びその後の調査研究と保存に尽力した多くの研究者と識者を紹介し、とくに15人の人びとの写真を掲げて顕彰の徴意を表した。ついで11月19日には、観光考古学会と国分寺市・同教育委員会が共催して「武

蔵国分寺跡の保存と観光活用」と題するパネルディスカッションが開催され、「武蔵国分寺跡の観光活用の展望」についての私見を開陳した。

　他方、回想録として①「「関東学生考古学会」のこと」（『日本考古学史研究』10）、②「考古ボーイの頃」（『立正考古通信』№40）、③「『季刊考古学』創刊時の指向」（『季刊考古学』160）を書いた。①②は体験を踏まえての回顧録、③は60年前に創刊した頃の思い出である。とくに、③は出版社（雄山閣）発行の雑誌が60年間に160冊を刊行したことに思いを馳せた一文で、かつて創刊に関与した④『考古学ジャーナル』が創刊50年目に679冊を刊行（ニューサイエンス社）した時を回想しながら（『考古学ジャーナル』679、2019）の一文であった。34の２誌には、多くの卒業生が執筆してきたのを思い出しつつ転た感慨にたえない。

　昨年（2021）、上梓した④『転換期の日本考古学』⑧『仏教の考古学』の書評が公にされた。④石川日出志（『季刊考古学』160）、西谷正（『考古学ジャーナル』761）、時枝務（『立正史学』131）平田健（『日本考古学』54）、紺野英二（『日本考古学史研究』10）、⑧小田富士雄（『季刊考古学』159）時枝務（『考古学ジャーナル』766）、松原典明（『石造文化財』14）、紺野英二（『立正史学』132）の諸氏が筆を執って下さり、多くの示唆を頂いたことは感謝至極であった。④⑧ともに疎漏雑駁であることを自省しているだけに汗顔の次第であった。

　『考古学ジャーナル』768の「特集・2021年の考古学界の動向」には、舌足らずの「総論」を、『同誌』774の「特集・考古企業の諸類型」には「考古企業への期待」を書き、座談会「考古企業の展望」に出席して私なりの意見を述べた。今後、日本の考古学と埋文行政にとって民間の調査組織が果たす役割が決して少なくないことを感じているからである。（公社）日本文化財保護協会の『紀要』第６号に巻頭言「近現代を考古学する」を寄せた。近現代の考古学については、50余年以前に具体例を挙げて注意を惹起し、その後、倒叙記述の『歴史時代を掘る』（2013）で展望したことがあったが、高輪築堤の保存問題をめぐって俄かに話題となっている現状を勘案しての小文であった。『観光と考古学』第３号の「大森貝塚の保存を考える」で遺跡公園のあり方についての私見を述べた。また、仏足石研究誌『雙魚』の「総目録（１〜15）」を掲げて「仏足石の研究と『雙魚』」（『石造文化財』14）を仏教考古学分野の課題を加味して執筆した。

　高校生の頃からご教導を賜ってきた大塚初重先生（明治大学名誉教授）が７月

21日に逝去せられた。『読売新聞』(7.28)、『東京新聞』(8.18)、『考古学ジャーナル』(772、9.30) に追悼文を寄せ、68年に及ぶご教導と親炙を思い出し乍らご冥福を祈念させて頂いた。

(『立正考古通信』41　2023.4)

1 The Greater East Asia Co-Prosperity Sphere and Archaeology in Japan

Hideichi Sakazume

Abstract

Research regarding Japanese archaeological history up until now has been advanced with a central focus on investigation and research in the Japanese archipelago (the *naichi* ["domestic territory"]or Japan proper.) Meanwhile,archaeological research in the *gaichi* ("overseas territories") —areas outside the Japanese archipelago that were temporarily made territories of Japan—has hardly been taken up as a matter of consideration. This paper, taking archaeological history to be a part of modern Japanese history, summarizes the significance of research in the overseas territories.

The "Greater East Asia Co-Prosperity Sphere" was a concept that came to be espoused in 1932 for the sake of establishing the framework for a new order in East Asia, and throughout East Asia there was archaeological research carried out in connection with the policy. Following the annexation of Korea in 1910, the post of Governor-General was established on the Korean Peninsula, and research was conducted throughout the region, with research locations established in Pyongyang, Gyeongju and Buyeo under the Government-General Museum of Chosen. Research on Han dynasty tombs in the Lelang region is specially noted.

With the establishment in 1932 of Manchukuo in northeastern China, the Far-Eastern Archaeological Society, organized in Japan proper, independently carried out archaeological research. The northern region of China was called Hokushi ("North China"), and the Far-Eastern Archaeological Society took on research in this region as well, researching sites that included Han dynasty tombs and the Yungang Grottoes. In the southern region of China, research on matters such as artifacts excavated at Yinxu in the Nanjing area was carried out by Japanese scholars as well.

That is to say, in the early Showa period (1926-1945), following in Sino-Japanese war that began in 1937, archaeological research was conducted primarily by Japanese

official scholars in colonies that were occupied under the framework of the Greater
East Asia Co-Prosperity Sphere; and this point is verifiable as a characteristic feature in
the archaeological history of the era.

Introduction

Currently, there is a move to develop research on the history of Japanese archaeology
based on new perspectives and methods.[1] That trend is steadily enriching the academic
field of Japanese archaeology as a science, while simultaneously offering advancements
in the direction of the systemization of Japanese archaeology.

As is well known, historical study of Japanese archaeology has maintained,
examined and systematized historical documents by persons such as Jiujiro Nakaya,[2]
Seiichi Wajima,[3] Kenji Kiyono,[4] Yukio Kobayashi,[5] Yoshiro Kondo,[6] Tadashi Saito,[7]
Mitsunori Tozawa,[8] Masaki Kudo[9] and Akira Teshigawara,[10] Meanwhile, views on
those archaeological studies are regularly being published every year.

Based on this state of archaeological studies, the author has continued exploring the
history of Japanese archaeology using the approach of linking it to the development of
modern history in Japan.[11] During this time, the author has especially focused on how
archaeology in the Showa period (1926-1989) developed based on a connection with
the Greater East Asia Co-Prosperity Sphere.

The term"Greater East Asia Co-Prosperity Sphere" is said to have been coined
by Yosuke Matsuoka, the Minister of Foreign Affairs in the second cabinet of Prime
Minster Fumimaro Konoe formed in July 1940. However, its roots lie in the declaration
for the establishment of a New Order in East Asia announced on November 3, 1938, by
Konoe's first Cabinet. The declaration of a New Order in East Asia was presented as
Japan's desire to build a new order that would enable attainment of permanent security
in East Asia.

Matsuoka's subsequent concept of the Greater East Asia Co-Prosperity Sphere
stated that, under the rule of His Imperial Majesty the Emperor of Japan, Japan's
immediate diplomatic policy would seek to form a Greater East Asia Co-Prosperity
Sphere including Japan, Manchuria and China, Thereafter, that concept established
Japan's path forward.

The formation, development and collapse of the Greater East Asia Co-Prosperity
Sphere were closely relater to the colonial rule of Japan's Imperialism and overlapped
with the 15 Year War.

In *Dai Toa Kyoeiken no Keisei to Hokai* ("The Rise and Fall of the Greater East
Asia Co-Prosperity Sphere," 1975), Hideo Kobayashi divided the campaign into
stage 1 (1931-1937), stage 2 (1937-1941) and stage 3 (1941-1945), and presented a
comprehensive approach to understanding it. His establishment of three stages was

Fig.1   Thematic Map of Japan and Relevant Asian Countries During Pacific War

Fig.2   1 ARCHAEOLOLOGIA ORIENTALIS (Series A-1, 1929)
        2 Koseki chosa HOKOKU ("Reserch on Ancient Sites, an annual Report 1937)

an ambitious endeavor, treating first the economic and military aspects that hinged on military occupation, then unification of the monetary system, and then the evolution of industry and development policy.

While inspired by research on the Greater East Asia Co-Prosperity Sphere epitomized Kobayashi, this paper attempts to look at how the world of archaeology in Japan behaved with reference to a number of materials that touch on the author's own views.

The approach of linking archaeological trends in Japanese archaeological history to the Greater East Asia Co-Prosperity Sphere is highly unusual. Traditionally, and even today, research on archaeological history within Japan proper is predominant. In most instances of discussion on archaeology outside Japan retrospectives by academics who directly furthered "outside" archaeology and assignation of meaning are commonplace, and statements based on the awareness of those involved are central.[12] Without a doubt, archaeology"outside" of Japan was developed by the best minds and technologies in Japanese archaeology at the time, and their academic outcomes can be judged above reproach.

A look at Japanese archaeological history from the perspective of archaeological research by Japanese people can be categorized by two approaches:an archaeology of a narrow region focused on the Japanese archipelago, and archaeological studies targeting a broad region defined by the concept of the Greater East Asia Co-Prosperity Sphere, Archaeology outside Japan spanning the Meiji period (1868-1912), Taisho period (1912-1926) and into the Showa period (1926-1989) takes an archaeological view that casts archaeological sites as colonies. Perhaps it can be called the equivalent of targeting locales such as British India.

An especially typical illustration is the state of archaeological studies under colonial rule in the Korean Peninsula through the Taisyo period to the first half of the Showa period, following Japan's annexation of Korea on August 22, 1910.

Archaeology outside of Japan was the archaeology of colonies, pure and simple. In particular, the field collectively called archaeology of East Asia progressed along with the New Order in East Asia and the Greater East Asia Co-Prosperity Sphere. Archaeology of the Greater East Asia Co-Prosperity Sphere was launched in the colonies as a national policy.

Just as modern history studies in Japan are deeply entwined with the issue of colonies, this relationship in Japanese archaeological history cannot be ignored.

A point of view now being called for is an approach to the archaeological history as a perspective on Japanese archaeology that surpasses the locality of archaeology in places such as the Korean Peninsula, Mainland China and Taiwan.

Archaeology in the Greater East Asia Co-Prosperity Sphere was a process in which archaeological studies of East Asia peaked and then declines. It should be explored as an aspect of the historical study of Japanese archaeology in the first half of the Showa period.[13]

According to a perspective that divides archaeology in the Showa period into an early stage (1926-1945), middle stage (1946-1965) and late stage (1966-1989),[14] the early stage exactly corresponds to the New Order in East Asia and Greater East Asia Co-Prosperity Sphere.

This paper selects several matters that shaped the archaeology of the Greater East Asia Co-Prosperity Sphere as an historical aspect of Japanese archaeology in the early Showa period and considers their significance.

1.Korea and the Society for Studying Historic Sites in Korea

The signing the Japan-Korea Annexation Treaty on August 22, 1910 led to Japan's annexation of Korea, and the Governor-General of Korea was established on October 1. With the installation of the Governor-General and simultaneous jurisdiction given to the First Regional Office of Domestic Affairs, a research system for historic buildings and ruins was developed. Its central figure was Tadashi Sekino, who had already gotten the endeavor underway. It was completed in 1913 and results compiled in the *Chosen Koseki Zufu* ("Collection of Ancient Korean Sites and Monuments,"15 volumes) and distributed within and outside Japan.

In addition, Ryuzo Torii studied ruins primarily relater to the Stone Age for a research project for the Domestic affairs Bureau of Academic Affairs, Office of the Governor General, from 1911 until 1920.

This study was a major tour accompanied by a team consisting of technicians who took survey photos, interpreters and even military police. It was said to be more than a simple trip to gather data[15];at the time, a study under direct control of the Governor-General was unusual.

In 1915, the Museum of the Korea Governor-General's Office was opened. It publicly displayed history and materials from the Stone Age to the Joseon Dynasty. Starting the following year, research on historic sites throughout the Korean Peninsula was conducted according to an annual plan. Research committee members included Tadashi Sekino, Katsumi Kuroita, Ryu Imanishi, Ryuzo Torii, Shogo Oda, Saiichi Tanii, and later, Yoshito Harada, Kosaku Hamada, Sueji Umehara and Ryosaku Fujita. The results were published annually in the *Koseki Chosa Hokoku* ("Research Report on Ancient Sites"). The *Koseki Chosa Tokubetsu Hokoku* ("Special Research Report on Ancient Sites") was also published.

This kind of research project under direct control of the Governor-General dwindled from the last years of the Taisyo period to the early Showa period. This is said to have been to budgeting difficulties for archaeological research.

Katsumi Kuroita determined the necessity of organizing a research body as a replacement. He wanted to establish a research organization through donations, and presented an approach that set up an external body to the Governor-General.

In August 1931, the Chosen Koseki Kenkyukai (Society for Studying Historic Sites in Korea) was launched. This research society was not just a group of like-minded individuals, but was in charge of a department researching historic sites and treasures as part of the Governor-General. It was an extra-governmental organization that assisted Governor-General projects by providing researchers and excavation costs.

Operational funds came from sources including grants from the Japan Society for the Promotion of Science. These funds made it possible to manage three research institutes (Pyongyang, Gyeongju, Buyeo), pay research costs and publish research reports. The office was located in the Museum of the Korea Govermor-Ge nerai's Office, wile the Pyongyang Research Institute was established in the Pyongyang Museum, the Gyeongju Research Institute in the Gyeongju Branch Museum, and the Baekje Research Institute in the Buyeo Museum.

Beginning with research on the ancient tombs of the Lelang Commandery in Namjeong-ri, Seokam-ri and Jongbaek-ri, the Pyongyang Research Institute carried out research on Lelang tombs and flat earthen wall ruins in the vicinity of Pyongyang. Furthermore, research was conducted on Goguryeo tombs, flat earthen wall ruins and temple ruins located in Taedong, Pyongwon, Kangso, Ryonggang and Nyongbyon. Notably, the 1931 excavation of Lelang Ch'ae hy p-ch'ong and 1932 excavation of the tomb of Wang Kuang of Lo-Lang discovered a completely intact wooden burial chamber with wooden coffin and an array of grave goods, causing a global stir in the world of archaeology. The finds were reported in the *Koseki Chosa Hokoku* with the first issue titled, "Select Specimens of the Remains Found in the Tomb of Painted Basket of Lo-Lang"(1934)and the second issue titles, "The Tomb of Wang Kuang of Lo-Lang"(1935).

Table1-List of aid and donations to the Society for Studying Historic Sites in Korea

1931:Baron Yataro Iwasaki (7,000yen donation)
1932:Marquis Moritatsu Hosokawa (6,000yen donation)
1933:Japan Society for the Promotion of Science (15,000yen subsidy);Ministry of the Imperial Household (5,000yen grant)
1934:japan Society for the Promotion of Science (12,000yen subsidy);Ministry of the Imperial Household (5,000yen grant);Yi Imperial Family (5,000yen grant)
1935:Japan Society for the Promotion of Science (8,000 yen subsidy);Ministry of the Imperial Household (5,000yen grant);Yi Imperial Family (5,000yen grant)

1936-1938:Japan Society for the Promotion of Science (yearly 8,000 yen subsidy);Ministry of the Imperial Household (5,000yen grant);
Yi Imperial Family (5,000yen grant)

Table2-List of directors in the Society for Studying Historic Sites in Korea

Chairman:Parliamentary Commissioner Councilors:Katsumi Kuroita, Shogo Oda, Yoshito Harada, Hiroshi Ikeuchi, Sueiji Umehara, 　　　　　And the Director General of Special School Affairs Secretary:Ryosaku Fujita

In addition, research on ancient tombs and flat earthen walls in the Lelang Commandery of the Han Dynasty conducted from 1933 to 1935 was published each year in three issues as *Kofun Chosa Gaiho* ("Summary Report on Studies of Ancient Tombs")so that the research content was made public. Also, research conducted from 1936 to 1938 was compiled annually in the *Kofun Chosa Hokoku* ("Research Report on Ancient Sites").[16]

The Gyeongju Research Institute implemented research on sites such as ancient tombs, castle ruins and temple ruins from Silla/Unified Silla, and published the outcomes annually in the *Koseki Chosa Hokoku.*

The first volume of the *Chosen Homotsu Zuroku* ("Illustrated Book of Korean Treasures"), entitled *"Bukkokuji to Sekkutsuan"* ("Bukkoku-ji Temple and Sekkutsuan Cave," 1938) and the second volume, entitled *"Keishu Namsan no Busseki"* ("Buddhist Ruins of Mt.Namsan in Gyeongju,"1940) both became publications of the Korea Governor-General, but were reports on work in which the Gyeongju Research Institute was actively involved.

The Baekje Research Institute conducted research on sites including ancient tombs and temple ruins in Gongju, Iksan, and Han Nam. The results were presented annually in the *Koseki Chosa Hokoku.*

The activities of the Society for Studying Historic Sites in Korea replaced research on historic sites by the Governor-General. All of the three established research institutes were housed in museums, and the society's office was located within the Museum of the Korea Governor-General's Office in Gyeongseong. They were inextricably linked to the Governor-General. Expenses for operation were provided by donation, but a majority was funded by the Japan Society for the Promotion of Science, the Ministry of the Imperial Household and the Yi Imperial Family. Thus, the society was not a non-government affiliated research body.

In addition to researchers, people engaged in studying the lelang ruins in 1935 included part-time employees of the Office of Archaeological Research, Korea Governor-General's Office. Furthermore, from 1937 to 1938 employees other than researchers participated, with titles including "part-time employee of the Museum of the Korea Governor-General's Office." Researchers and research assistants were persons involved with the Governor-General's Office, or researchers belonging to Imperial Universities and the Imperial Museum in Japan. These were the types of individuals who made up the members.

This was only natural because the work of excavating ruins in the era of the Governor-General was limited to members appointed by the Governor-General or relevant government officials. Very few instances remained in which research was conducted by civilian researchers of archaeology. However, the one exception applied to ruins related to the Stone Age.

Viewed in this light, it becomes clear that the Society for Studying Historic Sites in Korea was similar to the Toa Koko Gakkai (Far-Eastern Archaeological Society).[17] Furthermore, it was operated by subsidies, grants and Imperial donations. The state (government) was constantly involved. While the Far-Eastern Archaeological Society was oriented towards archaeology in East Asia, the Society for Studying Historic Sites in Korea undertook archaeology studies in Korea. Kyoto Imperial University, Tokyo Imperial University and government archaeologists assigned to the Imperial Museum were directly involved in both societies, and the names of people common to them all can be found.

The Far-Eastern Archaeological Society joined with the Pekin Daigaku Koko Gakkai (Peking University Archaeology Society) to form the Toho Kokogaku Kyokai (Association of East Archaeology), Which held meetings planned lectures and created society field uniforms. In contrast, the Society for Studying Historic Sites in Korea operated by changing the names of Governor-General archaeological projects and implementing them as is. Therefore, although a look at the activities of these two societies reveals similarities, in essence they were entirely different.

The Society for Studying Historic Sites in Korea promoted archaeological research in the Korean Peninsula from June 1931 to August 1945 and was clearly an organization that undertook archaeological studies in the Greater East Asia Co-Prosperity Sphere.

2.Manchuria and the Far-Eastern Archaeological Society

The Northeast area of China comprises three northeastern provinces in China—Liaoning, Jilin and Heilongjiang—and the region covering Inner Mongolia. The Japanese colony of Manchukuo was founded there in March 1932 with Puyi as a puppet ruler, and ultimately dismantled in 1945. The era name at the time of its establishment was Datong, followed three years later by Kangde. Datong lasted two years, and Kangde twelve.

Archaeological research in the Manchurian region had already been initiated by Ryuzo Torii from 1887-1896. From then on research occurred repeatedly until the Taisyo period (1912-1926). In addition, Kosaku Hamada traveled to Manchuria from

1910 and Sozaburo Yagi from 1918, and research in the region was gradually carried out in earnest.

However, that work was principally superficial study and did not reach the level of all-out excavation.[18]

Organized, full-blown excavation was realized by the inception of the Far-Eastern Archaeological Society.[19] Excavations that took place in succession, such as P'i-tzu-wo (1927), Mu-yang-cheng (1928), Nang-shan-ri (1929) and Ying-cheng-tzu (1931), are representative of this time.

The Far-Eastern Archaeological Society was an organization that held an inaugural ceremony in March 1927 and aimed to conduct archaeological research in the East Asian region. The society conducted an excavation right away in the vicinity of Pulandian in the year of its launch. The society had already been eyeing organizing in the fall of 1925. In fact, in August 1926 a request for a government grant to study P'i-tzu addressed to the Minister of Foreign Affairs (Baron Kijuro Shidehara) had already been submitted by the Far-Eastern Archaeological Society (Standing Committee: Kosaku Hamada, Yoshito Harada; Secretary: Kozaburo Shimamura).

Moreover, Manchukuo, which was formed in 1932, enacted and publicly announced the Historic Sites Preservation Act two years after the state's establishment on July 1, 1933. This act was revised in March 1934 and thereafter perpetually applied in Manchukuo.

In addition, in 1936 and beyond the Manchukuo State Council Culture Department conducted national research in historic sites and antiquities. Reports in that research reached as many as 80 volumes, but only the following five were published.

Mansyukoko Koseki Kobutsu Chosa Hokokusho ("Research Report on Historic Sites and Antiquities in Manchukuo")
Vol.1 "Historic Sites in Jinzhou Province" (Sozaburo Yagi)
Vol.2 "Rehe from an Archaeological Perspective" (Sadahiko Shimada)
Vol.3 "Research Report on Historic Sites in Jiandao Province" (Kiichi Toriyama, Ryosaku Fujita)
Vol.4 "Historic Remains from the Jin Dynasty in Jilin and Binjiang Provinces" (Kazuki Sonoda)
Vol.5 "Research Report on Ying Zi Historic Ruins in Yanji Province" (Ryosaku Fujita)

The administration of cultural assets in Manchukuo was carried out based on the Historic Sites Preservation Act, but jurisdiction belonged to the Public Welfare Department (later, the Culture Department). From 1940, Shunjo Miyake became involved as an investigator of cultural assets (and simultaneously held the post of

Preservation Association Director).

The Far-Eastern Archaeological Society continued with active research even after the establishment of Manchukuo, and excavated at sites including Yang-téca-wa and Tung-ching-Ghéng (first stage:1933), Tung-ching-Chéng (second stage:1934) and Hung-Shan-han, Chin-feng (1935).

After the state's formation, archaeological studies were conducted in various locations in Manchuria by the Manchukuo State Council Public Welfare Department (Culture Department), various provinces, museums, the Far-Eastern Archaeological Society and research groups organized through the sponsorship of people central to Japanese government, including Manmo Gakujutsu Chosa Kenkyudan (Manchuria and Mongolia Academic Research Group), Nichiman Bunka Kyokai (Japan-Manchuria Culture Association) and the Japan Society for the Promotion of Science.[20]

Among these various research groups, the Far-Eastern Archaeological Society played a large role.[21] In addition, research in Warman under the sponsorship of the Japan-Manchuria Culture Association on the three Liao tombs (Emperor Shengzong, Emperor Xingzong, Emperor Daozong) was conducted by scholars belonging to Kyoto Imperial University.

Thus, archaeology in Manchukuo was conducted based on the leadership of Japanese government and academia, and carried out by the Far-Eastern Archaeological Society. The same was true for the operations of preservation institutions established in the different locations, including the Mukden Branch of the National Central Museum, Lüshunkou Museum and Harbin Museum (Liaoyang, Fushun, Dongjingcheng Mudanjiang Province, Lin Dong), local museums (Jinzhou) and galleries of treasures (Rehe). In particular, Sadahiko Shimada[23] (previously an assistant and teacher at Kyoto Imperial University Archaeology Department), who was director of the Lüshunkou Museum, played a significant role in archaeological exchange between Manchukuo and Japan, which was in command. Moreover, close attention must be paid to the fact that, similarly to Korea, the Japan Society for the Promotion of Science was deeply involved in archaeological research.

3. Northern China and Mengjiang Archaeology

The former provinces of Chahar and Suiyuan and the northern area of Shanxi were called Mengjiang of Hokushi (Northern China).

Japanese scholars were involved in archaeology studies in this area as far back as 1908 in a study conducted by Ryuzo Torii. It then fell outside the sphere of interest for a long time, but in 1930 Seiichi Mizuno and Namio Egami, exchange students from the Far-Eastern Archaeological Society, explored Mongolia and the northern extremities of China. Having gained knowledge related to microlith/bronze and cord-marked pottery,[24] on the suggestion of Egami, the Far-Eastern Archaeological Society dispatched a research group comprised of members in the fields of geology, paleontology, anthropology and archaeology to Silin-Gol and Ulan-Chap.[25] This study was aided by the Ministry of Foreign Affairs Cultural Affairs Department, the Harada Sekizenkai Foundation and Marquis Hosokawa.

The Far-Eastern Archaeological Society subsequently conducted an excavation of Shangto in Duolun in 1937.[26] This study headed by Yoshito Harada and Kazuchika Komai was entirely funded by the Ministry of Foreign Affairs Cultural Affairs Department.

From 1941 to 1943, tombs from the Han Dynasty were excavated in Yanggao Province, Mengjiang. They are Pei-cha-tch'eng, Wan-ngan and Ku-chéng-Pu. These grave mounds, the former called *karyotai* and the latter *koryotai,* have legends about fanciful mountains of foods, but lore about the tombs did not exist.

Seiichi Mizuno, who studied the Yungang Grottoes in Datong, focused on these mounds and conducted excavations as projects for the Far-Eastern Archaeological Society.

The excavation of Pei-cha-tch'eng, Wan-ngan was headed by Mizuno. It targeted three tombs and confirmed that they dated from the Han Dynasty.[27] This excavation was sponsored by the Daido Sekibutsu Hozon Kyokai (Datong Association for the Preservation of Stone Buddhist Images) and funded by the Mongolian government at the request of the Far-Eastern Archaeological Society.

Excavation of Ku-chéng-Pu targeted three foundation. It took place from 1942 to 1943 and was headed by Katsutoshi One, Takeo Hibino and Seiichi Mizuno.[28] The organizers were the Daido Sekibutsu Hozon Kyosankai (Datong Support Association for the Preservation of Stone Buddhist Images) and the Yanggaoken Shiseki Hozon Kyokai (Yanggao Province Society for the Preservation of Historic Sites).

Archaeological digs at Pei-cha-tch'eng and the old castle fortifications determined the sites to be tombs from the Han Dynasty. However, notably, the discovery of an abundance of grave goods in the old castle fortifications not only increased people's amazement about the world of archaeology, but also provided such a satisfying result that it caught the attention of relevant individuals in Japan. The outcomes of this excavation of old castle fortifications immediately led to a meeting in Kyoto.

At that meeting, Hibino and Mizuno gave lectures at the second conference of the Greater East Asia Academic Association. The lecture held on December 19,1942 was titled,"Recent Archaeological Discoveries in Mengijiang,"and its content was published as *Daitoa Gakujutsu Soshi* 1 ("Academic Records of Greater East Asia").[29] The Greater East Asia Academic Association was founded in June 1942 to research the natural features, ethnic groups, and cultures of the Greater East Asia Co-Prosperity Sphere, and generally to make known the research results with the aim of aiding the construction of a new culture of Greater East Asia. Therefore, the results of the excavation on the old castle fortifications were truly appropriate to generally making known and expanding the outcomes of various academic research on the Greater East Asia Co-Prosperity Sphere during the building of Greater East Asia. It was truly deeply significant for being conducted in Mengjiang, and furthermore, by the Japanese, where academic research on ancient burial mounds had yet to be conducted in mainland China.

Hibino and Ono, who were in charge of the excavation an report, were government scholars dispatched by Toho Bunka Kenkyusho (Research Institute for Cultural Treasures of the East) after an invitation from the Mongolian government.

Research on the Yungang Grottoes was an archaeological study in Mengjiang that garnered further attention.

Grottoes from the Northern Wei Dynasty that exist in Yungang in the west of Datong Prefecture, Shanxi Province (21 large caves, 20 medium-sized caves, and countless small Buddhist altar niches) were introduced by Chuta Ito in 1902, but this study, conducted from 1938 to 1944, was undertaken by researchers belonging to Toho Bunka Gakuin Kyoto Kenkyusho (Toho Culture Academy Kyoto Research Institute) headed by Seiichi Mizuno and Toshio Nagahiro,[30] The study clarified the actual state of the Yungang Grottoes, such as the five caves of Tanyao.

Prior to studying the Yungang Grottoes, Mizuno and Nagahiro studied caves in The Buddhist Cava-Templer of Hsang-T'arg-sso[31] and Longmen[32] in March-May 1936 as part of research on caves in Northern China in the lead up to full-out study on the Yungang Grottoes. However, the research was quite eventful as it took place in unfavorable conditions. During work at Xiang-tang-shan shi-ku carried out April 10-15, the Ci County and Pengcheng police provided guard and were on constant patrol; while at Luoyang during research April 24-29, the locals were inhospitable, security was insufficient, and government officials and police exhibited an anti-Japanese attitude. Particularly When researching Longmen, they were accompanied by several police on bicycles as escorts who kept watch.

The study of the Yungang Grottoes was carried out within this environment[33].

Archaeology in Mengjiang focused on excavations of Han Dynasty tombs implemented by persons related to the Far-Eastern Archaeological Society, and research on caves in Northern China by scholars belonging to Toho Culture Academy Kyoto Research Institute (Toho Culture Research Institute).

4.Archaeology in the Battlegrounds of Central China

After the Marco Polo Bridge Incident on July 7, 1937 (which led to the Second Sino Japanese War), Japan expanded the war and seized Nanjing on December 13, Nanjing was abandoned, and an immense volume of archaeological finds from Yinxu, Yin-mu and other places in Anyang in Henan Province related to research by the Institute of History and Philology were put into order.[34] Sueji Umehara was placed in charge of the archaeology department.

Along with these organizational activities by Umehara, of note is the dispatch of a party of scholars to the Chinese continent from Keio University. This planned academic tour was proposed by Joe Shibata and implemented in three groups lead by Kashiwa Oyama (Datong, Zhang Wei, Beijing), Shibata (Central Shina (China)) and Nobuhiro Matsumoto (various locations in Central China).

The report by the Central China group, *Konan Tosa* ("archaeological Studies at Nanking and Hangchac,"FY1938) paints a vivid picture of the actual circumstances of the expedition. Shinzo Koizumi, who contributed the forward, wrote,"In late 1938, Nanjing fell and, shortly after entering a new phase in which the state of the war became significant, historians at Keio University Faculty of Letters proposed that immediately going to China to conduct academic study and archaeological digs for ancient ruins was imperative. As a result of deliberations, three groups were dispatched for an academic tour in May 1938. At the time, although the hostilities had not long been over, it felt good for the scholars to vie to explain the necessity of academic study." In the Central Shina group, Saburo Hosaka (graduate school) and Hideo Nishioka (student) participated under Matsumoto and went to Nanjing, Hangzhou (Gudang Shihushan ruins) and Shanghai. The initial plan was primarily to conduct an excavation, and the organization of existing specimens in Chinese museums was not really under consideration. However, in the end, the tour became an endeavor to organize the Institute of History and Philology, Ceramic Research Institute, and Institute for the Preservation of Antiquities in Nanjing, conduct exploratory digs at the Gudang Shihushan ruins in Hangzhou, and inspect the Asian Society Museum. Exploratory digging at the Gudang Shihushan ruins in Hangzhou turned up brick tomb chambers from the late Han Dynasty in the early period of the Six Dynasties, and insight was gained into the chronological view of Hei-tao pottery.

Umehara went to Nanjing and engaged in organizational activities immediately after Nanjing was seized, and Shibata very quickly proposed sending an academic research team to the continent of China. These two scholars were directly and indirectly connected to the "state."Umehara was an assistant professor at Kyoto Imperial University;Shibata was an assistant at Tokyo Imperial University, held positions in the Home Ministry and Ministry of Education, and also worked as a teacher at Keio University.

After the seizure, other archaeological schemes (an expression by Umehara) that were a part of pacification work were naturally implemented under government leadership.

This kind of movement was accepted in every region of the Greater East Asia Co-Prosperity Sphere. Moreover, it was not at all uncommon for archaeology researchers in the private sector to be enlisted and sent outside of Japan.

It is difficult to know what it feels like for a researcher to deal with a battleground as a soldier, but there is documentation on an archaeological experience that happened to a certain archaeologist on the battlefield[36].

The *Asahi Shimbun* ("Asahi Newspaper") dated December 16, 1943, carried a two-column article titled,"Well done, soldier-scholar."

Special dispatch from Nanjing on the 14th: In the midst of battling anti-Japanese forces, a single soldier by chance dug up a nearly intact jar-shaped vessel from 3,000 years ago, providing an artifact valuable to the study of culture in Central China in the Neolithic Age. Private Teruya Esaka from the Central China XX Unit (from 1042 Akatsutsumicho, Setagaya-ku, Tokyo) studied archaeology under the guidance of his teacher, Ichiro Yawata at the Department of Cultural Anthropology at the University of Tokyo, Furthermore, after working as a junior assistant at the Department of Earth Science at Bunri University, he is now conducting research in archaeology at the Department of History, Faculty of letters, Keio University. He is a young and energetic student who came to the battlefront after being drafted, and participated in XX military operations at the end of this past November. While marching near Matsuryoseki in the Jiangning District approx. 25 km south of Nanjing, he keenly spotted a piece of a jar along a loess cliff facing northwest in the suburb of Shoshyanteo. He dug it out, carried it home, and researched literature to find that this jar dates from around the late Neolithic Age to the Spring and Autumn period and the Warring States period, and is at least 3,000 years old.

This article in Tokyo's *Asahi Newspaper* was a special dispatch widely reported as news from the Continent in Nanjing at the time.

In 1943, the expanded battle lines of the Japanese forces had to be increasingly walked back after Japan's withdrawal from Guadalcanal in February, the complete destruction of the Attu garrison in May, and the country's September retreat from the absolute defense perimeter strategy, which necessitated falling back from the line of defense that ran from the Mariana Islands to the Caroline Islands and West New Guinea. Meanwhile, around the time these dark clouds were gathering, articles on soldier-scholars were run in daily newspapers that communicated news such as a farewell party held on October 21 at the outer garden of Meiji-jingu Shrine for students before they departed to the battlefront.

The news reporting on the jar discovered to the south of Nanjing by Esaka, a soldier in the 101st detached unit to China (Nanjing Defense Command), was useful in suggesting the military operation in the Nanjing region was going well, and could be described as effectively communicating that there was a sense of calm in the region.

This news favorably impressed the top ranks in the army, and on December 25 and 26 Esaka was able to once again research the site where the jar was excavated. His re-examination was conducted together with individuals such as Isao Taki and Etsuji Tanida from the Research Division of the Government Committee for the Preservation of Cultural Artifacts, and Seiichi Wajima from the Tokyo Imperial University Department of Cultural Anthropology. Earthenware fragments identical to the jar were collected in the vicinity.

Esaka immediately wrote about the outcome and submitted it to *Jinruigaku Zasshi* ("Journal of Anthropology"), a bulletin of the Society of Anthropology in Tokyo. The paper, entitled "Ancient Earthenware Discovered in Matsuryoseki," was completed on December 28. It was also published in the March 1944 issue of the *Journal of Archaeology* Vol.59 No.3.

The jar discovered in Shoshyanteo outside of Matsuryoseki in the Jiangning District of Jiangsu Province was a black ceramic vessel. The opening measured 12.5cm in diameter, the height 14cm, and the bottom diameter 16.5cm. Earthenware fragments collected nearby were also of the same marked earthenware. The discovery of the Shoshyanteo ruins southwest of Matsuryoseki was reported to academia.

The end of the report states,"I am sincerely grateful to the local military authorities who provided diverse support, and particularly to Chief of Staff Yamashita and Captain Sakata." This speaks to the fact it was written while serving in the military in the Jiangnan (Nanjing) Tobirokuichi Command.

Around this time, Esaka wrote an essay while in Jiangnan, entitled "Archaeology Viewed from the Battle Lines." This essay was published in the June 1944 issue of *Kobijutsu* ("Antiques") Vol.14 No.6 (Tsukan No.161). Though a short article of two, A5-sized pages, the text expresses his evident joy at focusing on archaeology for a moment while in the field of war. He wrote, "Imperial Army stations in the Greater East Asian War are located nearly over the entire Greater East Asia Co-Prosperity Sphere. The majority of these places are uneducated." The text concludes, "Just as we cannot be neglectful of military service in the current battlefront, we students of archaeology stationed on the battle lines hope to carry out our duty of aiding the ethnic policy in the Greater East Asia War by being vigilant at all times in our endeavor to gather artifacts." This communicated the thoughts of an archaeology researcher who found himself on the battlefield. Of course, this was Esaka's impression, but it goes without saying that his profound daily thoughts compelled the discovery of the Shoshyanteo ruins. Esaka said, "There are museums of varying sizes in cities in each area of the Co-Prosperity Sphere. The archaeological artifact from the areas housed in these museums were roughly organized and reported on by Western scholars in the past." However, he points out that, "If we who live in East Asia and are researching the ancient culture of this region can view them, we may discover many research aspects not comprehended by Western scholars." That sentiment can be said to have once inspired the research team from keio University headed by Nobuhiro Matsumoto to explore the Jiangnan region and obtain comparable outcomes.

Afterword

Archaeology in Japan in the early Showa period corresponds to a time when steps were taken to supersede even the highest level of enlightenment based on archaeological outcomes from the Taisho period. These included chronological research on Jomon pottery, basic research on the wet-rice farming theory of Yayoi culture, establishing Yayoi pottery chronology, and research on the four-period chronology of ancient Imperial graves, temple ruins from the Asuka period, and tile designs. That was a steady step toward establishing archaeology as a science represented by the Minerva debate, which is founded on the outcomes of Jomon pottery chronology. It was also a time when, along with the rise of archaeological research in the private sector represented by the launch of the Tokyo Koko Gakkai (Tokyo Archaeology Society), publications impacted the world of archaeology in Japan. In addition to the already existing *Kokogaku Zasshi* ("Journal of the Archaeological Society," published by the Archaeology Society) and *Jinruigaku Zasshi* ("Journal of Anthropology") and *Tokyo Jinruigaku* ("Tokyo Anthropology"), both published by The Anthropological Society of Nippon), other publications were also launched. These included *Kokogaku* ("Archaeology"), the bulletin of the Tokyo Archaeology Society; *Kokogaku Ronso* ("Collection of Essays on Archaeology," published by the Society of Archaeological Studies); *Shizengaku Zasshi* ("Paleethnology Journal," published by Shizen Gakkai (Society of Paleethnology); and Senshi Kokogaku("Prehistoric Archaeology"; published by Senshi Koko Gakkai [Prehistoric Archaeology Society]).

However, after the Second Sino-Japanese War of 1937, the concept of a New Order in East Asia, followed by the Greater East Asia Co-Prosperity Sphere, gradually took hold in the world of archaeology as well. It was a way for Japan to extend its reach toward colonies, and a movement that symbolized the systemization and activities of the Far-Eastern archaeological Society/Association of East Archaeology with archaeological studies by the Imperial universities at the core.

Manchuria and the Far-Eastern Archaeological Society/Japan-Manchuria Culture Association, Korea and the Society for Studying Historic Sites in Korea, and Manchuria/ Korea and the Japan Society for the Promotion of Science were directly connected to archaeology in the colonies as associations; they were linked to archaeology in the Greater East Asia Co-Prosperity Sphere. It was the same for Mengjiang.[37] The expenses necessary for those "archaeological schemes"were funded by bodies such as the Ministry of Foreign Affairs (Cultural Affairs Department), the Ministry of the Imperial Household and the Japan Society for the Promotion of Science. Their existence truly contributed to national policy.

This trend reached not only archaeology at the Imperial universities, but also archaeology in private universities. In addition, three archaeology research groups in the private sector (Tokyo Archaeology Society, Society of Archaeological Studies, Chubu Archaeology Society) merged to create the Nihon Kodai Bunka Gakkai (Japan Society of Ancient Culture).

In the early Showa period, many new perspectives were academically presented in fields of individual research, but archaeology was not unrelated to the tides of the times.

The Japanese people's comprehension of the history of archaeology in Japan has tended to focus on the boundaries of Japan proper. However, we can understand the macroscopic history of archaeology in Japan by also turning our attention overseas.

Notes

1. For example, this includes the publication of *Studies on the History of Japanese Archaeology* by the Kyoto Mokuyo Club (first issued in 1992; historical research on archaeological publications by Seiichi Yanagisawa ("The Minerva Debate & Archaeology in the Founding of a State—A Slice of Archaeological History Viewed from the History of Publication"; *The Lives of Our Ancestors* and other publications by Shuichi Goto; *Senshi Kokogaku Kenkyu* ("Prehistoric Archaeology Study")3, 1990; critical biographies by Wako Anasawa ("The Path of Dr.Yukio Kobayashi" and "A Discussion on Sueji Umehara," *Kokogaku Kyoto Gakuha* (Kyoto University Archaeology), edited by Bunei Tsunoda, 1944).

2. Jiujiro Nakaya. *Nihon Senshigakujoshi* ("Prehistory of Japan,"1935).

3. Seiichi Wajima. "Nihon Kokogaku no Hattatsu to Kagakuteki Seishin" ("The Development of Japanese Archaeology and the Scientific Spirit"), *Yuibutsuron Kenkyu* ("Study of Materialism") 60/62, 1937), "Nihon Kokogaku no Hattatsu—Hattatsu no Shodankai" ("The Development of

Japanese Archaeology—The Many Stages of Development"), (*Nihon Kokogaku Koza* ("Studies on Archaeology in Japan") 2, 1955).

4. Kenji Kiyono. *Nihon Kokogaku/Jinruigakushi* ("Japanese Archaeology & Anthropo logy," Vol.1, 2, 1954, 1956) and *Nihon Jinshuron Hensenshi* ("History of Japanese Theory of Race," 1944).

5. Yukio Kobayashi. *"Kokogakushi/Nihon"* ("History of Archaeology in Japan") (*Sekai Kokogaku Taikei* ("Summary of World Archaeology") 16, 1962).

6. Yoshiro Kondo. *"Sengo Nihon Kokogaku no Hansei to Kadai"* ("Post-war Archaeology in Japan:Reflection and Issues"), *Nihon Kokogaku no Shomondai* ("Issues in Japanese Archaeology," 1964).

7. Tadashi Saito. *Nihon no Hakkutsu* ("Japanese Excavations," 1963; expanded edition 1982), *Nihon Kokogakushi* ("History of Japanese Archaeology," 1974); *Nihon Kokogakushi Shiryo Shusei* ("Compilation of Historic Documents on Japanese Archaeology," 1979); *Nenpyo de Miru Nihon no Hakkutsu/Hakkenshi* ("History of Japanese Excavations & Discoveries Viewed Chronologically") (1) Nara period-Taisho period, (2) Showa period," 1980,1982; *Nihon Kokogakushi Jiten* ("Lexicon of Japanese Archaeology," 1984), *Kokogakushi no Hitobito* ("Figures in the History of Archaeology," 1985); *Nihon Kokogakushi no Tenkai* ("Historical Development of Japanese Archaeology", *Nihon Kokogaku Kenkyu* ("Japanese Archaeology Research") 3, 1990); *Nihon Kokogaku Yogo Jiten* ("Dictionary of Terminology for Japanese Archaeology," 1992); *Nihon Kokogakushi Nenpyo* ("Chronology Table of Japanese Archaeology," 1993), etc. For texts by Sakazume on Saito's academic research, refer to: *"Saito Tadashisensei no Nihon Kokogakushi Kenkyu"* ("Research on Japanese Archaeology by Tadashi Saito"); *Kokogaku Soko* ("Thoughts on Archaeology," Vol.2 1988); *"Nihon Kokogakushi Kenkyu Kinkyo"* ("Recent State of Historical Research on Japanese Archaeology"), later revised to *Nihon Kokogaku no Churyu* ("Trends in Japanese Archaeology," 1990).

8. Mitsunori Tozawa. *"Nihon Kokogakushi to Sono Haikei"* ("History & Background of Japanese Archaeology") (*Nihon Kokogaku wo Manabu* ("Learn About Japanese Archaeology")1, 1978).

9. Masaki Kudo. *Kenkyushi/Nihon Jinsyuron* ("Historical Study on Japanese Theory of Race," 1979).

10. Akira Teshigawara. *Nihon Kokogakushi—Nenpyo to Kaisetsu* ("History of Japanese Archaeology—Chronology & Explanation," 1988).

11. Hideichi Sakazume. *Manshukoku/Kotoku Juichi Nen no Koko Jijo* ("Manchukuo 1945:The State of Archaeology," *Kobunka Danso* ("Journal of Ancient Cultural Studies," 30 Vol.2,1993); *"Nihon Kokogakushi Shui—Toa Koko Gakkai/Toho Kokogaku Kyokai to Nihon Kodai Bunka Gakkai"* ("Insights on the History of Japanese Archaeology—The Far-Eastern Archaeological Society/Association

of East Archaeology & Japan Society of Ancient Culture"), *The Journal of the Department of Literature, Rissho University* 99, 1994), etc.

12. An example can be seen in *Toa Kokogaku Gaikan* ("Outline of Far-Eastern Archaeological," 1950) by Sueji Umehara. In this work, the author writes primarily about lecture content conducted in various places in French Indochina as "a Japan-Vietnam exchange professor"in December 1942; it was completed in July 1945. The aim of the lectures was to introduce "achievements in Far-Eastern Archaeological by past Japanese academics."There were nine volumes of recorded text, including *"Chosen ni okeru Kandai Iseki no Chosa & Sono Gyoseki"* ("Studies of Han Dynasty Ruins in Korea & Their Achievements"); *"Chosen Jodai Iseki no Chosa—Tokuni Kokuri no Hekiga ni tsuite"* ("Studies on Ancient Ruins in Korea—Particularly Wall Paintings in Goguryeo"); *"Minami Mnsyu toki ni Kantosyu no Shizen Bunbutsu ni kansuru Shinkenkai"* ("A New View on Prehistoric Cultural Assets in Kwantung in South Manchuria"); and *"Saikin Nihongakusha no Okonatta Shina no Kokogaku Chosa* ("Recent Archaeological Studies on China by Japanese Academics").

13. Concerning this issue, Yoshiro Kondo succinctly pointed out that archaeological research in Korea, China, etc. by Japanese academics came about and developed in close relation to Japan's invasion of Asia. With aid from the invading government, archaeology was carried out with help and protection from military authorities and governing institutions in each area. (See literature cited in Note 6.)

14. This classification is by Sakazume. The early stage spans from the start of the Showa period until the end of the Asia-Pacific. War. The middle stage spans from the year after the war until around the publication of *Nihon no Kokogaku* ("Archaeology in Japan"), which is described as a post-war summarization of research results in Japanese archaeology. The subsequent late stage lasted until the end of the Showa period. The time from around the end of the middle stage and the start of the late stage was particularly a period when"preliminary excavations"according to "development"became large in scale, and "government excavations"became commonplace. Therefore, the period was provisionally extended to 1965, but there was a transition between the middle and late stages up until around 1970.

15. Ryosaku Fujita. *"Chosen Koseki Chosa"* ("Research on Historic Sites in Korea,"*Kobunka no Hozon to Kenkyu* ("Preserving and Researching Ancient Cultures," 1953), later *Chosengaku Ronko* ("Discussion on Korean Studies," 1963). Regarding the Society for Studying Historic Sites in Korea, in addition to its issued reports and research papers published by Kyoichi Arimitsu in *Arimitsu Kyoichi Chosakusyu* ("Collection of Works by Kyoichi Arimitsu,"Vol.2, 1992), refer to works such as *Chosen Kodai Iseki no Henreki* ("Traveling to Ancient Sites in

Korea," 1986) by Akio Koizumi and *Toa Kokogaku no Hattatsu* (Development of Archaeology in the Far East," 1948) by Seiichi Mizuno.

16. The annual *Koseki Chosa Hokoku* was published three tiomes from FY1936-FY1938. It was not published after FY1939.

17. Refer to Note 11 for information including the circumstances of the establishment of the Far-Eastern Archaeological Society.

18. The history of archaeology in Manchuria is detailed in *Mansyu Kokogaku Gaisetsu* ("Outline of Archaeology in Manchuria," 1944) by Shunjo Miyaki;*Chugoku Tohoku Chiku Kokogaku Gaisetsu* ("Outline of Archaeology in the Northeast Region of China," 1989) by Li Lian Yi;*Tohoku Ajia Kokogaku no Kenkyu* ("Research on Archaeology in Northeast Asia," 1975); *Zai—Man Nijuroku Nen—Iseki Tansa to Waga Jinsei no Kaiso* ("Twenty-Six Years—A Refection on Exploring Archaeological Ruins and Our Life," 1985); and *Chugoku Tohoku Iseki Tanbo* ("Searching for Archaeological Ruins in Northeast China," 1992). *However, Toa Kokogaku no Hattatsu* ("Development of Archaeology in the Far East,"noted earlier) by Seiichi Mizuno contains even more detail.

19. The Far-Eastern Archaeological Society's report, *Toho Kokogaku Sokan* ("Archaeologia Orientalis") published 5 class A booklets and 8 class B booklets.

20. The achievements of Shunjo Miyake are known as independent investigations, but *Hanrajo—Bokkai no iseki Chosa—* ("Ban-la-cheng—Research on Bohai Archaeological Ruins," 1942) by Jinpei Saito and *Hanrajo to Hoka no Shiseki* ("Ban-la-cheng & Other Historic Sites," 1973) cannot be ignored.

21. As for Far-Eastern Archaeological, in addition to excavation studies in Machukuo, the Mongolia research group was dispatched to the Ulanqab region and Xilinhot region in Inner Mongolia twice, once in 1931 and again in 1935. *Moko Kogen Odanki* ("Diary of Travels Across the Mongolian Highlands," 1937;revised edition 1941) is a record of that Observations during this exploration (Namio Egami) directly prompted the Qing-ling study of the three Liao tombs by the Japan-Manchuria Culture Association.

22. Jitsuzo Tamura, Yukio Kobayashi. *Keiryo* ("Qing-ling," 1953); Jitsuzo Tamura *Keiryo no Hekiga* ("Qing-ling Wall Paintings," 1972), *Keiryo Chosa Kiko* ("Travelogue of the Qing-ling Investigation," 1994).

23. *Koko Zuihitsu Keikanko* ("Archaeological Essays on Cockscomb Jars," 1936) by Sadahiko Shimada is an important writing that conveys a glimpse into the circumstances of archaeology of Manchukuo at that time, along with *Mansyuu Kokogaku Gaisetsu* ("Outline of Archaeology in Manchuria"; previously cited in Note 18) by Shunjo Miyake, It is touched on in Hideichi Sakazume's *Mansyukoku/ Kotoku Juichi Nen no Koko Jijyo* ("Manchukuo 1945:The State of Archaeology"), *Kobunka Danso* ("Journal of Ancient Cultural Studies," 30 Vol.2, 1993).

24. Namio Egami, Seiichi Mizuno. *Uchimoko/Chojo Chitai* ("Inner Mongolia and the Great Wall Area," *Toho Kokogaku Sokan* ("Archaeologia Orientalis," class B, 1 booklet, 1935).

25. Reports on the fields of geology, paleontology and anthropology were publicized as *Moko Kogen* ("The Mongolian Highlands," Vol. 1), *Toho Kokogaku Sokan* ("Archaeologia Orientalis," class B, 4 booklets, 1943).

26. Yoshito Harada, Kazuchika Komai. *Shangtu* (*Toho Kokogaku Sokan* ("Archaeologia Orientalis," class B, 2 booklets, 1941).

27. Seiichi Mizuno, Uichi Okazaki. *Pei-cha-tch'eng, Wan-ngan, Toho Kokogaku Sokan* ("Archaeologia Orientalis," class B, booklets, 1946)

28. katsutoshi Ono, Takeo Hibino. "Ku-Cheng-Pia-Yang-Kao" ("Old Castle Fortifications in Ku-Chend-Pu Yanggao"), *Toho Kokogaku Sokan* ("Archaeologia Orientalis,"class B, 8 booklets, 1990).

29. Research on old castle fortifications was made public by the research group in *Mocho Yokoken Kanbocho Chosa Ryakuho* ("Brief Summary of Research on Han Dynasty Tombs in Yanggao, Mengjiang," 1943; published by Osaka/ Yamato Shoin), and by Ono and Hibino who were in charge of research in *Mocho Kokoki* ("Archaeology Diaries on Mengjiang," 1946) based primarily on research diaries. The official report (Note 28) was published in the 48th year after the excavation.

30. Seiichi Mizuno, Toshio Nagahiro. *Unko Sekkutsu* ("Yum-Kang," 16volumes, 1951-1957).

31. Toshio Nagahiro, Seiichi Mizuno. *Kahoku Jiken, Kanan-buankyo Dosan Sekkutsu* ("Xiangtangshan Caves in Tzu-hsien Prefecture in Hebei and Wu'an in Henan,"1937).

32. Seiichi Mizuno, Toshio Nagahiro. *Konan Rakuyo Ryumon Sekkutsu no Kenkyu* ("Research on the Longmen Caves in Luoyang, Henan," 1941).

33. Concerning research on the Yungkang Grottoes, Seiichi Mizuno published *Unko Sekibutsugun—Toho Bunka Kenkyusyo Unko Sekkutsu Chosa Gaiho* ("Yungkang Stone Buddhist Images—Toho Culture Research Institute Yungkang Grottoes Research Summary Report," 1944) ahead of the official report (Note 30), but publications on research also include:*Unko no Sekkutsu to Sono Jidai* ("The Yun-gkang kshika & That Period," 1939; partially revised in 1952) by Mizuno; *Daido no Sekibutsu* ("Stone Buddhist Images in Datong," 1946) by Mizuno and Nagahiro; *Unko Sekkutsu* ("Yungang Grottoes"; 2 volumes in *Chugoku Bunka Shiseki* ("Historic Cultural Sites in China," 1976) by Nagahiro; and *Unko Nikki—Taisenchuu no Bukkyo Sekkutsu Chosa* ("Yungang Diary—Study of Buddhist Caves During the Great War," 1988). In particular, Yungang Diary is Nagahiro's record of the research in 1939, 1941, 1942 and 1944, and readers can gain an

understanding of the state of Mengjiang from 1935 to 1944.

34. Sueji Umehara. *"Kinnen Waga Gakusha no Okonauta Shina no Kokogakuteki Chosa ni tsuite"* ("Recent Archaeological Studies on China Conducted by Japanese Academics"), *Toa Kokogaku Gaikan* ("Outline of Far-Eastern Archaeological"), previously cited.

35. Nobuhiro Matsumoto, Saburo Hosaka, Hideo Nishioka. *Konan Tosa* ("Field Investigation of Jiangnan"; FY1938) (research report, Department of History, Faculty of Letters, Keio University, class A, 1 booklet, 1941)

36. This was the experience of Teruya Esaka who was directly asked about it, but at the outset there was a problem involving *"Sekkosho Jikeiken Joshotomongai Iseki"* ("Ruins Outside the East Castle Gate in Cixi District, Zhejiang,"*Shigaku* ("Historical Science,"26-1/2, 1952). That is, in the same text a survey drawing of stoneware was presented, but in regard to earthenware only a description was given, so the issue was whether earthenware existed. The topic was then shifted to the Matsuryoseki ruins in the Jiangning District of Jiangsu, and Esaka provided information on the background of the excavation. At that time, his name was presented in the *Asahi News,* etc. It is an extremely valuable experience of how one enlisted archaeologist handled archaeology in the battlefield, and with his permission his insights should be made note of.

37. In addition to Korea, Manchuria, Mengjiang, and north and central China, Hu Wan, Southeast Asia, and Sakhalin should also be examined.

References

Egami, N. and Mizuno, S. (1935). Uchimoko/Chojo Chitai (Inner Mongolia and the Great Wall Area). *Toho Kokogaku Sokan* (Archaeokogia Orientalis) *class B, 1 booklet.* The Far-EASTERN APCHAEOGICAL SOCIETY.

Fujita, R. (1953). Chosen Koseki Chosa (Research on Historic Sites in Korea). *Kobunka no Hozon to Kenkyu* (Preserving and Researching Ancient Cultures). Kuroita hakushi kinenkai.

Fujita, R. (1963). *Chosengaku Ronko* (Discussion on Korean Studies). Fujita sensei kinen jigyokai.

Harada, Y.and Komai, K. (1941). Shangdu. *Toho Kokogaku Sokan* (Archaeologia Orientalis) *class B, 2 booklets.* The Far-EASTERN APCHAEOGICAL SOCIETY.

Kiyono, K. (1954, 1956). *Nihon Kokogaku/Jinruigakushi1,2* (Japanese Archaeology & Anthropology). Iwanami syoten.

Kiyono, K. (1944). *Nihon Jinsyuron Hensenshi* (History of Japanese Theory of Race).

Kobayashi, Y. (1962). Kokogakushi/Nihon (History of Archaeilogy in Japan). *Sekai*

Kokogaku Taikei (Summary of World Archaeology) *16*. Heibonsha.

Koizumi, A. (1986). *Chosen Kodai Iseki no Henreki* (Traveling to Ancient Sites in Korea). Rokko shuppan.

Kondo, Y. (1964). Sengo Nihon Kokogaku no Hansei to Kadai (Post-war Archaeology in Japan: Reflection and Issues). *Nihon Kokogaku no Shomondai* (Issues in Japanese Archaeology). Kokogaku kenkyukai jyussyunen kinenronbun kankokai

Kudo, M. (1979). *Kenkyushi/Nihon Jinshuron* (Historical Study on Japanese Theory of Race).

Li.L.Y. (1989). *Chugoku Tohoku Chiku Kokogaku Gaisetsu* (Outline of Archaeology in the Northeast Region of China).

Li.L.Y. (1975). *Tohoku Ajia Kokogaku no Kenkyu* (Research on Archaeology in Northeast Asia). Tohoku Ajia kobunka kenkyujyo.

Matsumoto, N., Hosaka, S., and Nishioka, H. (1941). *Konan Tosa* (Field Investigation of Jiangnan;FY1938). (Research report, Department of History, Faculty of Letters, Keio University, class A, 1 booklet). Mita shigakkai.

Miyake, S. (1944). *Manshu Kokogaku Gaisetsu* (Outline of Archaeology in Manchuria). Manshu jijyo annaijyo.

Miyake, S. (1985). *Zai−Man Nijuroku Nen−Iseki Tansa to Waga Jinsei no Kaiso* (Twenty-Six Years−A Refection on Exploring Archaeological Ruins and Our Life). Miyake chugoku kodaibunka chosashitsu.

Miyake, S. (1992). *Chugoku Tohoku Iseki Tanbo* (Searching for Archaeological Ruins in Northeast China). Tohoku Ajia kobunka kenkyujyo.

Mizuno, S. (1939). *Unko no Sekkutsu to Sono Jidai* (The Yungkang Grottoes & That Period). Fuzambo.

Mizuno, S. and Nagahiro, T. (1941). *Konan Rakyuyo Ryumon Sekkutsu no Kenkyu* (Research on the Longmen Caves in Luoyang, Henan). Zauhoukankokai.

Mizuno, S. (1944). *Unko Sekibutsugun−Toho Bunka Kenkyusho Unko Sekkutsu Chosa Gaiho* (Yungkang Stone Buddhist Images−Toho Culture Research Institute Yungkang Grottoes Research Summary Report). Asahi shimbun Osaka honsha.

Mizuno, S. and Okazaki, U. (1946). *Pei-cha-tch'eng, Wan-ngan, in Toho Kokogaku Sokan* (Archaeologia Orientalis) *class B, 5 booklets.* Zauhokankokai.

Mizuno, S. and Nagahiro, T. (1946). *Daido no Sekibutsu* (Stone Buddhist Images in Datong). Zauhokankokai.

Mizuno, S. (1948). *Toa Kokogaku no Hattatsu* (Development of Archaeology in the Far East). Oyashima shuppan.

Mizuno, S. and Nagahiro, T. (1951-1957). *Unko Sekkutsu* (Yum-Kang) 16 *volumes.* Kyotodaigaku jinbunkagaku kenkyujyo.

Mizuno, S. and Nagahiro, T. (1976). Unko Sekkutsu (Yungang Grottoes). 2 *volumes in Chugoku Bunka Shiseki* (Historic Cultural Sites in China).

Hideichi Sakazume

Nagahiro, T and Mizuno, S. (1937). *Kahoku Jiken, Kananbuankyo Dosan Sekkutsu* (Xiangtangshan Caves in Tzu-hsien Prefecture in Hebei and Wu'an in Henan). Tohobunkagakuin Kyoto kenkyujyo.

Nagahiro, T. (1988). *Unko Nikki—Taisenchuu no Bukkyo Sekkutsu Chosa* (Yungang Diary—Study of Buddhist Caves During the Great War). NHK books.

Nakaya, J. Mizuno, S. and Nagahiro, T. (1941). *Konan Rakuyo Ryumon Sekkutsu no Kenkyu* (Research on the Longmen Caves in Luoyang, Henan).

Nakaya, J. (1935). *Nihon Senshigakujyoshi* (Prehistory of Japan). Iwanami shoten.

Ono, K. and Hibino, T. (1990). Yoko Kojoho (Old Castle Fortifications in Yanggao). *Toho Kokogaku Sokan* (Archaeologia Orientalis). *Class B, 8 booklets.* Rokko shuppan.

Saito, J. (1942). *Hanrajo—Bokkai no Iseki Chosa*— (Ban-la-cheng—Research on Bohai Archaeological Ruins). Hunchun County Public Office.

Saito, J. (1973). *Hanrajo to Hoka no Shiseki* (Ban-la-cheng & Other Historic Sites). Hnrajoshi kankokai.

Saito, T. (1974). *Nihon Kokogakushi* (History of Japanese Archaeology). Yoshikawa kobunkan.

Saito, T. (1979). *Nihon Kokogakushi Shiryo Shusei* (Compilation of Historic Documents on Japanese Archaeology). Yoshikawa kobunkan.

Saito, T. (1980, 1982). *Nenpyo de Miru Nihon no Hakkutsu/Hakkenshi (1) Nara period-Taisho period, (2) Showa period* (History of Japanese Excavations & Discoveries Viewed Chronologically). NHK books.

Saito, T. (1982). *Nihon no Hakkutsu* (Japanese Excavations). Tokyodaigaku shuppankai.

Saito, T. (1984). *Nihon Kokogakushi Jiten* (Lexicon of Japanese Archaeology). Tokyodo shuppan.

Saito, T. (1985). *Kokogakushi no Hitobito* (Figures in the History of Archaeology). Daiichi shobo.

Saito, T. (1990). *Nihon Kokogakushi no Tenkai* (Historical Development of Japanese Archaeology). Gakuseisha.

Saito, T. (1990). *Nihon Kokogaku Kenkyu* (Japanese Archaeology Research)3. Gakuseisha.

Saito, T. (1992). *Nihon Kokogaku Yogo Jiten* (Dictionary of Terminology for Jaoanese Archaeology). Gakuseisha.

Saito, T. (1993). *Nihon Kokogakushi Nenpyo* (Chronology Table of Japanese Archaeology). Gakuseisha.

Sakazume, H. (1990). Nihon Kokogakushi Kenkyu Kinkyo (Recent State of Historical Research on Japanese Archaeology). *Nihon Kokogaku no Churyu* (Trends in Japanese Archaeology). Gakuseisha.

Sakazume, H. (1993). Manshukoku/Kotoku Juichi Nen no Koko Jijyo (Manchukuo 1945; The State of Archaeology), *Kobunka Danso* (Journal of Ancient Cultural Studies) 30 *Vol. 2.* Kyushu kobunka kenkyukai.

Sakazume, H. (1994). Nihon Kokogakushi Shui—Toa Koko Gakkai/Toho Kokogaku Kyokai to Nihon Kodai Bunka Gakkai (Insights on the History of Japanese Archaeology—The Far-Eastern Archaeological Society/Association of East Archaeology & Japan Society of Ancient Culture), *The Journal of the Department of Literature Rissho University 99, Risshodaigaku bunkakubu.*

Shimada, S. (1936). *Koko Zuihitsu Keikanko* (Archaeological Essays on Cockscomb Jars). Manshu jidaisha.

Tamura, J. and Kobayashi, Y. (1953). *Keiryo* (Qing-ling). Kyotodaigaku bungakubu.

Tamura, J. (1972). *Keiryo no Hekiga* (Qing-ling Wall Paintings). Dohosha.

Tamura, J. (1994). *Keiryo Chosa Kiko* (Travelogue of the Qing-ling Investigation). Heibonsha.

Teshigawara, A. (1988). *Nihon Kokogakushi—Nenpyo to Kaisetsu* (History of Japanese Archaeology—Chronology & Explanation).

Tozawa, M. (1978). Nihon Kokogakushi to Sono Haikei (History & Background of Japanese Archaeology). *Nihon Kokogaku wo Manabu* (Learn About Japanese Archaeology) 1.

Umehara, S. (1950). *Toa Kokogaku Gaikan* (Outline of Far-Eastern Archaeological). Hoshino shoten.

Wajima, S. (1973). Nihon Kokogaku no Hattatsu to Kagakuteki Seishin (The Development of Japanese Archaeology and the Scientific Spirit). *Yuibutsuron Kenkyu* (Study of Materialism). Wajima Seiichi chosakusyu kankokai.

Wajima, S. (1955). Nihon Kokogaku no Hattatsu—Hattatsu no Shodanki (The Development of Japanese Archaeology—The Many Stages of Development). *Nihon Kokogaku Koza* (Studies on Archaeology in Japan)2. Kawade shobo.

2 Excavation at Lumbini in Nepal

The remains of Lumbini (located at lat. 27° 28' and long. 83° 40'E.) in Kapilavastu Country, Kingdom of Nepal has been believed by many Buddhists to be the holy place of Buddha's birth.

Lumbini was confirmed to be the birthplace by inscriptions engraved on Aśoka Pillar discovered A. A. Führer in 1896. A. A. Führer had discovered the Aśoka Pillar of Conagamana Buddha in Nigali Sagar in 1895, therefore these discoveries and investigation had been carried forward from the viewpoints of archaeology and its term study [1].

From the results of these studies, P. C. Muckerji who conducted an archaeological survey on Kapilavastu in 1898, dug out the remains of Tilaurakot and studied the differences between Tilaurakot and the remains of Kapila castle. He also dug out Lummindei and did an archaeological research on the birthplace of Buddha in Tarai [2]. The results of investigations by P. C. Muckerji became the foundation of research and study of Buddha's birthplace.

P. C. Muckerji dug out the lower part of Aśoka Pillar which was first discovered by A. A. Führer. P. C. Muckerji revealed the condition of the Pillar standing upright in the center of square shaped remains. Also, Maya-Devi temple and the surrounding area were dug out and clues to the structure of this temple and the existence of Stupa consecrated to Buddha was reveals. It was especially reported that the foundation of Maya-Devi temple was a step-like form made of ornamental bricks laid on the north, west and south side.

Afterward, from 1932 to 1939, Maya-Devi temple and the surrounding area were dug up by Kesher Sumsher J. B. Rana. The aim was to restore and comprehend the actual condition of the remains of Lumbini, but unfortunately survey results were not reported. However, photographs stored in the Kesher library shows the maintenance of Lumbini, excavation of Maya-Devi temple, and partial excavation of the platform, Reports and photographs by Sennosuke Okada [3] and Tsusho Byodo [4] who visited during the excavation and Shindo Yamamoto [5] who inspected immediately after the excavation are helpful reference.

According to these reports and photographs, ornamental bricks indicated by P. C. Muckerji were revealed. Photographs show the excavation of the upper part of foundation not involved Maya-Devi temple. Square compartment made of bricks were put under the surrounding foundation which were buried by dirt to make it flat. Therefore, it was made clear that Maya-Devi temple was built on the upper part of foundation formed by square compartment facility with multiple brick walls.

Surrounding area of Aśoka Pillar was also uncovered, square shaped steel fence was made, and s few small stupa were found around the area.

In 1969, D. Mitra [6] found the west side of Aśoka Pillar as Tilaurakot was unearthed, and attempted to observe the erection of limestone pillar.

Subsequently, from the end of 1970s to mid 1980s, B. K. Rijal [7] and T. N. Mishura [8] of Nepal Department of Archaeology excavated Maya-Devi temple and the surrouding area. B. K. Rijal especially dug out the surrounding area of Maya-Devi temple and found stupa of different sizes as well as vihara. These investigations by Nepal Department of Archaeology were done relevant to reconstruction work of Lumbini by United Nations under the plan of Kenzo Tange in 1978.

Japan Buddhists Federation (JBF) had great interest toward reconstruction of Lumbini and Supported the United Nations. Upon request by Lumbini Development Trust (LDT), the reconstruction was promoted in full scale. Particularly, restration of Maya-Devi temple was done by archaeological findings and investigations on dismantlement of Maya-Devi temple which took place from 1992 to 1995 [9].

The investigation was done based on P. C. Muckerji studies in 1893 and Kesher Sumsher J. B. Rana studies from 1932 to 1939. Maya-Devi temple was completely dismantled, structure of foundation and process of making were comprehended.

By the result of these studies, it was found that that the basic platform which is the foundation of Maya-Devi temple was made in seven stages.

The basic platform originally had rectangular shaped outer walls which were 26m long west to east and 21m long north to south. Inner walls were 20.40m long west to east ond 15.70m lomg north to south, which surrounds a square compartment with main poles on the west and east side. In the compartment there were facilities, 5 lying east to west and 3 lying north to south, total of 15 were constructed by brick walls, lying in certain intervals. These square rooms called 'Chambers' were located in the center of No.2 and those which are thought to be consciously built in the west part of rectangular shaped compartment are estimated to be built in the first stage. Of these Chambers made in the first stage, No.5 and No.8 are of the same figure as No.2. In the middle (second row) of Chamber 3 which lies west to east, there are three Chambers. On the north side (first row) and south side (third row) of these three chambers there are multiple number of Chambers of the same rectangular shape, No.3, No.6, No.9 on the north side, No.1, No.4, and No.7 on the south side, In addition, there is one Chamber each on the west and east side of north (first row), center (second row), and south (third row). They are No.15, No.14, and No.13 on the west side and No.12, No.11, No.10 on the east side.

On the upper side part of Chamber No.2 built in the first stage there is a small Chamber and it is estimated that this was made in the second stage. Basic platform which is presumed to be built in the third stage formed a rectangular shape of 7m west to east and 7m north to south, making nearly a square. This was inherited to the forth stage. In the fifth stage, size of Basic platform was 17.5m west to east, 15.40m north to south. In the sixth stage a tower dedicated to Buddha was built above the platform. Above this square shaped tower, Maya-Devi temple was built on the seventh stage. The structure made through first to seventh stage was built in consideration of Chamber No.2 to lay "a piece of natural rock as marked stone" [10].

The above is the outline of the remarks of partial excavation associated with demolition of Maya-Devi temple. By the result of studies, detection of flat stones from first stage-should be noted. These stones are thought to be deliberately put in Chamber No.2 in accordance with the establishment of basic platform in the first stage. These stones which are 70×40cm large and 10cm thick were crushed into random shapes. They were made of pebbly sandstones brought from northern Siwalik Hills.

The flat stones placed horizontally in the center of Chamber No.2 were artificially put on the brick. It is estimated that they were put before the period of Aśoka, highly likely as "a piece of natural rock as marked stone" [11]. In the second stage people continued to be very conscious of this "piece of natural rock as marked stone" which is thought to be laid in the first stage. Fragments of Aśoka Pillar were detected intensively as distinguishing remainder to identify the period from Chamber No.2. Fragments of earthenware (N. B. P. W and red ware) were also found. Pieces of Aśoka Pillar, coins used in Maurya Kushan era, terra cotta, and earthenware (N. B. P. W. and red ware) are excavated from Chamber No.5 and Chamber No.8 which are thought to be built in the same age.

A Small Chamber was constructed above Chamber No.2 which was built in the first stage. The interval between first and second stages was not long, so they could not distinguish unearthed remains between the two stages. On study of unearthed remains found from Chamber No.2, No.5, and No.8 which are thought to be built at the same time in the first stage, fragments of Aśoka Pillar are commonly excavated.

When the wall on the west side of Chamber No.2 with the "piece of natural rock as marked stone" was destroyed, large sizes of fragments from Aśoka Pillar (unsuited stones) were discovered. When these fragments were removed, Chamber No.2 was unearthed and the "piece of natural rock as marked stone" is thought to have been exposed.

Document on Chamber No.8 which is estimated to be built in the first or second stage indicated measured value of ^{14}C to be 2160±50B.P., 2140±70B.P. [12] From the remains of Chamber No.8 as well as Chamber No.2 and Chamber No.5, piece of Aśoka Pillar, N. B. P. W., and fractions of red ware from different ages were found together.

Chamber No.2 was constructed as basic platform of building structure in the first stage as well as Chamber No.5 and Chamber No.8. The "piece of natural rock as marked stone" is thought to be placed there. This "piece of natural rock as marked stone" differs from Chunar sand rocks, but is pebbly sandstones of Siwalik. The shapes of these stones were naturally made unlike the fractions of Aśoka Pillar.

The "piece of natural rock as marked stone" was deliberately put on the brick laid horizontally when Maya-Devi temple was built [13], which is about the same time when Aśoka Pillar was built. The size of bricks were 38cm×25cm×7cm in the first and second stage, almost the same size as those in the third and forth stage of Ganwaria [14]. GanwariaIII dates from B.C.8th century to B.C.4th or 3th century. GanwariaIV dates from B. C. 6th to B.C.2th century.

Reparation and enlargement were done on the previous building of Maya-Devi temple and Xuān zāng described several stupas while he visited there in the 7th century. It is not sure whether Xuān zāng saw stupas [15] or viharas, but it is possible that basic platform, was made of ornamental bricks. This is due to similar bricks used to make remains of Kudan [16] located near Lumbini. The ornamental bricks used in the remains of Kudan are thought to be made in the 7th to 8th century. The platform of Maya-Devi temple was restored in this age. Since earthenware, terra cotta, and Maya-Devi stone statue Maya-Devi temple (made of red sandstone in Mathura) are excavated from the surrounding area, basic platform may have been made in the fifth stage after Guputa.

Since photographs of "Maya-Devi temple standing on basic platform" are on the report by P. C. Muckerji in 1901, it is clear that Maya-Devi temple existed in the end of

The marker stone

19th century.

In the meantime, inscriptions carved on Aśoka Pillar indicate that the prince of West Nepal visited there in 13th century.

Excavation of Maya-Devi temple and surroundings was carried out from 1932 to 1939 by Kesher Sumshers J.B.Rana on a large scale. During this excavation, underground of Maya-Devi temple was also dug out and restored, some Chambers were unearthed and were buried again. With the fragments of Aśoka Pillar in Chamber No.2, No.5, and No.8, esrthenware from recent times were also found telling us the passage of time. Since the report of excavation in 1930s is not brought forward, it caused difficulty in the study of Maya-Devi temple's basic platform.

By the archaeological studies of dismantlement of Maya-Devi temple, existence of "piece of natural rock as marked stone" was confirmed. The knowledge of Maya-Devi temple's transition is perhaps useful.

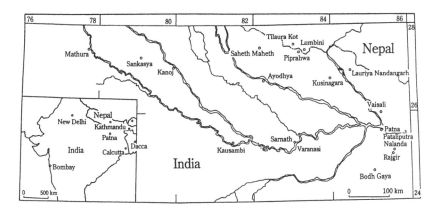

Fig.1　Distribution of famous Buddhist ruins

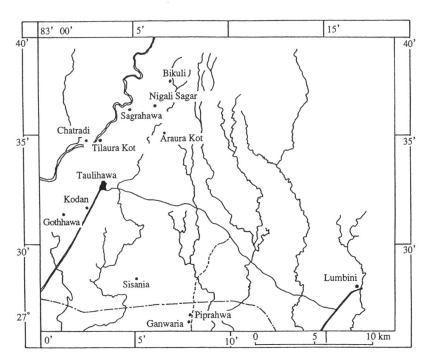

Fig.2　Distribution of ruins around Lumbini

209

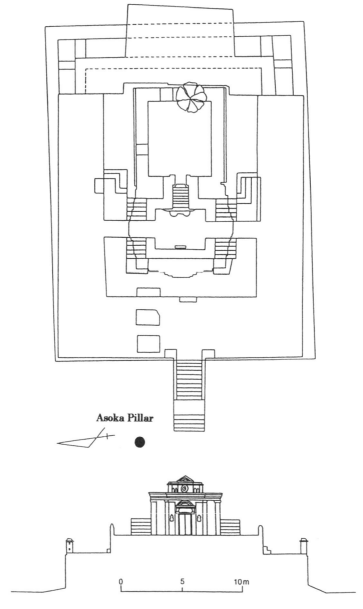

Asoka Pillar

Fig.3 Plan of the Maya-Devi Temple before research

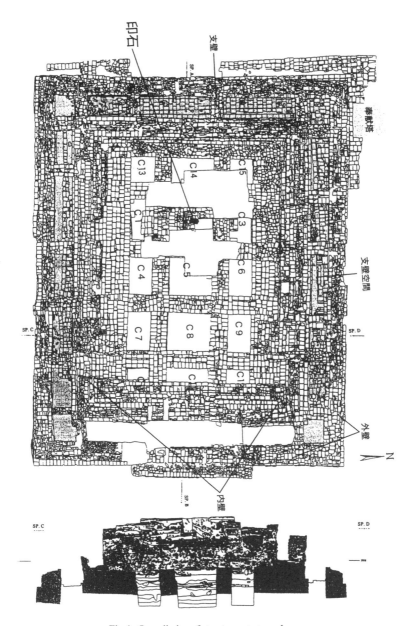

Fig.4 Overall plan of structures at stage I

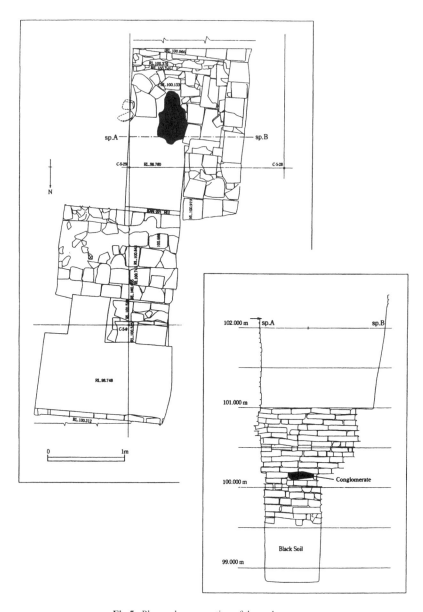

Fig.5 Plan and cross section of the maker stone

Notes:

1) A. A. Führer, *Antiquities Buddha Sakyamuni's Birthplace in Nepalese Tarai* (Archaeological Survey of Northern India, Vol. VI, 1899)

2) P. C. Mukherji, *Antiquities in the Tarai, Nepal-The Region of Kapilavastu* (Archaeological Survey of India, Imperial Series. 1901)

3) Sennosuke Odaka; *A Diary of India* (1939)

4) Tsusho Byodo; *Trip to a place sacred to Buddha in India Travel to Ancient India* (1969)

5) Shindo Yamamoto; *Travel to India* (1941)

6) D. Mitra, *Excavation at Tilaurakot and Kodun Exploration in the Nepalese Tarai* (1972)

7) B. K. Rijal, *Archaeological Activities in Lumbini* 1976-77 (Ancient Nepal, 30-39, 1975-1977)

8) T. N. Mishura, *The Nativity Sculpture of Lumbini and its Conservation* (Polambd, 10, 1990)

9) Satoru Uesaka went to Nepal, Lumbini to enforce the investigation of archaeological study under the name of Japan Buddhist Federation.

10) Satoru Uesaka conferred with the Archaeologists of the Department of Archaeology and Lumbini Department Trust. The International Conference was held in Nepal, February 1994 and March 1995. Views are based on that of the Conference.

11) "A piece of natural rock as marked stone" is called with other names, "a mark stone" or "a wise stone".

12) According to "the value for taking an accurate measurement of times" of Tilaurakot in the III and IV stage of ^{14}C, "times" shows older ages than 1690 ±40. B.P. (Gak-9455), 1790±40.B.P. (Gak-9456), 1780±40.B.P. (GAK-9457). These measured value were not recorded in *Tilaurakot* I (2000), II (1978).

13) Times of "a piece of natural rock as marked stone" are ambiguous, but generally, it is called in "times" written in this text, according to the record of investigated excavation.

14) K. M. Shivastava, *Excavation at Piprahwa and Ganwaria.* (Memories of the Archaeological Survey of India, No.94, 1996)

15) Xuān Zāng, *Tat'ang hsiyuchi* (A great account of the east and west region).

16) D. Mitra, *Excavation of Tilaurakot and Kodan and Explorations in the Nepalese Talai.* (1972)

(BUNGAKU-BU RONSO –The journal of the Faculty of Letters– Rissho University 122, 2005.9)

あ と が き

　2024年1月26日、欣幸にも恙無く米寿を迎えることが出来た。そこで、この際、同情ある叱咤激励を頂いてきた多くの知己各位に傘寿以降の、流転の報告として『八十路の考古学』を編むことにした。

　傘寿～米寿の間、「はしがき」に記したほかにも忘れることの出来ない諸事が胸中を去来している。

　2015年7月、府中市は、来る2024年に迎える「府中市制70周年」を目指して『新府中市史』の編さんに着手することになり「府中市史編さん審議会」を設置した。市制70周年を記念する『新府中市史』作成である。図らずも審議会の会長を任命され、高野律雄市長と対談「武蔵国府から府中市へ－私たちのまちの歩みと市史編さん－」の機会を得た。席上、高野市長の郷里・府中に寄せる格別の愛郷精神を感得させて頂いた。爾来、錚々たる専門部会の諸先生、多くの有識市民、そして行政職員の尽力によって編さん事業は進捗し「資料編」「通史編」などが刊行された。その事業に参画させて頂いていることは、府中市内の諸遺跡 (国史跡・武蔵国府跡、国史跡・武蔵府中熊野神社古墳－上円下方墳－ほか) の発掘調査に50年近く関係してきた一人として此の上ない喜悦である。

　2019年5月10日に観光考古学会が発足した。「観光考古学」を提唱したのは2004年8月であるから15年目にあたる。『観光と考古学』(学会機関誌) が発行され、各地で講演会・シンポジウムも開催されるようになった。提唱者として冥利に尽きる仕儀であり、尽力されている皆さんに感謝している。観光考古学会を積極的に支援されている公益社団法人日本文化財保護協会が、2017年に学術誌として『紀要』を創刊してから7年目、民間企業の全国組織が調査成果を年度ごとに発表していることは喜ばしい。

　嘗って、鳥居龍蔵博士が中心となって発足した武蔵野会－現武蔵野文化協会 (1916年7月18日創立) が創立100周年記念として『武蔵野事典』(2020.9) を刊行した。協会誌『武蔵野』は、2023年に「特集・武蔵野の考古学」(97-1)「特集・鎌倉殿と鎌倉武士」(97-2) を刊行した。100巻目の刊行に近づいたことは大慶である。

　府中市「市制70周年」記念事業の一環としての『新府中市史』の刊行、創立100周年を超える武蔵野文化協会の活動、新しい考古学の一つの方向を目指して発足した観光考古学会の展開、に参画させて頂いていることは八十路を歩む私にとって此の上ない学的刺激となっている。

　本書を編むにあたり松原典明さんの協力を得たことを銘記し、感謝の意を表したいと思う。

（坂詰秀一）

著者紹介 ───────────────────────

坂詰 秀一（さかづめ　ひでいち）

1936 年　東京生まれ
1960 年　立正大学大学院文学研究科（国史学専攻）修士課程修了
現　在　立正大学特別栄誉教授　文学博士

〔主要著書〕
『歴史考古学研究』Ⅰ・Ⅱ、1969・1982、ニューサイエンス社
『歴史考古学の視角と実践』1990、雄山閣出版
『太平洋戦争と考古学』1997、吉川弘文館
『仏教考古学の構想』2000、雄山閣出版
『歴史と宗教の考古学』2000、吉川弘文館
『転換期の日本考古学―1945〜1965 文献解題―』2021、雄山閣
『仏教の考古学』上下、2021、雄山閣

〔主要編著〕
『板碑の総合研究』全 2 巻、1983、柏書房
『歴史考古学の問題点』1990、近藤出版社
『仏教考古学事典』2003、雄山閣
『釈迦の故郷を掘る』2015、北隆館
（以下、共編著）
『日本考古学選集』全 25 巻、1971〜1986、築地書館
『新版仏教考古学講座』全 7 巻、1975〜 1977、雄山閣出版
『日本歴史考古学を学ぶ』全 3 巻、1983〜1986、有斐閣
『論争学説　日本の考古学』全 7 巻、1986〜1989、雄山閣出版
『新日本考古学辞典』2020、ニューサイエンス社

2024年 5月 25日　初版発行　　　　　　　　　　《検印省略》

八十路の考古学
（やそじのこうこがく）

著　者　坂詰秀一
発行者　宮田哲男
発行所　株式会社 雄山閣

〒 102-0071　東京都千代田区富士見 2-6-9
TEL　03-3262-3231 / FAX　03-3262-6938
URL　https://www.yuzankaku.co.jp
e-mail　contact@yuzankaku.co.jp
振　替：00130-5-1685
印刷・製本　株式会社ティーケー出版印刷

ⒸSAKAZUME Hideichi 2024　　　　　ISBN978-4-639-2782-3 C0021
Printed in Japan　　　　　　　　　　N.D.C.210　226p　21cm